ABITUR-TRAINING

Biologie 2

Evolution · Neurobiologie
Verhaltensbiologie

Brigitte Meinhard · Werner Bils

STARK

Autoren

Brigitte Meinhard ist seit vielen Jahren an einem Gymnasium in der Nähe von München als Fachlehrerin für Biologie und Chemie sowie als Oberstufenkoordinatorin tätig. Durch den Unterricht in zahlreichen Kursen der Kolleg- bzw. Oberstufe sammelte sie umfassende didaktische Erfahrungen, die in die beiden Bände des Abitur-Trainings Biologie eingeflossen sind. Besondere Freude bereitet Frau Meinhard auch die Betreuung der Schulgarten-AG, denn für sie ist wichtig, dass man „Biologie anfassen und erleben kann".

Dr. Werner Bils hat seine didaktische Erfahrung vor allem durch die Tätigkeit als Lehrer an Gymnasien, als Fachberater für das Fach Biologie und als Fachleiter in der Ausbildung von Referendaren erworben. Zurzeit ist er als Lehrbeauftragter für die Didaktik der Biologie an der Universität Tübingen sowie als Schulbuchautor tätig. Schwerpunkte seiner Arbeit sind die erklärende Darstellung biologischer Sachverhalte sowie die Erstellung von Aufgaben für die Kontrolle des Lernerfolgs.

Bildnachweis
Umschlagbild: michaklootwijk/iStockphoto

ISBN 978-3-86668-998-5

© 2014 by Stark Verlagsgesellschaft mbH & Co. KG
www.stark-verlag.de
1. Auflage 2013

Das Werk und alle seine Bestandteile sind urheberrechtlich geschützt. Jede vollständige oder teilweise Vervielfältigung, Verbreitung und Veröffentlichung bedarf der ausdrücklichen Genehmigung des Verlages.

Inhalt

Vorwort

Evolution 1

1   Evolutionsforschung 2

1.1   Formenvielfalt und Angepasstheit der Lebewesen
als Ergebnis der Evolution 2
1.2   Entwicklung des Evolutionsgedankens 4
1.3   Beurteilung von Ähnlichkeiten zur Rekonstruktion der
Stammesgeschichte 11
     Aufgaben 27

2   Mechanismen der Evolution 32

2.1   Zusammenspiel der Evolutionsfaktoren
(erweiterte Evolutionstheorie) 32
2.2   Genetische Variabilität als Grundlage der Evolution 33
2.3   Selektion der Phänotypen als richtender Evolutionsfaktor 37
2.4   Gendrift oder die Wirkung des Zufalls 45
2.5   Rassen- und Artbildung durch Isolation 46
     Aufgaben 57

3   Evolutionsprozesse 62

3.1   Hypothesen zu den Anfängen des Lebens 62
3.2   Massenaussterben und Evolutionsschübe 72
3.3   Koevolution 73
     Aufgaben 77

4   Evolution des Menschen 79

4.1   Stellung des Menschen im natürlichen System 79
4.2   Vergleich der Anatomie von Menschenaffen und Mensch 80
4.3   Zytologische und molekularbiologische Merkmale 86
4.4   Stammesgeschichtliche Entwicklung des Menschen 86
4.5   Kulturelle und soziale Evolution 98
     Aufgaben 101

Fortsetzung siehe nächste Seite

Neuronale Informationsverarbeitung 105

5   Neuronen als Bausteine des Nervensystems 106
5.1   Bau und Funktion eines Neurons 106
5.2   Myelinisierte und nicht myelinisierte Nervenfasern 108
      Aufgaben 110

6   Elektrochemische Vorgänge in Nervenzellen 111
6.1   Das Ruhepotenzial 111
6.2   Das Aktionspotenzial 115
6.3   Weiterleitung von Aktionspotenzialen im Axon 120
      Aufgaben 124

7   Erregungsübertragung an einer chemischen Synapse 128
7.1   Bau und Funktion einer neuromuskulären Synapse 128
7.2   Erregende und hemmende Synapsen 130
7.3   Wirkung von Synapsengiften 133
7.4   Wirkung von Drogen und Medikamenten 134
      Aufgaben 140

8   Erkrankungen des menschlichen Nervensystems 142
8.1   Multiple Sklerose (MS) 142
8.2   Parkinson-Syndrom 142
8.3   Alzheimer-Krankheit 143

9   Lernen und Gedächtnis auf neuronaler Ebene 144
9.1   Gedächtnis als Leistung des Gehirns 144
9.2   Lernen durch Langzeitpotenzierung 145

Verhaltensbiologie 147

10   Genetisch bedingte Verhaltensweisen 148
10.1 Methoden und Fragestellungen der Verhaltensforschung 148
10.2 Unbedingte Reflexe 150
10.3 Instinkthandlungen 152
10.4 Nachweis erbbedingten Verhaltens 160
      Aufgaben 166

11	Erweiterung einfacher Verhaltensweisen durch Lerneinflüsse	170
11.1	Prägung	171
11.2	Modifikation einer Erbkoordination durch Erfahrung	175
11.3	Reizbedingte Konditionierung	175
11.4	Verhaltensbedingte Konditionierung	179
	Aufgaben	182

12	Individuum und soziale Gruppe	183
12.1	Kooperation	185
12.2	Kommunikation	193
12.3	Konflikte – Aggressionsverhalten	200
12.4	Sexualverhalten	208
	Aufgaben	215

13	Angewandte Verhaltensbiologie	219
13.1	Angeborene Auslösemechanismen (AAM) beim Menschen	219
13.2	Aggressives Verhalten beim Menschen	223
	Aufgaben	225

Lösungen	227

Glossar	263
Literatur- und Quellenverzeichnis	273
Stichwortverzeichnis	276

Autoren: Brigitte Meinhard
Dr. Werner Bils (Kapitel 4 Evolution des Menschen)

Hinweis: In einigen Fällen wird in diesem Buch auf Textstellen im Band **Biologie 1**, Verlags-Nr. 947038D, verwiesen. Diese Fundstellen sind mit der Ziffer (1) vor der entsprechenden Seitenzahl gekennzeichnet.

Vorwort

Liebe Schülerin, lieber Schüler,

Sie halten ein **prägnantes Trainingsmaterial** in den Händen, das den gesamten für das Abitur relevanten Lehrstoff der **Jahrgangsstufe 12** umfasst.

Durch die leicht verständliche, systematische Aufbereitung aller wichtigen Fakten unterstützt Sie dieser Band optimal bei der Vorbereitung auf den Unterricht, auf Klausuren sowie auf die Abiturprüfung. Der übersichtliche Aufbau des Bandes erleichtert Ihnen die Arbeit zusätzlich:

- Zunächst wird der gesamte Lehrstoff leicht nachvollziehbar vermittelt und anhand von **Beispielen** und **Abbildungen** veranschaulicht.
- Am Ende jedes Kapitels finden Sie eine **Zusammenfassung** der wichtigsten Fakten und zahlreiche **Übungsaufgaben**, mit deren Hilfe Sie das erworbene Wissen direkt anwenden können.
- Der **Lösungsteil** am Schluss des Bandes gibt Ihnen die Möglichkeit, schnell und einfach die Richtigkeit Ihrer Antworten zu überprüfen.
- Im **Glossar** finden Sie Definitionen aller wichtigen Fachbegriffe.
- Abgerundet wird der Band durch ein ausführliches **Stichwortverzeichnis**.

Farbige Balken am Seitenrand markieren Passagen, durch die Sie ein noch umfassenderes Fachwissen und vertieftes Verständnis der Inhalte erwerben.

Über die beiliegende CD und den Online-Code erhalten Sie außerdem Zugang zu einer **digitalen Ausgabe** dieses Trainingsbuchs:

- Damit stehen Ihnen die Inhalte als **komfortabler e-Text** mit vielen Zusatzfunktionen (z. B. Navigation, Zoom, Markierungswerkzeuge) zur Verfügung.
- Zusätzlich finden Sie hier ein **interaktives Glossar** mit Definitionen und Erklärungen der wichtigsten biologischen Fachbegriffe. Ein Klick genügt und Sie können Ihr Wissen schnell überprüfen bzw. Wissenslücken erkennen.

Viel Erfolg bei der Arbeit mit diesem Band und im Abitur wünscht Ihnen

Brigitte Meinhard

Evolution

Der Brite Charles DARWIN bereiste fünf Jahre lang an Bord des Schiffs „HMS Beagle" die Welt und stellte auf den verschiedenen Kontinenten naturwissenschaftliche Nachforschungen an. Die Erkenntnisse, die DARWIN während seiner Reise über die Entstehung und den Wandel der Arten gewann, fasste er in seinem berühmten Werk „On the Origin of Species" zusammen. Die Arbeit stieß zunächst auf scharfe Kritik und wurde erst viele Jahre später anerkannt. Heute gilt DARWIN als Begründer der modernen Evolutionstheorie.

1 Evolutionsforschung

1.1 Formenvielfalt und Angepasstheit der Lebewesen als Ergebnis der Evolution

Von den auf der Erde vorkommenden Lebewesen sind bis heute etwa 1,8 Millionen Arten, darunter ca. 1,4 Millionen Tier- und 400 000 Pflanzenarten, wissenschaftlich beschrieben und benannt worden. Die Mehrzahl der Arten ist jedoch noch unerforscht. Die Wirbeltierklasse der Vögel umfasst über 10 000 (beschriebene) Arten, die eine erstaunliche Formenvielfalt aufweisen.

Beispiele

Der Kolibri ist nur wenige Gramm leicht und saugt mit seinem langen Schnabel Nektar aus Blüten.
Der Kondor ist mit einer Flügelspannweite von fast 3 m ein Meister im Segelflug.
Der Strauß, der ca. 150 kg wiegt, besitzt Muskelpakete an den Beinen, die ihm eine Laufgeschwindigkeit von ca. 70 km/h ermöglichen.
Pinguine scheinen mit ihren Ruderflügeln unter Wasser zu fliegen.

Abb. 1: a) Kolibri b) Kondor c) Strauß d) Pinguine

Zum einen weisen die genannten Arten trotz ihres unterschiedlichen Körperbaus Übereinstimmungen auf, die sie als Vögel kennzeichnen, wie z. B. Federn, Flügel und Schnabel. Zum anderen können die Unterschiede auf die verschiedenen Umweltbedingungen zurückgeführt werden, denen die Tiere ausgesetzt und an die sie angepasst sind. Eine Entwicklung der Lebewesen hinsichtlich einer besseren Angepasstheit an ihre Umwelt bezeichnet man im biologischen Sinn als **Evolution**. Die Lebewesen passen sich dabei nicht selbst aktiv den verschiedenen Umweltverhältnissen an, sondern sie werden in einem lang andauernden Prozess der Selektion (Auswahl) über Generationen hinweg an die eine oder andere Umwelt angepasst. Bei der Beschreibung von Evolutionsvorgängen sollte man deshalb immer von **Angepasstheit** sprechen. Auch wenn die Zahl der heute existierenden (= rezenten) Arten nicht genau bekannt ist, so stellt sie nur weniger als 1 % aller Arten dar, die jemals auf der Erde gelebt haben. **Fossilien** sind die Überreste von Lebewesen aus früheren Erdepochen. Die Auswertung von Fossilienfunden zeigt, dass sich die Tier- und Pflanzenwelt im Laufe der Erdgeschichte verändert hat. Je älter Fossilienfunde sind, desto weniger stimmt ihr Körperbau mit dem rezenter Organismen überein. Manche ausgestorbene Lebewesen (z. B. Trilobiten) haben keine heute lebenden verwandten Arten. Andere lassen sich in das bestehende System der rezenten Tiere leicht einordnen (z. B. die Saurier zu den Reptilien). Manche Fossilien vereinen sowohl Merkmale einer älteren als auch einer jüngeren verwandtschaftlichen Gruppe in sich. Solche stammesgeschichtlichen Bindeglieder werden auch als **Brückenformen** (Mosaikformen) bezeichnet.

Beispiele

Eines der wichtigsten Brückentiere ist der sog. „**Urvogel**" **Archaeopteryx**. Bereits 1861 wurde die erste Versteinerung dieses Tiers im Plattenkalk von Solnhofen gefunden. Der Urvogel weist sowohl Merkmale der Kriechtiere (Reptilien) als auch der Vögel auf. Als typisches Vogelmerkmal besitzt der *Archaeopteryx* Flügel mit Federn. Dadurch war er in der Lage, sich von Bäumen aus in die Luft zu erheben und Gleitflüge durchzuführen. Neben weiteren typischen Vogelmerkmalen besaß er aber noch eine Reihe von Reptilienmerkmalen, die die heutigen Vögel nicht mehr aufweisen (siehe Tab. 1). Die Entdeckung des *Archaeopteryx* war ein Beweis dafür, dass die Vögel aus den Reptilien hervorgegangen sind.

Vogelmerkmale	Reptilienmerkmale
• Flügel	• Krallen an den freien Fingerendgliedern
• Vogelarmskelett; Reduktion der Zahl der Finger auf drei (statt zwei)	• Kleines Brustbein ohne Kamm, Bauchrippen
• Mittelfußknochen zum Lauf verwachsen	• Schien- und Wadenbein nicht verwachsen
• 1. Zehe nach hinten gerichtet (Greiffuß)	• Kiefer mit Zähnen, kein Hornschnabel
• Federkleid	• Schwanz aus verlängerter Wirbelsäule

Tab. 1: Vogel- bzw. Reptilienmerkmale des *Archaeopteryx*

 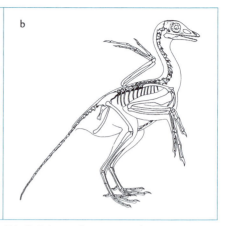

Abb. 2a: *Archaeopteryx lithographica* (Humboldt-Universität, Berlin), gefunden 1897 im Altmühltal bei Solnhofen/Bayern

Abb. 2b: Rekonstruktion eines *Archaeopteryx*

1.2   Entwicklung des Evolutionsgedankens

Theologen und Biologen gingen im 18. und frühen 19. Jahrhundert davon aus, dass es sich bei der Entstehung der Lebewesen und des Menschen um einen einmaligen, im Dunkeln liegenden Schöpfungsakt handelte. Doch im Laufe der Zeit entstanden unabhängige Theorien, die die naturwissenschaftlichen Erkenntnisse der damaligen Zeit über die Evolution der Organismen berücksichtigten und einbezogen.

Carl von LINNÉ ging in seiner Erklärung der Evolution im 18. Jh. noch von der biblischen Schöpfungsgeschichte aus. Er glaubte an einen einmaligen Schöpfungsakt Gottes und postulierte die **Konstanz der Arten**. Die von Gott geschaffenen Lebewesen veränderten sich seiner Meinung nach nicht. Fossilien spielten in LINNÉS Evolutionstheorie keine Rolle. Es gab zu seiner Zeit zwar bereits Funde, er betrachtete sie jedoch nicht als Zeugen früherer Lebewesen, sondern als zufällig entstandene Produkte.

Auch CUVIER hielt in seiner Theorie an der Schöpfungsgeschichte und der Konstanz der Arten fest. Im Gegensatz zu LINNÉ versuchte er aber, die Fossilienfunde in seine Evolutionstheorie einzubeziehen. Er glaubte, dass im Laufe der Evolution immer wieder große Katastrophen auftraten, die einen Teil der Lebewesen vernichteten. Nach seiner sog. **Katastrophentheorie** vermehrten sich daraufhin die übriggebliebenen Organismen und breiteten sich weiter aus. CUVIERS Lehre wurde von seinen Schülern dahingehend erweitert, dass sie nach großen Katastrophen eine Neuschöpfung von Arten annahmen.

Evolution 5

Die Evolutionstheorie LAMARCKs: Schrittweise aktive Anpassung der Arten

Im Gegensatz zu LINNÉ und CUVIER ging Jean Baptiste de LAMARCK von der **Inkonstanz der Arten** aus. Alle Lebewesen waren seiner Meinung nach einem ständigen Wandel unterworfen und passten sich fortlaufend in kleinen Schritten neuen Umweltbedingungen an. Zur besseren Erklärung seiner Abstammungslehre stellte LAMARCK folgende Postulate auf:

- Durch Gebrauch bzw. Nichtgebrauch von Organen entwickeln sich diese bzw. sie verkümmern.
- Die dadurch erworbenen Eigenschaften des Individuums werden an seine Nachkommen weitervererbt.
- Alle Lebewesen besitzen einen inneren **Vervollkommnungstrieb**, der sie dazu bewegt, sich optimal an neue Umweltbedingungen anzupassen.

> In seiner Evolutionstheorie geht LAMARCK von einem aktiven Prozess der Anpassung der Lebewesen in kleinen Schritten an die sich ändernden Umweltbedingungen aus. Die Arten verändern sich, da sich bei Gebrauch oder Nichtgebrauch die Organe eines Individuums verändern und diese erworbenen Merkmale an die Nachkommen weitergegeben werden.

Beispiel

Die **Giraffe** stammt von einem wesentlich kleineren Tier mit kurzem Hals ab, dessen Lebensraum sich auf die Savanne beschränkte. Es ernährte sich vor allem von Gras. Nach LAMARCKs Theorie wurde das Nahrungsangebot im Laufe der Zeit, bedingt durch die Vermehrung der Lebewesen, immer knapper. Deshalb versuchten einige Tiere, auch an das Laub der Bäume heranzukommen. Sie mussten sich kräftig dehnen und strecken, um wenigstens die untersten Zweige zu erreichen. Dadurch wurden Hals und Beine immer länger und die erworbenen Eigenschaften wurden unmittelbar an die Nachkommen vererbt. So entstand nach sehr vielen Generationen aus den kleineren Vorfahren die neue Tierart „Giraffe".

Für seine Zeitgenossen war die von LAMARCK entwickelte Evolutionstheorie durchaus einsichtig. Jeder Mensch weiß aus Erfahrung, dass sich seine Muskeln bei Beanspruchung vergrößern (z. B. durch Training) und bei Nichtbeanspruchung verkümmern (z. B. nach längerer Bettlägerigkeit). Doch schon bald gab es Kritik an seiner Lehre. Ein naturwissenschaftlicher Beweis, dass erworbene Eigenschaften an die Nachkommen vererbt werden, konnte nicht erbracht werden. Alle Experimente, die die Vererbung erworbener Eigenschaften (Modifikationen, siehe S. 36 f.) beweisen sollten, schlugen fehl. Belege für einen inneren Vervollkommnungstrieb konnten ebenfalls nicht gefunden werden.

Die Evolutionstheorie DARWINs: Passiver Artwandel durch Selektion

Charles DARWIN nahm 1831 als 21-Jähriger auf der Beagle, einem königlichen Forschungsschiff, die Stelle eines unbezahlten Naturforschers an. Während einer fünfjährigen Forschungsreise konnte DARWIN so viele biologische Beobachtungen machen und so viel Material sammeln, dass er über 20 Jahre für die Auswertung benötigte. Erst 1859 konnte er seine Erkenntnisse in Buchform veröffentlichen. Der Titel des Buches lautete: „Über die Entstehung der Arten durch natürliche Zuchtwahl oder die Erhaltung der bevorzugten Rassen im Kampf ums Dasein" (engl. *"On the Origin of Species by Means of Natural Selection"*). Die entscheidenden Beobachtungen, die ihn schließlich auf den Gedanken seiner Evolutionslehre brachten, machte DARWIN auf den Galapagosinseln. Diese Inselgruppe liegt im Pazifik, etwa 1 000 km von Ecuador entfernt, und wurde erst 1535 entdeckt. Die Tier- und Pflanzenwelt konnte sich deshalb ohne den Eingriff des Menschen entwickeln. Neben den urzeitlichen Echsen interessierten DARWIN z. B. die Riesenschildkröten. Auf jeder der Inseln gab es eine andere Schildkrötenrasse, die sich in Form und Farbe ihres Panzers von den übrigen unterschied. DARWIN beschäftigte sich auch näher mit einer Gruppe von Finken, die es nirgendwo sonst auf der Welt gab. Die Gruppe dieser Finken setzte sich aus insgesamt 13 verschiedenen Arten zusammen. Jede davon hatte sich auf eine bestimmte Ernährung spezialisiert: Einige fraßen Körner (ihr Schnabel war entsprechend kurz und dick), andere ernährten sich von Blättern und wieder andere erbeuteten Insekten. Eine Art hatte sich sogar darauf spezialisiert, mithilfe von Kakteenstacheln Insekten unter der Rinde und aus Ritzen hervorzuholen (siehe S. 52). Jede Finkenart besaß eine ihrer Ernährungsweise entsprechende Schnabelform. Alle seine Beobachtungen führten DARWIN zur Formulierung seiner **Selektionstheorie**.

In seiner Evolutionstheorie (Selektionstheorie) geht DARWIN von einer zunehmenden passiven Angepasstheit der Lebewesen an die sich ändernden Umweltbedingungen aus. Die Gründe für die Veränderung der Arten liegen nach DARWIN in den besseren Überlebens- und Fortpflanzungschancen der jeweils zufällig am besten angepassten Individuen, die ihre Merkmale so bevorzugt an die folgende Generation weitergeben können.

Die Grundlagen der Selektionstheorie sind im Einzelnen:

- **Überproduktion von Nachkommen:** Alle Lebewesen erzeugen Nachkommen im Überschuss. Trotzdem nimmt die Gesamtpopulation einer Tierart in der Regel nicht zu, da nur ein geringer Teil der Nachkommen zur Fortpflanzung kommt, die meisten fallen der Selektion zum Opfer.
- **Variabilität:** Die Nachkommen sind untereinander nicht alle gleich. Sie unterscheiden sich geringfügig. Aus heutiger Sicht sind die Unterschiede bei den Nachkommen auf deren verschiedene Gene und Genkombinationen zurückzuführen (genetische Variabilität).
- **Vererbung:** Im Laufe der Zeit treten bei den Individuen immer wieder erbfeste Veränderungen (heute: Mutationen) auf, die an die Nachkommen weitergegeben werden.
- **Konkurrenz:** Im „Kampf ums Dasein" *(struggle for life)* setzen sich die etwas besser angepassten Organismen durch und überleben *(survival of the fittest)*. Sie können somit ihre Erbanlagen an die nächste Generation weitergeben.
- **Selektion:** Durch die „natürliche Auslese" *(natural selection)* werden die Lebewesen den natürlichen Umweltbedingungen immer besser angepasst.
- **Artwandel:** Im Verlauf von langen Zeiträumen führt diese schrittweise bessere Angepasstheit der Lebewesen zu einem Wandel der Arten.

DARWIN bezog bei der Entwicklung der Selektionstheorie auch Erkenntnisse aus anderen Wissenschaftsgebieten mit ein:

- Geologie: Charles LYELL erkannte, dass die gleichen Naturkräfte die Erde von Anbeginn formten (z. B. Wasser, Wind, Erdbeben, Vulkanismus). Er schätzte die erdgeschichtlichen Zeiträume richtig ein. Sein **Aktualitätsprinzip** besagt, dass in der Vergangenheit die gleichen Naturgesetze wirksam waren wie in der Gegenwart.
- Volkswirtschaftslehre: Thomas MALTHUS vertrat die (heute überholte) These, dass die Weltbevölkerung schneller wachse als die Agrarproduktion zunehmen könne. Dies müsse einen ständigen Kampf der Völker um Landbesitz auslösen. DARWIN übertrug die Gedanken von Überproduktion (Übervermehrung) und Kampf ums Dasein auf das Tier- und Pflanzenreich.
- Philosophie: Von Herbert SPENCER, der den Kampf ums Dasein und das Überleben der Tüchtigsten als die wesentlichen gesellschaftlichen Kräfte ansah, übernahm DARWIN die Formulierungen *„struggle for life"* und *„survival of the fittest"*.

Am Beispiel der Entstehung des langen Giraffenhalses sollen die Theorien von LAMARCK und DARWIN gegenübergestellt werden:

Beispiel

LAMARCK	DARWIN
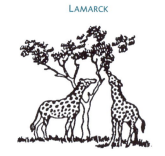	
Die „Urgiraffen" hatten kurze Hälse, die aufgrund von Nahrungsknappheit in Bodennähe gestreckt werden mussten, damit die Tiere Blätter fressen konnten.	Die „Urgiraffen" hatten verschieden lange Hälse. Diese Unterschiede wurden an die Nachkommen weitergegeben. (DARWIN hatte keine Erklärung für die Verschiedenheit.)

Die durch Strecken länger gewordenen Hälse wurden an die Nachkommen vererbt, die sich ebenfalls nach dem Futter streckten.	Durch Nahrungskonkurrenz führte die natürliche Auslese zum Überleben der Individuen mit längeren Hälsen. Individuen mit kürzeren Hälsen konnten sich nicht durchsetzen.

Das ständige Strecken des Halses führte schließlich zu den heutigen Giraffen. LAMARCKs Theorie wird nicht durch Beobachtungen gestützt.	Im ständigen Konkurrenzkampf konnten nur die langhalsigen Giraffen überleben. Die Theorie DARWINs ist bis heute gut durch zahlreiche Belege untermauert.

Abb. 3: Vergleich der Theorien LAMARCKs und DARWINs anhand der Entstehung des Giraffenhalses

Auswirkungen des Evolutionsgedankens auf die Ordnungssysteme

Der schwedische Naturforscher Carl von LINNÉ entwarf im 18. Jahrhundert ein „System der Natur", in das er alle bis dahin bekannten Lebewesen aufnahm. Alle Pflanzen- und Tierarten erhielten einen lateinischen Doppelnamen für Gattung und Art **(binäre Nomenklatur)** und wurden aufgrund ihrer abgestuften Ähnlichkeiten in dieses System eingeordnet. So entstand ein hierarchisch gegliedertes, nach Auffassung von LINNÉ **gottgeschaffenes** System, eine Ordnung der Lebewesen in Ähnlichkeitsgruppen. Am Beispiel des Löwen soll das Ordnungsprinzip des „Systems der Natur" von LINNÉ aufgezeigt werden.

Beispiel

Stellung des Löwen im System der Lebewesen
Reich: Tiere
  Unterreich: Vielzeller
    Stamm: Wirbeltiere (Chordatiere)
      Klasse: Säugetiere
        Ordnung: Raubtiere
          Familie: Katzen
            Gattung: Großkatzen *(Panthera)*
              Art: Löwe *(Panthera leo* L.)

Die Art Löwe wurde von LINNÉ 1758 beschrieben und mit dem Gattungs- und Artnamen *Panthera leo* L. (L. für LINNÉ) versehen. Vier Unterarten oder geografische Rassen bewohnen Gebiete südlich der Sahara, z. B. der Massai-Löwe *(Panthera leo massaicus)*. Der bis in die Spät-Eiszeit in Europa verbreitete, heute ausgestorbene Höhlenlöwe *(Panthera leo spelaea)* ist ebenfalls eine Unterart des heutigen Löwen. Zur Gattung der Großkatzen *Panthera* gehören auch Tiger *(Panthera tigris)*, Leoparden *(Panthera pardus)* und Jaguare *(Panthera onca)*. Die Familie der Katzen umfasst neben den Großkatzen eine Reihe weiterer Gattungen, darunter Luchse, Pumas und *Felis* (dazu zählen Wild- und Hauskatzen). Zur Ordnung der Raubtiere werden neben den Katzen z. B. auch die Hundeartigen, Marder, Großbären, Hyänen, Seehunde und Walrosse gerechnet. Für diese Tiere ist z. B. das Raubtiergebiss mit seinen Dolch-(Fang-) und Reißzähnen typisch. Die Säugetiere wiederum haben fast alle ein Fell und ernähren ihre Jungen mit Milch, die sie in besonderen Milchdrüsen erzeugen. Die Wirbeltiere besitzen als gemeinsames Merkmal eine Wirbelsäule. Zu den Vielzellern zählen alle Tiere, die aus mehreren Zellen aufgebaut sind. Im Gegensatz dazu steht das Unterreich der Einzeller, zu dem z. B. das Pantoffeltierchen oder die Amöbe gehören. Schließlich stehen dem Reich der Tiere noch die Reiche der Pflanzen, Pilze und Prokaryoten gegenüber. Damit sind alle auf der Erde vorkommenden Lebewesen erfasst und können an entsprechender Stelle in das System der Organismen eingeordnet werden.

Entscheidend für die Erstellung solcher Ordnungssysteme ist die **Auswahl der Merkmale**, anhand derer die Lebewesen bestimmten Kategorien zugeordnet werden sollen. LINNÉ wählte meist wenige, leicht erkennbare Merkmale wie z. B. das Vorhandensein oder die Abwesenheit von Flügeln bei Gliederfüßern als Kriterium aus. Dadurch werden Läuse und Flöhe (typische Insekten) zusammen mit Spinnen, Krebsen und Tausendfüßlern in eine Gruppe gestellt. In solchen **künstlichen Systemen** ergeben sich häufig Widersprüche bei der Beurteilung weiterer Merkmale. Geht man jedoch von der Annahme aus, dass sich alle Lebewesen im Laufe der Zeit aus anderen Lebewesen entwickelt haben (Evolutionstheorie nach DARWIN) und somit mehr oder weniger miteinander verwandt sind, besteht ein **natürliches System** der Lebewesen. Übereinstimmungen in bestimmten Merkmalen weisen auf eine gemeinsame Abstammung der untersuchten Lebewesen hin. Solche Merkmale werden als homologe Merkmale (Homologien, siehe S. 11 ff.) bezeichnet. Das natürliche System zeichnet sozusagen die Evolution der Lebewesen nach.

Der morphologische und der biologische Artbegriff

Das Ordnungsprinzip des natürlichen Systems der Lebewesen und der abgestuften Ähnlichkeiten bildete die Grundlage der Definition des morphologischen Artbegriffs:

> **Morphologischer Artbegriff:** Alle Lebewesen, die untereinander und mit ihren Nachkommen in wesentlichen Merkmalen übereinstimmen, werden zu einer Art zusammengefasst.

Da diese Definition des Artbegriffs in Bezug auf die „wesentlichen Merkmale" (neben anatomisch-morphologischen auch physiologische und ethologische Merkmale) manchmal nur mit Schwierigkeiten anzuwenden ist (siehe Analogien, S. 24 f.), wird zusätzlich auch der biologische Artbegriff verwendet:

> **Biologischer Artbegriff:** Unter einer Art fasst man alle Lebewesen zusammen, die sich miteinander kreuzen können und deren Nachkommen fertil bzw. fruchtbar sind.

In Ausnahmefällen ist es möglich, auch Tiere zweier unterschiedlicher Arten miteinander zu kreuzen. Wenn die Nachkommen sich selbst aber nicht mehr vermehren können, ist dies ein sicheres Zeichen dafür, dass die Eltern tatsächlich zwei verschiedenen Tierarten angehören. Sind die Nachkommen jedoch weiter fortpflanzungsfähig, so können beide Eltern einer Tierart zugeordnet werden.

eispiele

Der Nachkomme aus einer Verbindung zwischen Auerhahn und Birkhahn, das sog. Rackelhuhn, entspricht optisch in etwa einer „Mischung" beider Elternarten. Es ist selber jedoch unfruchtbar, kann sich also nicht weiter fortpflanzen. Dasselbe gilt für die Nachkommen einer Kreuzung aus Pferd und Esel (Maulpferd bzw. Maulesel).

Eine Art setzt sich aus vielen Populationen zusammen. Unter einer **Population** versteht man die Mitglieder einer Art, die zur gleichen Zeit in einem begrenzten Gebiet leben und sich untereinander fortpflanzen. **Rassen** sind Populationen einer Art, die sich in einem oder mehreren vererbbaren Merkmalen voneinander unterscheiden.

1.3 Beurteilung von Ähnlichkeiten zur Rekonstruktion der Stammesgeschichte

In verschiedenen Wissenschaftsgebieten werden die einzelnen Lebewesen im Hinblick auf Ähnlichkeiten überprüft, die Mannigfaltigkeit der verschiedenen Lebewesen aufgrund von Gemeinsamkeiten und Übereinstimmungen geordnet. Dabei stellt man fest, dass zahlreiche Strukturen von Lebewesen auf einen gemeinsamen Bauplan und damit auf einen gemeinsamen Ursprung zurückzuführen sind.

Homologien aus dem Bereich der Anatomie

Die Anatomie ist die Lehre vom Aufbau bzw. dem Körperbau der Organismen. Vergleicht man die Gliedmaßen der Wirbeltiere, so fällt auf, dass sie trotz ihrer unterschiedlichen Funktionen (z. B. als Flug-, Grab- oder Schwimmextremitäten) einen gemeinsamen Grundbauplan aufweisen. Dieser ist ein Hinweis auf die Abstammung von gemeinsamen Vorfahren und somit ein Zeichen von Verwandtschaft. Die Entwicklung von homologen Organen erfolgt divergent, d. h. von einer Grundform ausgehend in verschiedene Richtungen.

Organe bzw. Merkmale, die auf einen gemeinsamen Grundbauplan zurückgehen, bezeichnet man als **homologe Organe** oder Merkmale. Wenn sich von einer gemeinsamen Stammform bzw. von einem gemeinsamen Bauplan ausgehend verschiedene Abwandlungen einer Grundstruktur entwickeln, spricht man von **Divergenz**.

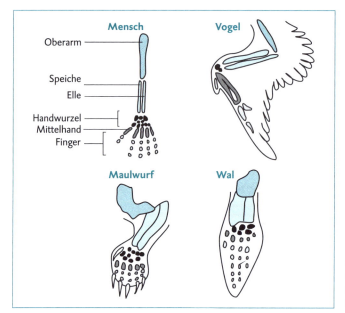

Abb. 4: Grundbauplan der Wirbeltierextremität und ihre Abwandlungen

Manchmal können homologe Organe aufgrund der starken Abweichung vom Grundbauplan nicht gleich erkannt werden. Es gibt aber drei Kriterien, die eindeutig auf eine Homologie von Organen hinweisen.

Um den gemeinsamen Grundbauplan von stark unterschiedlich aussehenden Organen zu erkennen, zieht man drei **Homologiekriterien** heran: das Kriterium der Lage, das Kriterium der Kontinuität sowie das Kriterium der speziellen Struktur. Organe sind dann homolog, wenn mindestens eines der drei Kriterien erfüllt ist.

Nach dem **Kriterium der Lage** sind Organe homolog, wenn sie in einem vergleichbaren Gefüge-System die gleiche Lage einnehmen. Homologie muss nicht zwangsläufig eine auffällige Ähnlichkeit bedeuten. Bei homologen Organen können (bedingt durch Spezialisierung und Änderungen in der Funktion) Verschmelzungen oder Reduktionen stattfinden. Entscheidend für die Homologisierung ist die Lagebeziehung der einzelnen Teile zueinander.

Beispiel   Ein Vogelflügel oder der Fuß eines Pferdes weisen weniger Fingerknochen auf als die fünf im Grundbauplan vorhandenen, die Vorderpfote des Maulwurfs (durch ein zusätzliches Sichelbein) dagegen mehr.

Homologe Organe sind auch daran zu erkennen, dass sie durch Zwischen- bzw. Übergangsformen miteinander in Verbindung stehen **(Kriterium der Kontinuität)**.

Beispiel   Ein Beispiel für einen Funktionswechsel, der kontinuierlich verfolgt werden kann, stellt die Bildung der Gehörknöchelchen der Säugetiere (Hammer, Amboss und Steigbügel) dar. Diese entwickelten sich aus dem Zungenbeinbogen der Haie bzw. der Columella (Schall leitendes Knochenstäbchen) der Amphibien sowie zwei Kieferknochen (primäres Kiefergelenk). Dabei lässt sich erkennen, dass im Laufe der Evolution das Hyomandibulare im Zungenbeinbogen der Haie zur Columella der Amphibien wurde und sich daraus bei den Säugetieren der Steigbügel bildete. Die Entwicklung der Kieferknochen (Articulare und Quadratum) der Amphibien führte schließlich zur Bildung von Hammer und Amboss bei den Säugern.

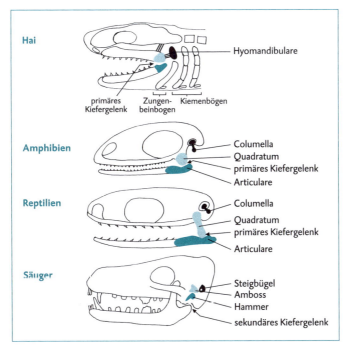

Abb. 5: Entwicklung der Gehörknöchelchen bei den Säugern

Das **Kriterium der speziellen Struktur** (Kriterium der spezifischen Qualität) besagt, dass Organe auch unabhängig von ihrer Lage als homolog eingeordnet werden können, wenn sie in zahlreichen Einzelheiten übereinstimmen. Je komplexer die Organe aufgebaut sind, desto wahrscheinlicher resultiert die Übereinstimmung der verglichenen Strukturen aus einem gemeinsamen Grundbauplan.

Beispiel

Säugetierzähne und Haifischschuppen sind äußerlich sehr verschieden, sie stimmen aber in mehreren Baumerkmalen bzw. der Beschaffenheit des Materials überein. So besteht die äußerste Schicht der Haifischschuppe und des Wirbeltierzahns aus Zahnschmelz, der das Dentin (Zahnbein) überzieht. Beide Strukturen sind innen hohl (Pulpahöhle).

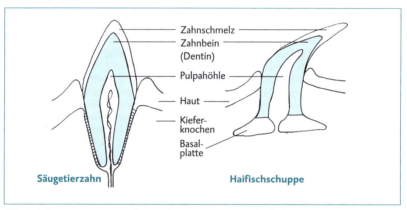

Abb. 6: Aufbau eines Säugetierzahns im Vergleich mit einer Haifischschuppe

Rudimente

Rudimente sind nicht mehr vollständig ausgebildete oder verkümmerte Organe, die ihre ursprüngliche Funktion nicht mehr erfüllen. Solche rückgebildeten Organe sind bis heute noch bei einigen Organismen als Überbleibsel der ursprünglich funktionierenden Organe vorhanden. Sie sind stumme Zeugen einer Abstammung dieser Organismen von Lebewesen, bei denen die Organe noch funktionierten. In manchen Fällen haben Rudimente aber auch eine neue Funktion übernommen.

Rudimente sind im Laufe der Evolution zurückgebildete Organe und Strukturen, die häufig keine Funktion mehr erfüllen.

Rudimentäre Organe bei Pflanzen

- Im Gegensatz zur Königskerze mit fünf fruchtbaren Staubblättern besitzt die Braunwurz vier fruchtbare und ein unfruchtbares Staubblatt, das ebenfalls zu den Rachenblütlern zählende Gnadenkraut nur noch zwei fruchtbare und zwei unfruchtbare Staubblätter.
- Parasitische Pflanzen wie Braunwurz und Fichtenspargel zapfen die Leitungsbahnen ihrer Wirtspflanzen an und entziehen ihnen Nährstoffe. Sie betreiben keine Fotosynthese und weisen nur noch Reste von Laubblättern in Form von kleinen Schuppen auf, die durch das Fehlen von Chlorophyll gelblich-bräunlich gefärbt sind.

Rudimentäre Organe bei Tieren

- Zurückgebildete, stark verkürzte Extremitäten der Erzschleiche
- Reste des Beckengürtels bei Blindschleichen: Diese Tiere gehören nicht zu den Schlangen, sondern zu den Echsen (vier Gliedmaßen!).
- Zurückgebildete, funktionslose Augen bei Axolotl und Grottenolm
- Griffelbeine des Pferdefußes (zurückgebildete Mittelhand- bzw. Mittelfußknochen)
- Reste des Beckengürtels bei Walen: Wale stammen von landlebenden Säugetieren ab, die vier Extremitäten besaßen. An den verkümmerten Beckenknochen der Wale befindet sich der Ansatz für After- und Penismuskeln.

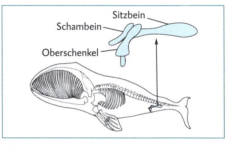

Abb. 7: Reste des Beckengürtels beim Wal

Rudimentäre Organe beim Menschen

- Eckzähne und Weisheitszähne
- Verkümmerte Ohrmuskeln: Ursprünglich konnten mit den Ohrmuskeln die Ohrmuscheln bewegt werden.
- Restkörperbehaarung, vor allem beim Mann: Die spärliche Körperbehaarung des Menschen stellt ein rudimentäres Fell dar.
- Wurmfortsatz des Blinddarms: Er diente früher zur besseren Verdauung pflanzlicher Nährstoffe; nun ist er Teil des Immunsystems und enthält zahlreiche Lymph-Follikel mit Lymphozyten.
- Zum Steißbein verwachsene Steißwirbel als Überbleibsel der verlängerten Wirbelsäule (Schwanz)

Atavismen

Sehr selten treten bei einzelnen Individuen Merkmale auf, die im Laufe der Evolution dieser Art rückgebildet und/oder ganz verschwunden waren. Solche plötzlich wiederauftauchenden Körpermerkmale werden als Atavismen bezeichnet und als Rückschläge in der phylogenetischen Entwicklung gesehen.

> Treten bei einzelnen Individuen Merkmale wieder auf, die bei den Vorfahren voll entwickelt waren, aber im Laufe der Evolution reduziert oder ganz abgebaut wurden, spricht man von einem **Atavismus**.

Beispiele

Atavismen bei Pflanzen
- Radiärsymmetrischer Blütenbau beim normalerweise bilateralsymmetrischen Löwenmäulchen
- Grüne, chlorophyllhaltige Blütenblätter bei der Pfingstrose

Atavismen bei Tieren
- Verlängertes Griffelbein mit Zehenknochen bei Pferden (siehe Abb. 8a)
- Fliegen mit vollständig ausgebildetem hinterem Flügelpaar statt der Schwingkölbchen (Rudimente) (siehe Abb. 8b)

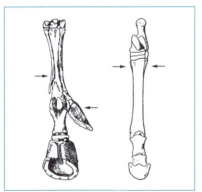

Abb. 8a: Atavismus beim Pferd   Abb. 8b: Atavismus bei der Fliege

Atavismen beim Menschen
- Überzählige Brustwarzen entlang einer Milchleiste bei der Frau
- Schwanzartig verlängertes Steißbein
- Extrem starke Körperbehaarung auch schon bei Kindern und Säuglingen, die stammesgeschichtlich als Rückschlag der Fellbildung gedeutet wird

Über die Entstehung derartiger Atavismen gibt es verschiedene Theorien. Manche Forscher nehmen sog. Rückmutationen an, andere wiederum führen das Entstehen von Atavismen auf Entwicklungsstörungen in der Embryonalentwicklung zurück. Die meisten Forscher gehen aber davon aus, dass es sich um die Realisierung von genetischer Information handelt, die normalerweise unterdrückt wird. Eine stammesgeschichtlich interessante Erklärung ihres Auftretens ist die Theorie der ursprünglichen Separation und erneuten Kombination von Genen. Nach dieser Theorie sind an der Ausbildung von atavistischen Merkmalen ursprünglich mehrere Gene beteiligt, die zusammenwirken. Kommt es zum Abtrennen von nur einem oder auch mehreren dieser Gene (Separation), so kann das Merkmal nicht mehr ausgebildet werden. Durch Kreuzungen und entsprechende Neukombination der alten Gene würde dann das ursprüngliche Merkmal wieder auftauchen.

Embryologie

Vergleicht man die Embryonen verschiedener Wirbeltiere zu Beginn ihrer Entwicklung miteinander, so fällt auf, dass sie sich in der ersten Phase ihrer Embryonalentwicklung so gut wie nicht voneinander unterscheiden. Alle Wirbeltierembryonen, auch der menschliche Embryo, zeigen zu Beginn der Keimesentwicklung die Anlage von **Kiemenbögen**, die – mit Ausnahme der Fische – bei den anderen Wirbeltierembryonen wieder verschwinden. Aus der Sicht der Evolutionsforschung ist dies ein deutlicher Hinweis für die Abstammung der landlebenden Wirbeltiere von früheren Wasser bewohnenden Tieren.

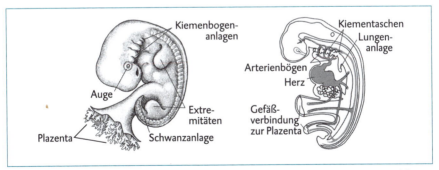

Abb. 9: Menschlicher Embryo im Alter von vier Wochen. Die Anlage der Kiemenbögen (links) und der zugehörigen Arterienbögen (rechts) sind deutlich erkennbar.

Während der Embryonalentwicklung treten immer wieder Strukturen auf, die bei den stammesgeschichtlichen Vorfahren funktionsfähige Organe darstellten. Das betreffende Merkmal tritt umso früher in der Embryonalentwicklung auf, je stammesgeschichtlich älter der Vorfahre ist.

Beispiele
- Froschembryonen (Kaulquappen) bilden als Larven Kiemen aus.
- Die Embryonen von Blindschleichen legen Vorder-Extremitäten an.
- Bartenwal-Embryonen haben Zahnanlagen und Hintergliedmaßen.
- Vogelembryonen weisen eine verlängerte Wirbelsäule auf.
- Zu Beginn der Entwicklung besitzt der menschliche Embryo ein zweikammeriges Herz (ähnlich dem der Fische), das durch die sich bildende Herzscheidewand in vier Kammern aufgeteilt wird.
- Im weiteren Verlauf der Embryonalentwicklung bildet der menschliche Embryo eine verlängerte Schwanzwirbelsäule aus, wiederum ein Hinweis auf die Abstammung von Schwanz tragenden Vorfahren.
- Im 5. Monat seiner Entwicklung ist der menschliche Fetus mit einem dichten Haarkleid bedeckt, was von den Wissenschaftlern als Fellanlage gedeutet wird, die normalerweise bis zur Geburt, bis auf wenige Reste, wieder verschwindet.

Ernst HAECKEL hat 1866 all diese Beobachtungen zusammengefasst und als sogenanntes biogenetisches Grundgesetz formuliert. Er vergleicht dabei die **Ontogenie** (Ontogenese, Individualentwicklung) eines Lebewesens mit der **Phylogenie** (Phylogenese, Stammesentwicklung) und kommt zu dem Schluss: „Die Ontogenese ist eine kurze und schnelle Wiederholung (Rekapitulation) der Phylogenese".

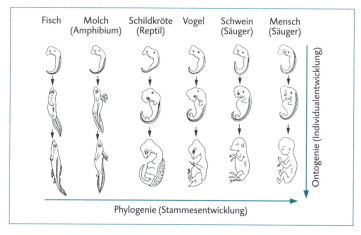

Abb. 10: Vergleich von Embryonalentwicklungsstadien einiger Wirbeltiere

Als Kritik an der Formulierung des biogenetischen Grundgesetzes durch HAECKEL lässt sich anführen:

- Es werden nicht alle Stadien der Phylogenese durchlaufen (z. B. fehlen den Vogelembryonen die Anlagen von Zähnen).
- Der Embryo legt auch Strukturen an, die nichts mit der Stammesentwicklung zu tun haben, wie z. B. Eihäute und Dottersack.
- Es bilden sich keine fertigen Organe aus, sondern nur die jeweiligen Anlagen dazu.

Aus diesen Gründen spricht man heute nicht mehr vom biogenetischen Grundgesetz, sondern von der biogenetischen Grundregel:

Biogenetische Grundregel: In der Embryonalentwicklung eines Lebewesens **(Ontogenese)** werden Merkmale seiner stammesgeschichtlichen **(phylogenetischen)** Vorfahren angelegt, die dem Erwachsenenstadium fehlen.

Vergleichende Molekularbiologie und Biochemie

Die vergleichende Molekularbiologie untersucht die Strukturen biochemischer Makromoleküle bei verschiedenen Lebewesen. In erster Linie werden dabei die Tertiärstrukturen von Proteinen und Enzymen (Oberflächenstruktur) untersucht (Serologie). Letztlich ist die Tertiärstruktur der Proteine aber durch die Primärstruktur, d. h. durch die Aminosäuresequenz, festgelegt. Die Aminosäuresequenz wiederum hängt von der Basensequenz der DNA ab. Alle biochemischen Verwandtschaftsbeziehungen zwischen den Lebewesen gehen daher auf eine mehr oder weniger große Übereinstimmung der Basensequenz der DNA zurück.

Serologie (Serodiagnostik)

Zentrifugiert man das Blut eines Lebewesens, so reichern sich die festen Bestandteile des Bluts (Erythrozyten, Leukozyten und Thrombozyten) im unteren Bereich der Probe an und können somit vom darüber stehenden flüssigen Anteil abgetrennt werden. Den flüssigen Bestandteil des Blutes bezeichnet man als Blutplasma. Durch Entfernen von Fibrinogen (Vorstufe des Gerinnungsstoffs Fibrin) erhält man **Blutserum**. In ihm sind neben Wasser und Nährstoffen, wie z. B. Glucose, auch lösliche Eiweißmoleküle wie die sog. Serumproteine enthalten. Ihre Zusammensetzung ist artspezifisch und genetisch bedingt. Injiziert man nun das Serum eines Tiers einem anderen Tier, so bilden sich aufgrund der Immunabwehrreaktion zu den fremden Serumproteinen komplementäre Antikörper. Werden diese Antikörper mit den zur Immunisierung verwendeten Serumproteinen vermischt, verbinden sie sich nach dem Schlüssel-Schloss-Prinzip und es kommt zur Ausflockung (Präzipitation) eines Antigen-Antikörper-Komplexes.

> Der Grad der Übereinstimmung der Tertiär- und damit auch der Primärstruktur der Serumproteine zweier verschiedener Arten ist ein Maß für die biochemische Verwandtschaft der untersuchten Arten. Mithilfe des sog. **Serum-Präzipitintests** kann der Verwandtschaftsgrad zweier Arten relativ leicht bestimmt werden.

Einem Tier A, dessen biochemische Verwandtschaft mit dem Tier B untersucht werden soll, wird für einen Serum-Präzipitintest Blut entnommen und daraus Blutserum hergestellt. Dieses Blutserum wird einem anderen Tier, meist einem Kaninchen, injiziert. Das Kaninchen bildet gegenüber den fremden Serumproteinen Antikörper im Überschuss. Dem Kaninchen wird Blut entnommen und daraus ebenfalls Blutserum hergestellt, das Antikörper gegen die Serumproteine des Tieres A enthält. Ein Teil des Kaninchenblutserums wird im Reagenzglas mit dem Serum des Tieres A gemischt. Da hierbei alle Serumproteine des Tieres A als Antigen-Antikörper-Komplexe ausfallen, setzt man den gemessenen Wert gleich 100 %. In einem anderen Reagenzglas mischt man Kaninchenblutserum mit dem Serum des Tiers B. Es wird ein Ausfällungsgrad von weniger als 100 % auftreten.

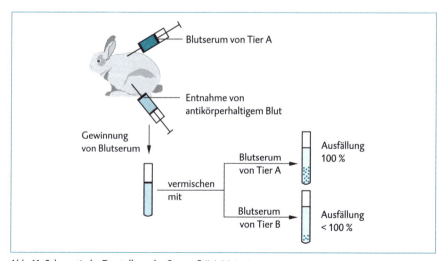

Abb. 11: Schematische Darstellung des Serum-Präzipitintests

Der Auswertung des Präzipitintests liegt folgende Überlegung zugrunde: Da es eine fast unendliche Anzahl von unterschiedlichen Primär- und somit auch Tertiärstrukturen von Proteinen gibt (etwa 10^{130}), ist die Wahrscheinlichkeit eines zufälligen Auftretens gleicher Proteinstrukturen bei zwei Tierarten praktisch gleich null. Eine Übereinstimmung in der Struktur zweier Proteine von verschiedenen Tierarten kann daher nur aufgrund einer mehr oder weniger nahen biochemischen Verwandtschaft der beiden Tierarten erklärt werden. Der Grad der Ausfällung gibt die Übereinstimmung der Struktur der Serumproteine der beiden untersuchten Tiere in Prozent an und ist somit ein Maß für den Verwandtschaftsgrad zwischen dem Tier A und dem Tier B.

Beispiel

Die Serodiagnostik von Mensch und Menschenaffen ergibt die in Abb. 12 dargestellten Werte.

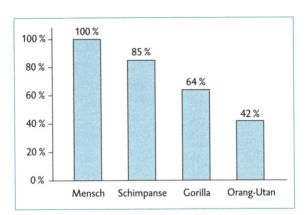

Abb. 12: Ergebnisse der Serodiagnostik von Mensch und Menschenaffen

Vergleich der Aminosäuresequenz von Proteinen

Proteine als Genprodukte spiegeln in ihrer Aminosäuresequenz (Primärstruktur) direkt die DNA-Codierung (Triplettfolge des Gens) wider. Durch den Vergleich homologer Proteine ist ein Rückschluss auf die Mutationen des betreffenden Gens möglich.

Die Abstammungslehre erklärt die Abweichung der Aminosäuresequenz in den gleichen Proteinen bei verschiedenen Arten als Folge von **Genmutationen** (siehe (1), S. 81), die sich mit einer bestimmten Häufigkeit ereignen. Daraus folgt, dass die Zahl der auftretenden Mutationen, also der veränderten Aminosäuren, von der Zeit abhängig ist. Je länger also die Zeit, die seit der Entwicklung von zwei Arten aus einem gemeinsamen Vorfahren vergangen ist, desto mehr Mutationen traten ein und desto größer sind daher die Unterschiede in der Aminosäuresequenz der verglichenen Proteine.

22 ⬧ Evolution

Zwei Pflanzen- oder Tierarten sind umso näher miteinander verwandt, je geringer die Abweichung der Aminosäuresequenz ihrer Proteine ist. Den Änderungen der Aminosäuresequenz liegen **Genmutationen** zugrunde. Die Zahl der Mutationen hängt von der Zeit ab: In längerer Zeit treten mehr Mutationen auf als in kürzerer. Die Zahl der ausgetauschten Aminosäuren ist daher umso größer, je früher sich Arten in der Stammesgeschichte getrennt haben.

Beispiele

Die Moleküle des Hormons **Insulin** sind Polypeptide aus 51 Aminosäuren, wobei die A-Kette aus 21 und die B-Kette aus 30 Aminosäuren aufgebaut ist. Die Aminosäuresequenz wurde bereits 1953 von F. SANGER aufgeklärt. Insulin ist ein Hormon der Bauchspeicheldrüse, das die Aufnahme der Glucose in die Zellen bewirkt und dadurch den Blutzuckerspiegel senkt. Ein Vergleich der Aminosäuresequenz des Insulins von verschiedenen Wirbeltierarten zeigt Abweichungen in der Sequenz der Aminosäuren, z. B. beim Vergleich eines Ausschnitts aus der A-Kette des Insulins dreier Huftiere.

	6	7	8	9	10	11
Rind	Cys –	Cys –	Ala –	Ser –	Val –	Cys –
Schwein	Cys –	Cys –	Thr –	Ser –	Ile –	Cys –
Schaf	Cys –	Cys –	Ala –	Cys –	Val –	Cys –

Tab. 2: Unterschiede in der Aminosäuresequenz des Insulins bei Rind, Schwein und Schaf (Die Ziffern geben die Positionen in der Aminosäurekette an.)

Rinder- und Schafsinsulin unterscheiden sich nur in der Aminosäure an Position 9, während zwischen Rinder- und Schweineinsulin zwei Unterschiede (Position 8 und 10) auftreten. Bei Schafs- und Schweineinsulin weicht die Aminosäuresequenz in den Positionen 8, 9 und 10 ab. Bezogen auf die Verwandtschaftsverhältnisse von Rind, Schaf und Schwein bedeutet dies, dass Rind und Schaf näher miteinander verwandt sein müssen als Rind und Schwein bzw. Schaf und Schwein. Aufgrund der Zeitabhängigkeit der Zahl der Mutationen lässt sich ein Stammbaum erstellen (siehe Abb. 13).

Der Zeitpunkt, an dem sich die stammesgeschichtliche Entwicklung des Schweins und des gemeinsamen Vorfahren von Schaf und Rind verzweigte (V_1), muss längere Zeit zurückliegen als der Verzweigungspunkt V_2 von Rind und Schaf.

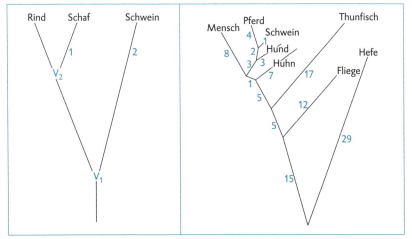

Abb. 13: Stammbaum von Rind, Schaf und Schwein als Ergebnis der Aminosäure-Sequenzanalyse

Abb. 14: Ausschnitt aus einem Stammbaum, der auf Unterschieden in der Aminosäuresequenz des Cytochroms c beruht.

(Die Ziffern geben jeweils die Anzahl der ausgetauschten Aminosäuren an.)

Ein weiteres Beispiel aus der vergleichenden Molekularbiologie ist das Cytochrom c (siehe Abb. 14), ein Enzym, das bei Pflanzen und Tieren eine Schlüsselrolle bei der Zellatmung (Energiefreisetzung) spielt. Es besteht aus einer Kette von 104 Aminosäuren. Seine biokatalytische Wirkung geht nicht verloren, selbst wenn bis zu 70 Aminosäuren der Kette ausgetauscht werden.

Direkter Vergleich der DNA durch DNA-Hybridisierung

Bei diesem Verfahren wird festgestellt, wie gut sich DNA-Einzelstränge von Organismen verschiedener Arten zu einem DNA-Doppelstrang zusammenlagern können. Hybrid-DNA-Doppelstränge bilden sich aufgrund komplementärer Basenpaarungen. Je näher zwei Arten miteinander verwandt sind, desto mehr stimmt ihre DNA in der Nukleotidsequenz überein und desto mehr komplementäre Basenpaarungen sind durch Ausbildung von Wasserstoffbrückenbindungen möglich. Erwärmt man diese Hybrid-Doppelstränge, so trennen sie sich wieder in Einzelstränge auf, und zwar bei einer umso höheren Temperatur, je mehr komplementäre Basenpaarungen zustande gekommen sind. Eine niedrigere Schmelztemperatur dagegen lässt auf eine geringere Übereinstimmung der genetischen Information schließen und damit auf eine entferntere Verwandtschaft der untersuchten Arten. Ihre Entwicklung muss also über eine längere Zeit getrennt verlaufen sein, sodass durch Mutationen deutliche Veränderungen in der Basensequenz der DNA auftraten.

Beispiel

Die Hybridisierung zwischen menschlicher DNA und der DNA verschiedener (Menschen-)Affen ergibt die folgenden Werte:

DNA-Hybride	Mensch × Mensch	Mensch × Schimpanse	Mensch × Gorilla	Mensch × Orang-Utan	Mensch × Gibbon	Mensch × Meerkatze
Schmelztemperatur	88,2 °C	86,4 °C	85,8 °C	84,6 °C	83 °C	80,5 °C

Tab. 3: Ergebnisse der DNA-Hybridisierung zwischen Mensch und Menschenaffen

Je höher die Temperatur zum Trennen der Hybrid-Doppelstränge ist, desto ähnlicher ist die DNA der verglichenen Arten und desto enger ist deren Verwandtschaft: Der Mensch ist in diesem Beispiel mit dem Schimpansen am nächsten und mit Meerkatzen am entferntesten verwandt.

Analogien und konvergente Entwicklung

Im Gegensatz zur Homologie beruht die Ähnlichkeit von analogen Organen nicht auf einem gemeinsamen Grundbauplan, sondern auf ihrer ähnlichen Funktion. Analogien geben daher keinen Hinweis auf stammesgeschichtliche Verwandtschaft.

> Organe mit gleicher Funktion, aber unterschiedlichem Bauplan bezeichnet man als **analog**. Sie sind das Ergebnis von Anpassungsvorgängen an gleiche Umweltbedingungen. Eine derartige gleichgerichtete, aber unabhängig voneinander verlaufende Entwicklung von Organen wird **konvergent** genannt.

Beispiele

Beim Vergleich des Grabbeins eines Maulwurfs mit dem einer Maulwurfsgrille, eines Insekts, fällt auf, dass beide Gliedmaßen verbreiterte Grabschaufeln gemeinsam haben. Die Entstehung dieser analogen Struktur ist das Ergebnis einer Angepasstheit an das Leben in der Erde. Das Maulwurfbein entspricht im Aufbau der Wirbeltierextremität, das Maulwurfsgrillenbein dem Bauplan des Insektenbeins.

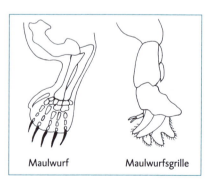

Abb. 15: Analoges Grabbein des Maulwurfs und der Maulwurfsgrille

Weitere Beispiele für Analogien:
- Ausbildung ähnlicher Wasserspeichergewebe in der Sprossachse (Stammsukkulenz) in verschiedenen Pflanzenfamilien (siehe Abb. 16)
- Lungen der Wirbeltiere – Tracheen der Insekten: Beide Organe dienen dem Gasaustausch, sind aber vollkommen unterschiedlich aufgebaut.

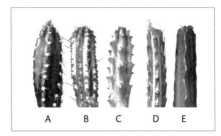

Abb. 16: Stammsukkulenz bei verschiedenen Pflanzenfamilien: (A) Kaktus, (B) Wolfsmilch, (C) Schwalbenwurz, (D) Korbblütler und (E) *Cissus*

- Sprossdornen bei Rosen und Blattdornen bei Berberitzen
- Stromlinienform des Körpers bei wasserbewohnenden Tieren (siehe Abb. 17): Als Angepasstheit an das Wasserleben hat sich sowohl bei Krebsen (Garnelen), Weichtieren (Tintenfischen), Knorpel- und Knochenfischen, Reptilien (wie den ausgestorbenen Ichthyosauriern), Vögeln (Pinguinen) und Säugetieren (Robben, Delfinen) eine strömungsgünstige Körperform (Spindelform) entwickelt.

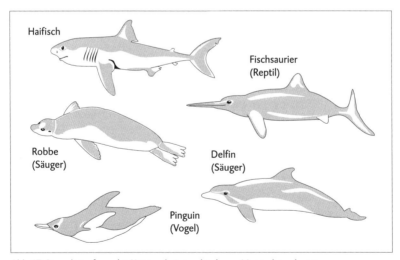

Abb. 17: Stromlinienform des Körpers bei verschiedenen Meeresbewohnern

26 🖋 Evolution

Zusammenfassung

- Die **Evolution** der Lebewesen führte zu einer immensen **Vielfalt an Organismen** mit ganz unterschiedlichen Angepasstheiten an ihre Umwelt.

- Die Reste von Organismen aus der geologischen Vergangenheit bezeichnet man als **Fossilien**.

- **Brückenformen** vereinen Merkmale stammesgeschichtlich älterer und jüngerer Gruppen in sich. Beispiel: *Archaeopteryx*

- Nach der Theorie von LAMARCK kommt es im Laufe der Stammesgeschichte zu einem Wandel der Arten, indem sich die Organismen aufgrund ihres Vervollkommnungstriebes aktiv durch den Gebrauch und Nichtgebrauch von Organen verändern.

- Die Annahme LAMARCKs, **erworbene Eigenschaften seien vererbbar** und könnten so an die Nachkommen weitergegeben werden, lässt sich nicht beweisen.

- DARWIN erklärte den Artwandel durch eine Überproduktion und Variabilität der Nachkommen, an der die **natürliche Selektion** angreift. Nur die am besten angepassten Individuen überleben und können sich fortpflanzen.

- Im natürlichen System sind die Organismen entsprechend ihrer Verwandtschaftsverhältnisse in hierarchisch geordnete Gruppen eingeteilt.

- Der **morphologische Artbegriff** fasst alle Lebewesen zu einer Art zusammen, die sich in wesentlichen Merkmalen gleichen. Nach dem **biologischen Artbegriff** sind diejenigen Lebewesen einer Art zusammengefasst, die miteinander fruchtbare Nachkommen erzeugen können.

- In vielen Wissenschaftsgebieten lassen sich Belege dafür finden, dass alle heute auf der Erde lebenden Organismen miteinander verwandt sind, also einen gemeinsamen Ursprung haben.

- **Homologe Organe** sind ursprungsgleich, können jedoch unterschiedliche Aufgaben erfüllen. Sie geben einen Hinweis auf Verwandtschaft der betreffenden Organismen.

- **Analoge Organe** sind funktionsgleich, aber nicht ursprungsgleich. Analogien sind kein Hinweis auf eine Verwandtschaft, sie entstehen durch konvergente Entwicklung der Organe, die zur Ausbildung ähnlicher Strukturen führt.

- Homologe Organe, Rudimente und Atavismen lassen sich am einfachsten erklären, wenn man eine Evolution der Organismen annimmt.

- Da in der Keimesentwicklung vieler Arten einzelne Organe und Strukturen für kurze Zeit angelegt werden, die für die Vorfahren dieser Arten typisch waren, kann auch die **vergleichende Embryologie** Hinweise auf die stammesgeschichtliche Entwicklung liefern.

- Mit dem **Serum-Präzipitin-Test**, der **Aminosäuresequenzanalyse** und der **DNA-Hybridisierung** werden Proteine und die DNA verschiedener Arten verglichen.

- Aus den Unterschieden in der **Basensequenz** bestimmter DNA-Abschnitte und in der **Aminosäuresequenz** bestimmter Proteine bei verschiedenen Arten lässt sich die Zahl der aufgetretenen Mutationen und somit der **Grad der Verwandtschaft** ableiten.

Evolution 27

Aufgaben

1 Erläutern Sie, inwiefern Fossilien einen Beweis für die Evolutionslehre darstellen.

2 *Archaeopteryx* weist als fossiles Brückentier sowohl Reptilien- als auch Vogelmerkmale auf.
Belegen Sie diese Aussage, indem sie jeweils mindestens ein Vogel- und ein Reptilienmerkmal des Arm- und Beinskeletts von *Archaeopteryx* aufführen.

3 Als Ausgangsgruppe der Landwirbeltiere werden die Quastenflosser (eine Ordnung der Knochenfische) angesehen. *Eusthenopteron* z. B. besaß neben Kiemen auch eine Lungenblase sowie ein sehr bewegliches, gut ausgebildetes Flossenskelett. *Ichthyostega*, ein primitiver Lurch, wies bereits Schulter- und Beckengürtel mit fünfstrahligen Extremitäten auf. Der Bau des Schädels lässt zahlreiche Übereinstimmungen mit dem von *Eusthenopteron* erkennen.

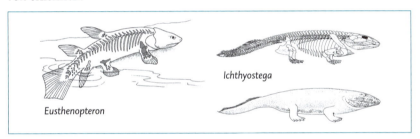

a Erläutern Sie die Bedeutung der angesprochenen Merkmale von *Eusthenopteron* und *Ichthyostega* in der Entwicklung der Landwirbeltiere.
b Nennen Sie zusätzliche Veränderungen im Körperbau, die zum reinen Landleben notwendig wären.

4 Das Schnabeltier ist ein heute noch lebendes Brückentier. Es legt Eier, die im Bauchfell gewärmt werden. Die Jungen lecken Milch auf, die von Drüsen im Bauchfell der Mutter abgesondert wird. Die Körpertemperatur der Tiere ist nicht ständig konstant.
a Nennen Sie die Wirbeltiergruppen, zwischen denen das Schnabeltier vermittelt.
b Ordnen Sie die im Text angegebenen Merkmale den beiden unterschiedlichen Wirbeltiergruppen zu.

5 Fassen Sie zusammen, worin die Lehren LAMARCKs und DARWINs übereinstimmen.

6 Stellen Sie dar, wie die Ansichten Cuviers die Wissenschaft der Evolution beeinflusste.

7 Termitenkolonien setzen sich aus Soldaten mit großen Kiefern, Arbeitern mit kräftigen Beinen, einem geflügelten größeren König und einer ungeflügelten Königin mit sehr großem Hinterleib zusammen. Nur der König und die Königin sind für die Fortpflanzung zuständig.
Erklären Sie, inwiefern diese Tatsachen eine grundlegende Aussage Lamarcks widerlegen.

8 Im schattigen Wald wachsende Pflanzen bilden häufiger als Wiesenpflanzen weiße, duftende Blüten aus.
Erklären Sie die Entstehung der Blütenmerkmale von Waldpflanzen aus evolutionsbiologischer Sicht.

9 Lesen Sie das folgende Zitat aufmerksam durch:
„Alles was die Individuen durch den Einfluss der Verhältnisse, denen ihre Rasse lange Zeit ausgesetzt ist, erwerben oder verlieren, wird durch die Fortpflanzung auf die Nachkommen vererbt, vorausgesetzt, dass die erworbenen Veränderungen beiden Geschlechtern oder den Erzeugern dieser Individuen gemein sind."
Nehmen Sie aus der Sicht der gegenwärtigen Evolutionsforschung kritisch Stellung zu dieser Äußerung eines Naturforschers und beschreiben Sie ein Experiment, mit dessen Hilfe man sie widerlegen kann.

10 Beschreiben Sie, wie ein Anhänger Lamarcks die Entstehung der Giftresistenz von Insekten gegenüber Insektiziden erklären würde.

11 Höhlenfische weisen mehr oder weniger stark zurückgebildete Augen auf; ihre Geschmacks- und Tastsinnesorgane sind häufig besonders leistungsfähig.
Erklären Sie das Zustandekommen dieser Merkmale nach den Evolutionstheorien von Lamarck und Darwin.

12 Geben Sie an, welche der folgenden Aussagen Lamarcks nach unseren heutigen Kenntnissen noch bejaht werden können:
a Die Lebewesen haben sich im Laufe der Erdgeschichte ständig gewandelt.
b Die Lebewesen sind an ihren Lebensraum meist hervorragend angepasst.
c Die Anpassung an den Lebensraum geschieht ausschließlich durch den Gebrauch und Nichtgebrauch der einzelnen Organe.

d Organe werden durch Gebrauch gekräftigt, bei Nichtgebrauch werden sie schwächer.

e Die aktiven Anpassungen der Lebewesen an ihre Umgebung sind erblich.

f Sich ändernde Umweltbedingungen haben einen Einfluss auf die allmähliche Umgestaltung der Arten.

g Für die Entstehung neuer Organe ist ein inneres Bedürfnis des betreffenden Lebewesens maßgebend.

13 Erläutern Sie die Unterschiede zwischen dem morphologischen und dem biologischen Artbegriff.

14 Vergleichen Sie die Begriffe „Art" und „Rasse" anhand jeweils eines selbst gewählten Beispiels.

15 Bewerten Sie, welche Homologiekriterien für Laubblätter und Blattdornen zutreffen.

16 Bei der Aufklärung von Verbrechen sind vom Täter stammende Blutspuren oder Fingerabdrücke ein sehr wichtiges Beweismittel.
Erklären Sie, welches Homologiekriterium hier die entscheidende Rolle spielt. Geben Sie eine Definition für dieses Homologiekriterium an.

17 Geben Sie je ein konkretes Beispiel für die Anwendung der verschiedenen Homologiekriterien an.

18 Kartoffeln werden im Licht grün. Erklären Sie, welche Schlussfolgerung man bezüglich der Evolution der Kartoffelknolle aus dieser Tatsache ziehen kann.

19 „Wie merkwürdig ist es, dass die zum Springen über die offene Ebene hervorragend geeigneten Hinterfüße des Kängurus oder die zum Umfassen der Äste geeigneten des kletternden Koalas und dass die Füße des grabenden Bandikuts alle nach demselben Typus gebaut sind, d. h. dass die Knochen der zweiten und dritten Finger sehr dünn und zudem von derselben Haut eingehüllt sind, sodass sie einer einzigen, mit zwei Klauen versehenen Zehe gleichen." (DARWIN, verkürzt).

a Erläutern Sie anhand des oben stehenden Zitats den Begriff „Homologie".

b Leiten Sie ab, welche Schlussfolgerung diese Homologie zulässt.

20 In einer Zeitungsmeldung wurde berichtet, dass in Süditalien ein Kind mit Schwanzwirbelsäule geboren wurde. Die Eltern verheimlichten anfangs die ihrer Meinung nach ein Werk des Satans darstellende Missgeburt vor den Ärzten.
Erläutern Sie, wie man den Eltern diese Erscheinung aus der Sicht der Evolution erklären könnte.

21 Manche Tintenfische tragen einen hautüberzogenen Kalkschulp am Rücken, Nacktschnecken weisen Gehäusereste auf.
Erklären und deuten Sie diese Besonderheiten.

22 Bei der Stubenfliege, die in der Regel zwei Flügel und zwei Schwingkölbchen besitzt, treten manchmal Individuen mit vier gleichen Flügeln auf.
Erklären und deuten Sie diese Beobachtung.

23 Stellen Sie dar, worauf die Verwandtschaft zweier Lebewesen letztendlich zurückzuführen ist.

24 Studien zur Klärung der Abstammung von Neuweltgeiern (z. B. Kondor), in denen Anatomie, Verhalten und die Zusammensetzung von Bürzeldrüsensekreten berücksichtigt wurden, ergaben Hinweise auf eine verwandtschaftliche Nähe zu den Störchen und nicht, wie erwartet, zu den Altweltgeiern (z. B. Gänsegeier).
a Beschreiben und erläutern Sie einen möglichen serologischen Nachweis zur Bestätigung der angeführten Verwandtschaftsverhältnisse.
b Erläutern Sie unter Verwendung der entsprechenden Fachbegriffe, welchem Irrtum die Wissenschaftler erlagen, die die Neuweltgeier verwandtschaftlich näher zu den Altweltgeiern einordneten.

25 Erläutern Sie, warum man heute besser von der biogenetischen Grundregel und nicht wie früher vom „biogenetischen Grundgesetz" spricht.

26 Erläutern Sie an zwei selbst gewählten Beispielen die Bedeutung der vergleichenden Embryologie für die Evolutionsforschung.

27 Meeresringelwürmer entwickeln sich über ein Larvenstadium. Diese sogenannten Trochophora-Larven besitzen zwei typische Wimpernkränze um die Mitte des kugeligen Körpers. Interessanterweise treten auch in der Entwicklung einiger Muscheln und Meeresschnecken solche Larven auf.
a Interpretieren Sie diesen Befund.
b Formulieren Sie die Regel, die sich hier anwenden lässt.

Evolution 31

28 Erläutern Sie, welchen Aussagewert homologe und analoge Erscheinungs-
formen für die Beurteilung der stammesgeschichtlichen Entwicklung der
Lebewesen haben.

29 Geben Sie an, welche der folgenden Merkmalspaare homolog bzw. analog
sind:
a Kiemen der Forelle – Kiemen des Flusskrebses
b Brustflosse des Wals – Vorderlauf des Pferdes
c Horn des Nashorns – Horn des Rindes
d Schwimmblase der Fische – Lunge der Kriechtiere
e Kiemenbogenanlagen des Säugerembryos – Kiemenbögen der Fische
f Blütenblätter der Rose – Blattranke der Erbse
g Blattdornen – Laubblätter
h Wurzelknolle der Dahlie – Sprossknolle der Kartoffel
i Hundeschnauze – Elefantenrüssel

30 Bilden Sie aus den folgenden Organen möglichst viele analoge Paare:
Vogelflügel, Grabbein der Maulwurfsgrille, Elefantenbein, Fledermausflügel, Bein des Marienkäfers, Grabbein des Maulwurfs, Insektenflügel.

31 Delfin und Pinguin zeigen Konvergenz. Erläutern Sie, was man darunter
versteht und wie die Ausbildungen der Vorderextremitäten und die
„Brustflossen" einzuordnen sind.

2 Mechanismen der Evolution

2.1 Zusammenspiel der Evolutionsfaktoren (erweiterte Evolutionstheorie)

Die heute am besten begründete Evolutionstheorie, die **Synthetische Theorie der Evolution**, vereinigt die Theorie DARWINs mit den Erkenntnissen aus der klassischen und modernen Genetik (Molekular- und Populationsgenetik) sowie der Ökologie und der Ethologie. Die Synthetische Theorie stützt sich bei der Erklärung der Evolutionsvorgänge u. a. auf populationsgenetische Erkenntnisse. Eine Population besteht aus einer Gruppe von Individuen der gleichen Art, die zur gleichen Zeit im gleichen Raum leben und eine Fortpflanzungsgemeinschaft bilden. Jedes dieser Individuen unterscheidet sich in seinem Genotyp von den anderen. Da jeder Träger eines diploiden Chromosomensatzes einerseits nur höchstens zwei verschiedene Allele eines Gens besitzen kann, andererseits jedoch bis zu 50 Allele pro Gen vorkommen können, ist der Gesamtgenbestand einer Population, deren **Genpool**, wesentlich höher als der eines Individuums. Die verschiedenen Allele eines Gens treten im Genpool mit unterschiedlicher Häufigkeit (**= Allelfrequenz**) auf. Weil die Mutationshäufigkeit in der Richtung vom Wildtypallel zum mutierten Allel immer viel größer ist als die Rückmutation (zurück zum Wildtyp), kommt es zu einer ständigen Erweiterung der genetischen Mannigfaltigkeit des Genpools einer Population. Daraus ergibt sich eine ständige Tendenz zur Veränderung des Genpools.

> Die Gesamtheit aller Gene bzw. Allele in einer Population bezeichnet man als **Genpool**. Populationsgenetisch betrachtet tritt Evolution auf, wenn sich die **Allelhäufigkeiten** im Genpool einer Population ändern. Die Entstehung neuer Arten setzt voraus, dass sich die **Zusammensetzung des Genpools** ändert.
> Durch fünf Evolutionsfaktoren wird diese Veränderung der Allelhäufigkeiten bewirkt: **Mutation, Rekombination, Gendrift, Selektion** und **Isolation**.

Mutationen und Rekombinationen, die zufällig auftreten, erzeugen die genetische Variabilität (erbliche Vielfalt) einer Population. An diesen Varianten greift die Selektion als richtender Faktor an und „sortiert" sie nach ihrer Eignung in der Umwelt. Durch die Gendrift wird die Zusammensetzung einer Population hinsichtlich ihrer Allelfrequenz zufällig verändert. Die Isolation von Populationen ist Voraussetzung für die Aufspaltung einer Art in zwei Tochterarten. Die Trennung verhindert den Genaustausch und es können genetische Unterschiede entstehen, die eine erneute Vermischung unterbinden.

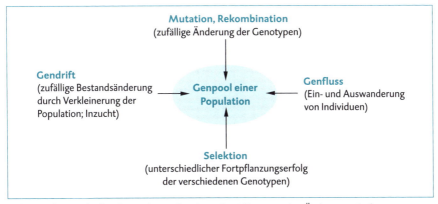

Abb. 18: Faktoren, die den Genpool einer Population beeinflussen und zu Änderungen in der Allelfrequenz führen können

2.2 Genetische Variabilität als Grundlage der Evolution

Als DARWIN seine Selektionstheorie konzipierte, ging er davon aus, dass die Individuen einer Tier- bzw. Pflanzenart nicht völlig gleich sind, sondern variieren. Es gibt im Wesentlichen zwei Ursachen für diese Variabilität:
- unterschiedliche genetische Voraussetzungen der Individuen (**genetische Variabilität**) und
- unterschiedliche Umwelteinflüsse (**modifikatorische Variabilität**).

> Nur die genetische Variabilität hat einen Einfluss auf die Evolution. Für die Erhaltung und Vergrößerung dieser Vielfalt sind zufällige Veränderungen des Erbgutes durch **Mutation** und **Rekombination** ausschlaggebend.

Mutation

Mutationen sind **zufällig** und **ungerichtet**, d. h., es kann nicht vorausgesagt werden, wann welches Gen in welche Richtung mutiert. Mutationen treten spontan auf oder können durch bestimmte Stoffe (Mutagene) und verschiedene Strahlenarten ausgelöst werden (siehe (1) S. 84). Mutationen kommen in drei verschiedenen Formen vor (siehe (1) S. 81 f.).

Die für die Evolution bedeutsame Form ist zumeist die **Gen-** oder **Punktmutation** als Folge von Veränderungen im Molekulargefüge der DNA. Sie führt zur Entstehung neuer Allele. Da meist mehrere Möglichkeiten des Mutierens für ein bestimmtes Gen bestehen, existieren auch mehrere Allele (manchmal bis zu 50) für ein Gen (multiple Allelie).

Eine Genmutation mit dominanter Wirkung (Allel a mutiert zu A) drückt sich sofort im Phänotyp aus, bei einer rezessiven Genmutation (Allel A mutiert zu a) bei haploiden Organismen (z. B. Bakterien) verhält es sich ebenso. Bei diploiden Organismen ist dies nur der Fall, wenn die Mutation im homozygoten Zustand (aa) vorliegt. Die meisten Genveränderungen führen zu Schädigungen oder gar zum Tod des betroffenen Individuums. Die Wahrscheinlichkeit, dass eine zufällig stattfindende Mutation bei einem komplexen Organismus eine Verbesserung zur Folge hat, ist sehr gering. Bei heterozygoten Genotypen (Aa) tritt eine rezessive Mutation im Phänotyp nicht in Erscheinung. Solche Allele können an die Nachkommen weitergegeben werden und sich in der Population anreichern. Jede Population hat dadurch einen Vorrat an Allelen, die unter veränderten Umweltbedingungen für eine Angepasstheit von Bedeutung sein können (**rezessive Allelreserve**). Mutationen können aber auch zu Eigenschaften führen, die für das Individuum selbst weder von Vorteil noch von Nachteil sind, sich aber bei seinen Nachkommen als Voraussetzung für die Angepasstheit an neue Lebensbedingungen erweisen (**Präadaptionen**).

Beispiel

In einer Bakterienpopulation kann bei einem Individuum (oder wenigen Individuen) durch Mutation ein Antibiotika-Resistenzgen entstanden sein. Es wird von der Selektion nicht erfasst, da es weder einen Vorteil noch einen Nachteil bringt. Erst bei veränderten Umweltbedingungen, in diesem Fall eine Antibiotikagabe, erhält diese Mutation einen positiven Selektionswert.

Die Wahrscheinlichkeit für eine Mutation erscheint bei einer Mutationsrate von 10^{-4} bis 10^{-6} Mutationen pro Gen und Generation relativ klein. Der Genbestand eines Individuums beträgt je nach Art 100 000 bis 1 Million Gene. Angenommen die Mutationsrate betrüge 10^{-6} Mutationen pro Gen bei einem Individuum mit einem Genom von 10^5 Genen, dann wäre jedes 10. Individuum einer Generation Träger einer Mutation. Bei der Fruchtfliege (Drosophila) nimmt man an, das 2 – 3 % der Individuen jeder Generation ein neu mutiertes Gen aufweisen, beim Menschen sollen es 10–40 % sein.

Chromosomenmutationen (Veränderungen der Chromosomenstruktur durch Verlust (Deletion), Verdopplung (Duplikation) und Umkehrung (Inversion) eines Chromosomenstücks) und **Genommutationen** (Vermehrung oder Verminderung einzelner Chromosomen (Aneuploidie) oder Vermehrung des ganzen Chromosomensatzes (Eu- oder Polyploidie) aufgrund von Chromosomen-Verteilungsfehler bei der Meiose) führen meist zu so großen Beeinträchtigungen in der Lebens- und Fortpflanzungsfähigkeit der betroffenen Individuen, dass sie bei der Erhöhung der genetischen Variabilität einer Population kaum eine Rolle spielen. Eine Ausnahme stellt die Polyploidisierung der Pflanzen dar. So sind etwa 50 % aller Pflanzenarten Mitteleuropas durch Vermehrung der Chromosomensätze entstanden. Da polyploide Pflanzen nicht mehr mit ihren diploiden Eltern kreuzbar sind, ist diese Mutation bei der Evolution der Pflanzen von Bedeutung (siehe S. 55).

Rekombination

Aus dem Fundus der Gene im Genpool können bei der sexuellen Fortpflanzung ebenfalls zufällig und ungerichtet neue Allelkombinationen gebildet werden, die zu neuen Phänotypen führen, an denen die Selektion ansetzen kann. Folgende Vorgänge ermöglichen die Rekombination:

- Die zufällige Verteilung der väterlichen und mütterlichen Chromosomen der homologen Paare bei der 1. Reifeteilung (Reduktionsteilung) der Meiose (siehe (1), S. 101 ff.). Beim Menschen ergeben sich $2^{23} = 8\,388\,608$ verschiedene Kombinationsmöglichkeiten.
- Der Austausch gekoppelter Gene durch Crossing-over: Der Zusammenschluss vieler Gene in einem Chromosom wird aufgelöst, indem ein Teil eines Chromatids mit dem entsprechenden Stück des homologen Chromatids ausgetauscht wird (siehe (1), S. 104 f.). Bei der Spermienbildung beim Menschen treten 2–3 Crossing-over pro Chromosomenpaar auf, bei der Eizellbildung ist die Häufigkeit sogar noch größer.
- Das zufällige Zusammentreffen der Keimzellen bei der Befruchtung: Angenommen, zwischen jedem der 23 Chromosomenpaare eines Menschenpaares bestünde ein Unterschied an einem Genort, dann wären bei der Befruchtung 2^{46} verschiedene Kombinationen möglich (ohne Crossing-over!). Das würde bedeuten, dass rein rechnerisch erst bei einer Kinderzahl von $70 \cdot 10^{12}$ zwei völlig identische Genkombinationen zu finden wären!

Auf diese Weise erhöht die Rekombination die genetische Variabilität über die Anzahl der Mutationen hinaus, ohne dass dabei nicht überlebensfähige Individuen entstehen, wie es beim Auftreten von Mutationen häufig der Fall ist. Durch die zufällig entstehenden neuen Genkombinationen können die aufgetretenen Variationen in allen möglichen Zusammenstellungen „durchprobiert" werden. In dieser Steigerung der Variabilität liegt der große Vorteil der geschlechtlichen Fortpflanzung gegenüber der vegetativen Vermehrung, die dafür auf neue Mutationen angewiesen ist.

> **Sexualität** (geschlechtliche Fortpflanzung) ist für die Evolution von entscheidender Bedeutung, da sie durch **Rekombination** die Vergrößerung der genetischen Vielfalt **(genetische Variabilität)** einer Art ermöglicht.

Bedeutung der Mutation und Rekombination für die Evolutionsgeschwindigkeit

Wenn in jeder Generation 10 % der Individuen eine neue Mutation aufweisen, entsteht erst nach sehr vielen Generationen und in sehr großen Populationen ein Individuum mit den erforderlichen Mutationen, die ihm eine komplexe Eigenschaft verleihen.

Bakterien, die sich unter idealen Bedingungen alle 20 Minuten teilen können, erzeugen innerhalb von 24 Stunden theoretisch 72 Generationen. Abgesehen von hinzugekommenen Mutationen sind die Bakterien genetisch identisch (Klone). Die letzte Generation besteht aus 2^{72} Bakterien ($5 \cdot 10^{21}$ Individuen). Da in jeder Generation neue Mutationen auftreten können, verändert sich das Erbgut so rasch, dass eine ausreichende Evolutionsgeschwindigkeit erreicht wird. Ein Beispiel dafür ist die Entstehung von antibiotikaresistenten Bakterienstämmen.

Sowohl die Entstehung komplexer Strukturen bei Arten mit langer Generationszeit als auch die große Variabilität innerhalb von Populationen lässt sich aus der Zahl der auftretenden Mutationen allein nicht erklären, d. h., die Evolutionsgeschwindigkeit wäre viel zu gering. Durch die Rekombination bei der sexuellen Fortpflanzung jedoch hat jedes Individuum die Chance, von seinen beiden Eltern, den vier Großeltern, acht Urgroßeltern usw. Mutationen zu erben. Die Individuen einer Population tragen also einen jeweils unterschiedlichen Anteil des Erbguts ihrer Vorfahren in sich. Die vielen Kombinationsmöglichkeiten bei der Rekombination führen schließlich zu Genotypen, die besondere Eigenschaften im Phänotyp ausbilden.

Modifikation

Modifikationen sind die durch Umwelteinflüsse hervorgerufenen unterschiedlichen Ausprägungsformen eines Merkmals oder Phänotyps innerhalb der genetisch festgelegten Variationsbreite. Diese modifikatorische Variabilität hat aber keinen direkten Einfluss auf die Evolution, da zwar der Phänotyp, nicht jedoch der Genotyp davon berührt ist.

Beispiel

Bestimmt man die Länge der Nadeln an einem Kiefernzweig, stellt man fest, dass sie um einen Mittelwert schwankt. Die meisten Nadeln weisen eine mittlere Länge auf, nur wenige Nadeln sind besonders lang oder kurz. Trägt man in einem Kurvendiagramm die Anzahl der Nadeln nach ihrer Länge auf, ergibt sich eine Gauß'sche Verteilungskurve (Glockenkurve). Diese Unterschiede können nicht genetisch bedingt sein, da ja alle Nadeln von einem Individuum stammen, also genetisch gleich sein müssen. Für diese Variabilität sind Umweltfaktoren verantwortlich wie z. B. die „Lichtdosis", die durch die unterschiedliche Stellung der Nadeln am Zweig zustande kommt, oder die Entwicklungsbedingungen wie unterschiedlich weit fortgeschrittene Wachstumsprozesse.

2.3 Selektion der Phänotypen als richtender Evolutionsfaktor

Nach DARWINS Auffassung von Selektion bestehen nur die Individuen den „Kampf ums Dasein" *(struggle for life)*, die die gegebenen Umweltbedingungen am besten nutzen und sich am erfolgreichsten fortpflanzen können. Voraussetzung ist, dass jede Art mehr Nachkommen hervorbringt als für ihre Erhaltung erforderlich sind und dass die Nachkommen untereinander variieren. Heute wird die Selektion unter Berücksichtigung populationsgenetischer Grundlagen als **gerichtete Verschiebung von Gen- bzw. Allelhäufigkeiten im Genpool** einer Population beschrieben. Da die Selektion nur an den Merkmalen, also dem **Phänotyp** eines Individuums, angreifen kann, dem ein bestimmter Genotyp zugrunde liegt, können die Individuen ihre Gene bevorzugt weitergeben, die die Erbänderung im Phänotyp zeigen. Ob ein Individuum mehr oder weniger gut an seine Umwelt angepasst ist, d. h. die Höhe seiner Eignung oder **Fitness**, lässt sich an seinem Fortpflanzungserfolg ablesen:

- Je größer die Lebenserwartung ist und je früher die Geschlechtsreife eintritt, desto mehr Nachkommen können gezeugt werden.
- Je schneller sich die Geschlechtspartner finden, desto erfolgreicher ist die Fortpflanzung.
- Je mehr Nachkommen (bei fehlender Brutpflege) gezeugt werden bzw. je mehr Nachkommen das fortpflanzungsfähige Alter erreichen (bei ausgeprägter Brutpflege), desto höher die Fitness.

Selektion zeigt sich darin, dass Träger bestimmter Genotypen einen größeren Fortpflanzungserfolg haben als andere. Sie bewirkt eine **gerichtete Verschiebung** der Gen- bzw. Allelhäufigkeiten im Genpool einer Population.

Selektionsformen

Die Selektion wirkt im Gegensatz zu Mutation und Rekombination in eine bestimmte Richtung. Dieser **Selektionsdruck** führt zu unterschiedlichen Wirkungen auf den Genpool einer Population.

Transformierende oder Richtende Selektion: Bei einer Veränderung der Umweltbedingungen erhalten oft Varianten einen Selektionsvorteil, die vom Durchschnitt abweichen. Ihr bislang geringer Fortpflanzungserfolg erhöht sich dann und ihr Anteil an der Population nimmt zu. Der Genpool verschiebt sich in Richtung der besseren Angepasstheit (siehe Abb. 19). Bestehen die veränderten Umweltbedingungen längere Zeit, wirkt der **Selektionsdruck** also einseitig und die Merkmale der Population verändern sich in eine bestimmte Richtung. Es tritt ein Artwandel ein, aber keine Vermehrung nebeneinander existierender Arten.

Beispiele
- Birkenspanner (Industriemelanismus siehe S. 43)
- Resistenzbildung bei Bakterien (siehe S. 36)
- Mimikry (siehe S. 41)

Stabilisierende Selektion: Bei sehr lang andauernden stabilen Umweltbedingungen entwickeln sich in Populationen **optimale Angepasstheiten**. Die meisten der neu auftretenden Varianten sind schlechter angepasst als die Durchschnittsformen und fallen der Selektion zum Opfer. Auf diese Weise wird die Angepasstheit erhalten, die Art bleibt konstant (siehe Abb. 20). Bei starkem Selektionsdruck verringert sich die Variationsbreite zugunsten der Durchschnittsformen.

Beispiele
- Lebende Fossilien (Quastenflosser *Latimeria*, Schnabeltier, Mammutbaum)
- Krokodile (seit ca. 4 000 Jahren unverändert)

Spaltende oder Disruptive Selektion: Bei dieser Form der Selektion haben die **extremen Varianten** innerhalb der Population Selektionsvorteile, während die Durchschnittsform benachteiligt ist (siehe Abb. 21). Wenn sich die Teilpopulationen nicht mehr vermischen und sich z. B. durch Besetzung unterschiedlicher ökologischer Nischen spezialisieren, kann eine **Artaufspaltung** eintreten.

Beispiele
- Dezimierung der häufigsten Form durch Parasiten, Krankheitserreger oder Feinde
- Darwinfinken – mehrfache Disruptive Selektion (siehe S. 52 f.)

Evolution 39

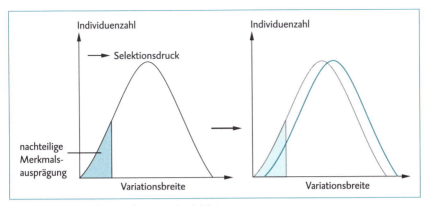
Abb. 19: Auswirkung der Transformierenden Selektion

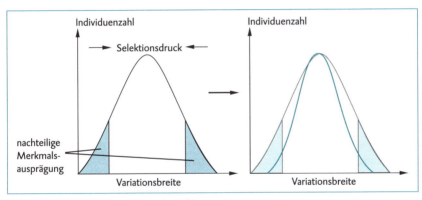
Abb. 20: Auswirkung der Stabilisierenden Selektion

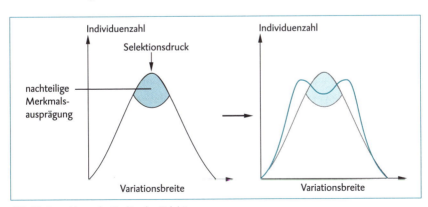
Abb. 21: Auswirkung der Spaltenden Selektion

Selektionsfaktoren

Stärke und Richtung der Selektion sind abhängig von der Umwelt. Vereinfachend lassen sich die Anforderungen der Umwelt an die Lebewesen in abiotische und biotische Selektionsfaktoren aufteilen.

> Einflüsse der belebten und unbelebten Umwelt (**biotische und abiotische Selektionsfaktoren**) verändern die Zusammensetzung des Genpools einer Population unterschiedlich stark in eine durch sie vorgegebene Richtung.

Unter **abiotischen Faktoren** versteht man Einflüsse der unbelebten Natur (Klima, Bodenverhältnisse, geografische Lage u. a.).

Beispiele

Auf sehr windigen Inseln überleben stummelflügelige (siehe Abb. 22) oder flügellose Insekten (z. B. Fliegen) eher als geflügelte.

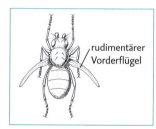

Abb. 22: Insekt mit Stummelflügeln

In sehr trockenen Gebieten können nur Pflanzen wachsen, die einen effektiven Verdunstungsschutz aufweisen (z. B. dicke Cuticula) und eine verdickte Epidermis oder Haarüberzüge sowie Wasser speichernde Gewebe entwickeln (Stamm-, Blattsukkulenz als konvergente Entwicklungen in verschiedenen Pflanzenfamilien).

Das Dromedar als typisches Wüstentier ist durch ein lockeres, zottiges Sommerfell und die Fetthöcker gegen Hitze geschützt. Wasservorräte in Höcker, Blut/Gewebe, geringe Schweißabsonderung (erst ab 41 °C Körpertemperatur) und die Fähigkeit, sehr schnell zu trinken, stellen Angepasstheiten an die mangelnde und unregelmäßige Wasserversorgung dar.

Tiere in kalten Regionen sind oft größer und schwerer (BERGMANN'sche Regel) und weisen im Verhältnis kleinere Körperanhänge (Schwanz, Ohren) auf als verwandte Arten in warmen Gebieten (ALLEN'sche Regel).

Biotische Faktoren sind die Standortfaktoren der lebenden Umwelt eines Organismus, z. B. Fressfeinde und Beute, Krankheitserreger und Parasiten, Konkurrenten oder der Mensch. Durch Tarnung schützen sich Beutetiere vor Fressfeinden. Umgekehrt verhindert eine Tarnung des Beutegreifers auch das schnelle Entdecktwerden durch die Beute. Viele Tiere sind durch eine der Umgebung entsprechende Färbung und Musterung getarnt (z. B. Feldhase, Frosch, Löwe, Rehkitz, Birkenspanner). Die Tarnung durch Nachahmung bestimmter Gegenstände wird als **Mimese** bezeichnet.

Beispiele
Stabheuschrecken und Spannerraupen imitieren täuschend echt Zweige. Fangheuschrecken ähneln in ihrem Äußeren Orchideenblüten, um so getarnt auf Beute zu lauern.

Auffällige rot-schwarze oder gelb-schwarze Farbmuster sollen den Fressfeinden Ungenießbarkeit oder Gefährlichkeit signalisieren. Als Mimikry oder Scheinwarntracht wird die Nachahmung wehrhafter oder giftiger Tiere durch völlig harmlose bezeichnet. Voraussetzung für das Wirken der Mimikry ist die Lernfähigkeit des Fressfeindes und eine geringe Zahl der Nachahmer, damit der Fressfeind die Gefährlichkeit der Originale lernen kann.

Beispiel
Der Hornissenschwärmer, ein harmloser Schmetterling, sieht einer Hornisse in seiner Gestalt und Färbung sehr ähnlich.

Abb. 23: Hornisse und Hornissenschwärmer

Durch die genetische Variabilität der Populationen sind einzelne Organismen besser oder weniger gut gegen Befall von Parasiten oder Krankheitserregern (Pathogenen) geschützt.

Beispiel
In den vergangenen Jahrhunderten wurden Millionen von Menschen Opfer von Seuchen, da sie gegenüber den Erregern eine geringere Widerstandskraft aufwiesen als die Überlebenden. In Indien z. B. ist die Blutgruppe 0 kaum vertreten, da die Pestbakterien und die roten Blutkörperchen der Menschen mit Blutgruppe 0 das gleiche Antigen H aufweisen. Die Bildung von Antikörpern gegen die Bakterien ist deshalb nicht möglich, da diese auch die eigenen Blutkörperchen angreifen würden.

Durch intraspezifische (innerartliche) Konkurrenz um Nahrung, Wohnraum und Geschlechtspartner vergrößert sich die Variabilität innerhalb einer Population, da nun z. B. die Mutanten, die wegen ihrer extremen Merkmale andere Nahrungsquellen nutzen können, einen größeren Fortpflanzungserfolg haben. Eine ökologische Nischenbildung kann die Folge sein (siehe S. 50). Interspezifische (zwischenartliche) Konkurrenz bewirkt eine Verschiebung der Variabilität der betreffenden Arten in entgegengesetzte Richtungen (transformierende Selektion). Jede Art wird den Umweltbedingungen auf ihre spezifische Weise angepasst. Es kommt zur Einnischung (siehe S. 51).

Beispiel

Der Große und der Kleine Grundfink sind auf den Inseln des Galapagos-Archipels heimisch, die größeren Inseln werden von beiden Arten gemeinsam bewohnt. Die Schnabelgröße der Vögel unterscheidet sich dort deutlich entsprechend ihrer Bevorzugung von harten, großen oder kleinen, weichen Samen. Vergleicht man jedoch die Schnabelgröße der Individuen beider Arten, die getrennt voneinander auf verschiedenen Inseln vorkommen, sind die Schnäbel fast gleich groß.

Sexuelle Selektion (sexuelle Zuchtwahl) als Spezialfall der intraspezifischen Konkurrenz tritt vor allem bei Tieren auf, bei denen mehrere Männchen um die Gunst eines Weibchens balzen. Der Erfolg eines Männchens hängt vor allem von der Wirksamkeit seiner **sexuellen Auslöser** ab, die das Weibchen begattungsbereit machen sollen. Wenn Männchen untereinander um Weibchen konkurrieren, werden häufig Körpermerkmale oder Verhaltensweisen herausgebildet, die dem Rivalen imponieren und ihn zum Rückzug veranlassen sollen. Männchen mit Allelen, die zur optimalen Ausbildung solcher auslösenden Signale führen, sind in der nächsten Generation dann mit einem größeren Anteil vorhanden. Auf diese Weise konnten teilweise sehr stark ausgeprägte Unterschiede zwischen den Geschlechtern (Sexualdimorphismus) entstehen.

Beispiele

- Schwanzfächer beim Pfau
- Zu Schauapparaten umgebildete Gefiederpartien bei Paradiesvögeln
- Riesiges Geweih beim eiszeitlichen Riesenhirsch (siehe Abb. 24)

Abb. 24: Sexualdimorphismus beim Paradiesvogel und Riesenhirsch

Evolution 43

Auch **unbeabsichtigte Einflüsse des Menschen** können zu den biotischen Faktoren eines Verbreitungsgebietes gehören. So wird die Erscheinung, dass in Industriegebieten bevorzugt dunkel gefärbte Mutanten vieler Insekten- und Spinnenarten verbreitet sind, **Industriemelanismus** genannt.

Beispiele

Das berühmteste Beispiel ist der **Birkenspanner**, der als nachtaktiver Falter tagsüber am Stamm der Birke sitzt, getarnt durch seine schwarz-weiß gefleckte Flügelfärbung. Zufällig auftretende dunkle Varianten (melanistische Formen) werden normalerweise von Vögeln leicht entdeckt und gefressen. Diese Varianten kommen somit nicht zur Fortpflanzung (stabilisierende Selektion der hellen Variante). Als mit zunehmender Industrialisierung die hellen Flechten an den Birkenstämmen abstarben und die Baumrinden durch den Ruß dunkler wurden, war die Tarnung der bisher begünstigten helleren Varianten nicht mehr wirksam; die dunklere Form bekam einen Selektionsvorteil (erstmals 1850 in Manchester beobachtet). Die Folge war eine Häufigkeitsverschiebung im Genbestand des Birkenspanners zugunsten der dunklen Mutante von 1 % auf 99 % in Industriegebieten (1960).

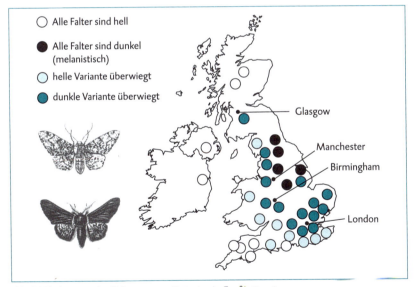

Abb. 25: Verbreitung der Birkenspanner-Varianten in Großbritannien

Weitere Beispiele für den unbeabsichtigten Einfluss des Menschen sind:
- Düngung: Stickstoff liebende Pflanzen wie Brennnessel oder Löwenzahn verdrängen Stickstoff meidende Pflanzen, z. B. Enzianarten.
- Herbizide, Pestizide und Antibiotika: Einige wenige Individuen können einen solchen Giftangriff überleben, wenn sie bereits vorher zufällig eine Giftresistenz als Präadaption (siehe S. 34) entwickelt haben.
- Umweltveränderungen durch Wasser- und Luftverschmutzung, Regenwaldzerstörung und Urbanisierung sind so gravierend, dass viele Tier- und Pflanzenarten aufgrund von mangelnden Anpassungsmöglichkeiten kurz vor dem Aussterben stehen.

Durch den Prozess der **Domestikation** greift der Mensch absichtlich in die Veränderlichkeit von Arten ein. Dabei wird die Auslese unter den natürlichen Umweltbedingungen künstlich durch den Menschen aufgehoben **(künstliche Auslese durch den Menschen)**.

Beispiele

Als ältestes Haustier gilt derzeit das Schaf (11 000 Jahre). Sehr bald folgten Ziege und Schwein und 3 000 Jahre später das Rind. Der Hund trat in Mitteleuropa etwa um 7 500 v. Chr. als Domestikationsprodukt des Wolfes erstmalig auf; er war Jagdhelfer, Wächter und beseitigte Abfälle in den Siedlungen.

Bei der Auslese durch den Menschen bleiben auch ungewöhnliche oder seltene Gene und Mutanten erhalten. Sie werden nach züchterischen Gesichtspunkten einer künstlichen Selektion unterworfen. Da der Mensch einen starken Selektionsdruck ausübte und nur kleine Individuenzahlen zur Verfügung hatte, entstanden in kurzer Zeit viele Rassen und Unterarten in überwältigender Formenvielfalt und Variationsbreite, wie z. B. die vielen Hühner-, Tauben- und Hunderassen oder Zuchtformen von Kohl, Weizen und Rosen. Außerdem bilden sich als Folge fehlender natürlicher Selektionsfaktoren (meist ungewollt) allgemeine Domestikationsmerkmale heraus.

Beispiele

Bei Zuchtpflanzen tritt häufig der Verlust von Bitter- und Giftstoffen oder Samenlosigkeit auf – Merkmale, die unter natürlichen Bedingungen nachteilig sind.
Bei Tieren treten häufig folgende Merkmale auf:
- Verkürzung der Beine (Dackelbeinigkeit)
- Verkürzung des Gesichtsschädels (Mopsschädel)
- Neigung zur Fellscheckung
- Locken oder Kräuselung der Haare, Kurzhaarigkeit oder Haarverlust

- Erschlaffung des Bindegewebes (Schlappohren, Hängebauch)
- Neigung zur Fettleibigkeit
- Abnahme des Hirngewichts auf bis zu 30 % gegenüber der Wildform
- Beibehaltung von Verhaltensweisen aus der Jungtierphase
- Veränderung des Fortpflanzungsverhaltens (mehr Brunstphasen, größere Würfe)
- Veränderung des Instinktverhaltens (Instinktreduktion)

2.4 Gendrift oder die Wirkung des Zufalls

In kleinen Populationen können Änderungen der Allelhäufigkeiten auftreten, als deren Ursache weder eine erhöhte Mutationsrate noch besondere Selektionsfaktoren infrage kommen, sondern nur zufällige Ereignisse. Je kleiner die Individuenzahl einer solchen Population ist, desto größer ist der Zufallseffekt für das Überleben einer bestimmten Genkombination, da die Kombinationsmöglichkeiten geringer sind.

> Als Gendrift (auch Allelendrift oder nach dem Entdecker Sewall-Wright-Effekt genannt) bezeichnet man die zufällige und schnelle Anreicherung oder Verminderung von sonst seltenen Genen im Genpool einer kleinen Population. Gendrift führt zu einer ungerichteten Veränderung des Genpools und zu einer Verringerung der genetischen Vielfalt.

Beispiele

Ein heterozygotes Individuum Aa mit dem seltenen Allel a erzeugt mit einem homozygoten Partner AA nur zwei Nachkommen bzw. nur zwei der Nachkommen überleben (siehe Abb. 26). Bei einer großen Nachkommenzahl, bei der die MENDEL'schen Regeln gelten, ist ein Verhältnis AA : Aa = 1 : 1 zu erwarten, d. h., die Häufigkeit von Gen a bezogen auf die Elterngeneration bleibt erhalten (Genkonstanz).

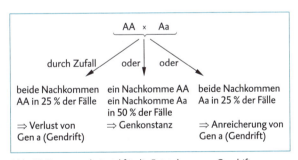

Abb. 26: Kreuzungsbeispiel für die Entstehung von Gendrift

Ein Beispiel für **Gendrift beim Menschen** sind die Hutterer, religiöse Sektenmitglieder, die in 80 sehr kleinen, isolierten Gruppen in den USA leben und nur ihresgleichen heiraten. Die Häufigkeit der Blutgruppe A z. B. weist eine wesentlich stärkere Schwankungsbreite auf als in anderen Gebieten der USA.

Gendrift liegt auch dem **Gründereffekt** zugrunde, wenn nur wenige Individuen einen neuen Lebensraum besiedeln, beispielsweise ein Vogelpaar eine Insel. Allein die zufällige Auswahl dieser Gründerindividuen bestimmt den Genpool der zukünftigen Inselpopulation. Sofern keine Konkurrenz und damit kein Selektionsdruck einwirkt, können z. B. auffällig gefärbte Varianten überleben und sich ausbreiten. Ist das neue Merkmal zusätzlich mit einem Selektionsvorteil verbunden, z. B. schnelleres Zusammenfinden der Geschlechter, setzt es sich sehr schnell durch.

Drastische Veränderungen des Genpools von Populationen können auch eintreten, wenn durch Katastrophen wie Seuchen, Überschwemmungen, Dürre oder Kälte die Individuenzahl stark abnimmt und mit den Überlebenden zufällig bestimmte Allele erhalten bleiben und andere mit dem Tod ihrer Träger verschwinden. Dieser Fall der Gendrift wird als **Flaschenhalseffekt** bezeichnet. Die kleine Restpopulation verfügt nur über einen zufälligen Genbestand, der möglicherweise zu einer geringeren Fitness der Nachkommen führt, sodass die Population nicht überlebt (Problem bei vom Aussterben bedrohten Arten).

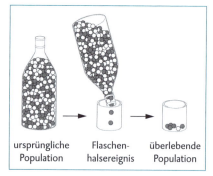

Abb. 27: Flaschenhalseffekt

2.5 Rassen- und Artbildung durch Isolation

Im Sinne des biologischen Artbegriffs (siehe S. 10) versteht man unter einer Art eine Gruppe von sich tatsächlich oder potenziell fruchtbar kreuzenden Populationen, die in Bezug auf die Fortpflanzung von anderen solchen Gruppen getrennt sind. Zwischen den Populationen einer Art besteht also ein **Genaustausch** oder **Genfluss** und ihre Genpools sind sich sehr ähnlich. Populationen unterschiedlicher Arten tauschen keine Gene aus, ihre Genpools sind zu verschieden.

Rassen sind Populationen einer Art, die sich in einem oder mehreren vererbbaren Merkmalen voneinander unterscheiden. Rassen derselben Art kreuzen sich meist fruchtbar. (Bei Hunderassen mit extremen Größenunterschieden, wie Zwergpinscher und Bernhardiner verhindern fortpflanzungstechnische Barrieren eine Kreuzung). Damit sich aus verschiedenen Populationen einer Art Rassen entwickeln können, ist die **Isolation** von einzelnen Populationen nötig. Der Genaustausch wird dadurch eingeschränkt und Rekombination findet vor allem innerhalb der Teilpopulationen statt. Mutationen, die in einer der Populationen aufgetreten sind, werden so nicht mehr an andere Populationen weitergegeben. Entwickelt sich der Genbestand der getrennten Populationen weiter auseinander (z. B. unter dem Einfluss unterschiedlicher Selektionsbedingungen), ist schließlich die Kreuzbarkeit nicht mehr gegeben, die Populationen sind **reproduktiv isoliert**. Wenn die Genpools der Rassen deutlich voneinander abweichen und kein Genfluss mehr möglich ist, sind aus einer Art zwei Arten entstanden.

> Bei der **Artbildung** entstehen durch Isolation genetische Barrieren, die den Genaustausch zwischen Populationen einer Art verhindern.

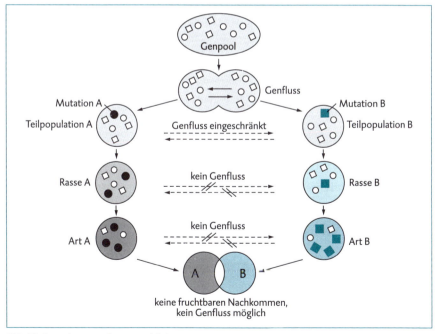

Abb. 28: Entstehung von Rassen und Arten

Separation

Besteht die Isolation in einer räumlichen Trennung, die durch äußere Faktoren bedingt ist, spricht man von Separation oder **geografischer Isolation**. Je kleiner die separierte Population ist, desto kleiner ist auch der Anteil der Allele der Ausgangspopulation. Das hat zur Folge, dass sich die Gendrift stärker auswirkt und sich neue Mutationen leichter durchsetzen können. Sind die Umweltbedingungen unterschiedlich, so wirkt die Selektion in verschiedene Richtungen und es werden unterschiedliche Angepasstheiten in den getrennten Populationen entwickelt. Ist die genetische Distanz genügend groß, liegen zwei Arten vor. Dieser vermutlich häufigste Fall der Artentstehung wird als **allopatrische Artbildung** bezeichnet.

> **Allopatrische Artbildung** ist die Entstehung zweier neuer Arten durch **Separation** (geografische Isolation).

Separation führt allerdings nicht immer zur Bildung neuer Arten. Die europäische und die amerikanische Rasse der Elster sind seit sehr langer Zeit getrennt, ohne dass sich eine Fortpflanzungsschranke entwickelt hätte.
Separation kann auf verschiedene Art und Weise zustande kommen:

Gründerprinzip: Verschleppung einzelner oder weniger Individuen durch Sturm, Meeresströmungen oder den Menschen

Beispiele

Vögel, Echsen, Schildkröten sowie Samen und Pflanzenteile gelangten von Südamerika zu den 1 000 km westlich gelegenen Galapagos-Inseln. Es entwickelten sich dort viele endemische Arten (Arten, die nur in eng begrenzten Gebieten vorkommen).
Die Stammart der Kleidervögel wurde vom amerikanischen Festland nach Hawaii verdriftet.

Geologische Ereignisse: Neu entstehende geografische Barrieren verhindern die Vermischung zweier Populationen.

Beispiele

Auseinanderdriften der Kontinente: Entwicklung vieler Beuteltierarten in Australien und Südamerika aus Stammbeuteltieren ohne die Konkurrenz der Säuger
Talbildungen: Trennung der Eichhörnchen in eine nördlich und südlich des Grand Canyon lebende Art
Bildung von Landbrücken: Trennung von pazifischen und karibischen Korallenfischen durch die Bildung der mittelamerikanischen Landbrücke

Drastische Klimaveränderungen wie Vergletscherung, Versteppung, Wüstenbildung

Beispiel

In Mittel- und Westeuropa ist die Rabenkrähe verbreitet, die Nebelkrähe kommt vor allem in Osteuropa und Skandinavien vor. Während der letzten Eiszeit war die Ursprungspopulation durch Gletscher in Mitteleuropa getrennt. In der Überschneidungszone der Verbreitungsgebiete kommt es heute zur Bildung von fruchtbaren Bastarden aus den beiden Rassen.

Abb. 29: Verbreitung der Raben- und der Nebelkrähe

Kreisförmige Überschneidung von Rassen: Verbreitet sich eine Population in verschiedene Richtungen unter Ausbildung verschiedener Rassen, so können die Abkömmlinge trotz erneuter Überlappung der Verbreitungsgebiete unvermischt bleiben. Bedingt durch die lange Trennung während der unterschiedlichen Ausbreitung haben sich zwei neue Arten gebildet.

Beispiele

Circumpolare Überlappung bei Möwen: Das Ursprungsgebiet der Möwen liegt in Asien, von dort aus haben sie sich entlang der nordischen Küsten um den Nordpol ausgebreitet. Bei der Wanderung in östlicher Richtung über Alaska, Kanada nach Westeuropa hat sich die heutige Form der Silbermöwe herausgebildet. Während der Ausbreitung in westlicher Richtung über Nordeuropa nach Westeuropa entstand die Heringsmöwe. Entlang des Verbreitungsweges existiert eine Reihe von Möwenrassen bzw. -unterarten, die untereinander fruchtbare Bastarde bilden, während die in Westeuropa heimische britische Silbermöwe und die britische Heringsmöwe sich nicht mehr kreuzen können.

Abb. 30: Circumpolare Überlappung der Möwen

Kohlmeisen in Eurasien: Die Kohlmeise tritt in Eurasien als westliche, chinesische und südasiatische Rasse auf. Die südasiatische Rasse bildet am westlichen Rand ihres Verbreitungsgebietes (Persien) fruchtbare Bastarde mit der westlichen Rasse und am östlichen Rand (Südostasien) tritt Bastardierung mit der chinesischen Rasse auf. Nach der Eiszeit breitete sich die westliche Rasse nördlich der Gebirge Zentralasiens nach Osten aus. In den Überlappungsgebieten (in Ostsibirien) mit den beiden anderen Rassengruppen kommt es nicht zur Vermischung. Man kann in diesem Bereich von verschiedenen Arten sprechen.

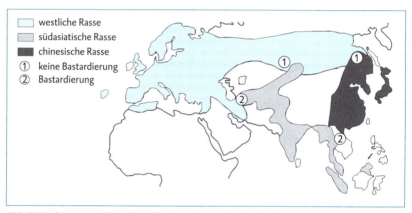

Abb. 31: Verbreitungsgebiete der Kohlmeise mit und ohne Bastardierung

Ökologische Isolation

Unter einer **ökologischen Nische** versteht man die Summe aller abiotischen und biotischen Umweltfaktoren, die einem Tier oder einer Pflanze das Überleben ermöglichen. Das Besetzen unterschiedlicher ökologischer Nischen spielt in der Evolution eine sehr wichtige Rolle. Die Konkurrenz zwischen Angehörigen einer Art ist besonders groß, da sie die gleichen Umweltansprüche haben. Wenn in einer Population Mutanten auftreten, die die Umweltbedingungen auf eine spezielle Art nutzen können, unterliegen sie der innerartlichen Konkurrenz nicht mehr so stark und können sich vermehren. Durch die Bildung ihrer neuen ökologischen Nische kommt es zu einer Absonderung dieser Teilpopulation von der Ursprungspopulation. Dieser Prozess der Anpassung an die neuen, meist sehr speziellen Lebensbedingungen **(Einnischung** oder **Annidation)** ist häufig auch mit einer räumlichen Trennung verbunden.

Eine **ökologische Nische** umfasst die Gesamtheit aller abiotischen und biotischen Faktoren der Umwelt, die den Individuen einer Art das Überleben in ihrem Lebensraum ermöglichen. Die ökologische Nische bezeichnet die Stellung dieser Art im Ökosystem. Die Anpassung einer Population an eine neue ökologische Nische nennt man **Einnischung** oder **Annidation**. Die Auffächerung (Aufspaltung) einer Stammart in mehrere, an unterschiedliche ökologische Nischen angepasste Arten wird **adaptive Radiation** genannt.

Die Artentstehung durch adaptive Radiation kann mit folgendem Modell erklärt werden:

- Eine **Gründerpopulation** einer wenig spezialisierten Art trifft auf weitgehend unbesetztes Neuland mit vielfältigen Lebensmöglichkeiten. Ohne Konkurrenten und bei ausreichend Nahrung kann sich die Population gut vermehren.
- Durch **innerartliche Konkurrenz** im begrenzten Nahrungsraum entsteht ein **Selektionsdruck**. Nur die Varianten, die neue Nahrungsquellen und Lebensräume erschließen können, haben einen Selektionsvorteil. Dies erzwingt die Besetzung unterschiedlicher **ökologischer Nischen**.
- **Separation:** Ein Teil der Ursprungspopulation wird geografisch isoliert. In dieser Population verläuft die Evolution in eine andere Richtung. Ursachen dafür können z. B. eine zufällige Auswahl der Gene in der Teilpopulation, Gendrift, unterschiedliche Mutationen und Rekombinationen oder unterschiedliche Selektionsfaktoren durch verschiedene Umwelt sein.
- Die in unterschiedliche Richtungen verlaufende Entwicklung der Teilpopulationen führt zu **reproduktiver Isolation**. Kehren Individuen der separierten Population in das ursprünglich neu besiedelte Gebiet zurück, ist eine fruchtbare Fortpflanzung zwischen beiden Populationen nicht mehr möglich **(Verhinderung des Genflusses)**. Im gleichen Lebensraum leben nun zwei Arten nebeneinander.
- Separation und Einnischung wiederholen sich mehrmals, sodass sich die Stammart in mehrere Arten aufspaltet, die jeweils an andere ökologische Nischen angepasst sind und so nebeneinander existieren können.

Beispiele

Ein eindrucksvolles Beispiel für die unterschiedliche Anpassung und Einnischung einer Art, die zu vielen neuen Arten führte, ist die **adaptive Radiation der Darwinfinken**: Vor etwa 10 Millionen Jahren wurden einige Körner fressende Bodenfinken vom südamerikanischen Festland als Gründerindividuen auf die etwa 1 000 km entfernten Galapagos-Inseln verschlagen. Diese Gründerindividuen waren wenig spezialisiert und fanden ein fast unbesetztes Neuland vor, das ihnen unterschiedliche Lebensmöglichkeiten bot. Die Finken konnten sich stark vermehren. Als die Konkurrenz um die leicht erreichbare Nahrung jedoch stärker wurde, entstand ein hoher Selektionsdruck, der nur durch die Erschließung konkurrenzfreier bzw. -armer ökologischer Nischen gemindert werden konnte. Außerdem kam es zur Separation der Populationen auf den 24 z. T. weit auseinander liegenden Inseln des Archipels. Dort entwickelten sich unter verschiedenen Selektionsbedingungen unterschiedliche Angepasstheiten. Wenn Teile dieser separierten Populationen auf die Ursprungsinsel zurückkehrten, konnten sie neben den dort vorkommenden Populationen existieren, sofern sie andere Umweltansprüche hatten. In einem geologisch relativ kurzen Zeitraum entwickelten sich 13 Arten von Finken, die sich im Gefieder und in ihrem Verhalten stark ähneln, aber unterschiedliche Schnäbel aufweisen. Eine weitere Art lebt auf der 800 km entfernten Cocos-Insel. Auf jeder Insel kommen 3–10 Darwinfinken-Arten vor, jedoch nie zwei mit gleichen Schnäbeln (Konkurrenzvermeidung!).

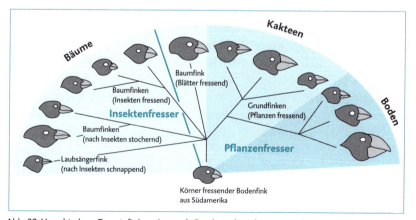

Abb. 32: Verschiedene Darwinfinken-Arten als Ergebnis der adaptiven Radiation

Durch die Abtrennung Australiens vom Festland konnten sich die Urbeuteltiere ohne Konkurrenz durch die Säugetiere und weitgehend ohne Fressfeinde in viele verschiedene Arten aufspalten. Unabhängig von den Entwicklungen auf anderen Kontinenten wurden in Australien unterschiedliche ökologische Nischen ausgebildet. Durch konvergente Entwicklung entstanden hier Tierarten, die den in Europa heimischen sehr ähnlich sind.

Abb. 33: Durch konvergente Entwicklung entstandene ähnliche Tierarten in Australien und Europa

Durch adaptive Radiation entwickelten sich auch die Kleidervögel auf Hawaii und die Lemuren (Halbaffen) auf Madagaskar.

Reproduktive Isolation

Echte biologische Arten sind reproduktiv voneinander isoliert, d. h. genetisch getrennt. Individuen verschiedener Arten können sich nicht mehr paaren oder, falls Bastarde entstehen, haben diese deutliche Selektionsnachteile.

Verschiedene **reproduktive Isolationsmechanismen** verhindern den Genaustausch zwischen Arten, selbst wenn diese im gleichen Verbreitungsgebiet vorkommen.
Man unterscheidet Mechanismen, die vor einer möglichen Paarung bzw. nach der Paarung eingreifen.

Die folgenden reproduktiven Isolationsmechanismen verhindern die Kreuzung nicht artgleicher Individuen.

Mechanische Isolation: Unterschiede in den Körpermerkmalen machen eine Paarung zwischen nicht artgleichen Individuen unmöglich.

Beispiele

Die Begattungsorgane von Männchen und Weibchen einer Art bei Insekten, Spinnen und Tausendfüßlern passen zusammen wie Schlüssel und Schloss, sodass die Kopulation nur bei artgleichen Paaren möglich ist.

Eine Paarung zwischen Yorkshire-Terrier und Deutscher Dogge ist aufgrund ihrer sehr unterschiedlichen Körpergröße nicht möglich.

Bei vielen Blütenpflanzen erfolgt die Bestäubung nur durch ganz bestimmte Insekten. Nelkenblüten z. B. weisen eine enge, langgestreckte Blütenröhre auf, durch die nur der Saugrüssel eines Schmetterlings bis zum Nektar am Blütengrund vordringen kann. Die Blütenstetigkeit der bestäubenden Insekten (sie besuchen über längere Zeit Blüten der gleichen Art) verhindert die Übertragung artfremden Pollens.

Ethologische Isolation: Unterschiede im Verhalten verhindern die Partnerfindung oder Paarung.

Beispiele

Die äußerlich ähnlichen und im gleichen Verbreitungsgebiet lebenden Vogelarten Fitis und Zilpzalp (sog. Zwillingsarten) unterscheiden sich deutlich im Gesang (siehe Abb. 34).

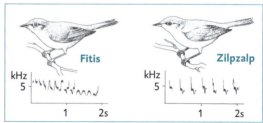

Abb. 34: Unterschiede im Gesang bei Zilpzalp und Fitis

Die Möwenarten erkennen sich an der Farbe der Iris und des Hautrings um die Augen.

Leuchtkäfer (Glühwürmchen) senden artspezifische Blinksignale aus.

Zeitliche Isolation: Nahe verwandte Arten sind zu unterschiedlichen Zeiten sexuell aktiv.

Beispiele

Grasfrosch: Paarung und Laichzeit von Februar bis März; Teichfrosch: Paarung und Laichzeit von April bis Mai

Die Heringsmöwe beginnt mit Paarung und Nestbau drei Wochen später als die Silbermöwe.

Bei Arten, zwischen denen es keine der genannten Barrieren gibt, verhindern Mechanismen, die zur **Bastardunterlegenheit** führen, die dauerhafte Vermischung der beiden Arten. Die Bastarde

- sterben schon in einem frühen Entwicklungsstadium ab (Embryonen- und Zygotensterblichkeit).

Beispiele
  Bastardembryonen von Ziege und Schaf sterben in den allermeisten Fällen noch vor dem Ende der Tragzeit ab.
  Zygoten aus Keimzellen von Hase und Kaninchen sterben bereits nach den ersten Teilungen.

- haben eine geringere Überlebenschance, z. B. infolge schlechterer Einpassung in die ökologischen Nischen der Elternteile.
- sind zwar fortpflanzungsfähig, haben aber weniger Nachkommen, weil sie z. B. aufgrund ihres zwischen den Elternteilen liegenden Aussehens eine geringere Chance haben, einen Geschlechtspartner zu finden.
- sind steril.

Beispiel
  Maulesel und Maultier besitzen 63 Chromosomen (Pferd 2n = 64, Esel 2n = 62), die bei der Meiose nicht richtig aufteilbar sind.

Eine besondere Form der genetischen Isolation stellt die **Polyploidisierung** dar. Die Polyploidisierung von Pflanzen entsteht durch eine Genommutation, bei der der komplette Chromosomensatz vervielfacht wird. Bei der Meiose unterbleibt die Reduktionsteilung, die Keimzellen sind diploid (statt haploid). Durch Selbstbefruchtung entstehen Nachkommen mit tetraploidem Chromosomensatz (4n). Eine Kreuzung mit diploiden Pflanzen der Elternart ist zwar möglich, ergibt aber triploide Nachkommen (3n), die steril sind.
Polyploide Pflanzen sind vitaler als diploide. Deshalb findet man an extremen Standorten einen hohen Anteil polyploider Arten, z. B. in Island (66 %). Diese Form der genetischen Isolation kann ohne die Voraussetzung einer Separation zur Artbildung führen. Sie wird deshalb auch als **sympatrische Artbildung** bezeichnet.

56 ✦ Evolution

Zusammenfassung

- Als **Evolutionsfaktoren** wirken Mutationen, Rekombination, Selektion, Gendrift und Isolation. Sie verändern die Allelhäufigkeiten im Genpool einer Population.

- **Mutationen und Rekombination** sind zufällige Ereignisse. Sie erhöhen die genetische Variabilität.

- **Selektion** bewirkt eine gerichtete, nicht zufällige Veränderung der Zusammensetzung des Genpools.

- Transformierende Selektion führt zu einer besseren Angepasstheit durch gerichtete Änderung von Merkmalen.

- Durch Stabilisierende Selektion wird die optimale Angepasstheit einer Population weiter gefestigt.

- Disruptive Selektion kann zur Artaufspaltung führen.

- Selektionsfaktoren sind **abiotische und biotische Umwelteinflüsse**.

- In kleinen Populationen kann **Gendrift** zufällig dazu führen, dass Allele unabhängig von ihrem Selektionswert häufiger oder geringer werden.

- **Separation** ist eine räumliche Trennung von Populationen einer Art, die zu einer Artaufspaltung führen kann **(allopatrische Artbildung)**.

- Die Artaufspaltung verläuft über die Entstehung von Rassen.

- Individuen von Rassen (Unterarten) einer Art unterscheiden sich in einigen Merkmalen, können sich jedoch fruchtbar miteinander fortpflanzen (Genaustausch ist möglich).

- Die Bildung einer **neuen Art** ist erfolgt, wenn sie von ihrer Ursprungsart **reproduktiv isoliert** ist, d. h. kein Genaustausch mit ihr möglich ist.

- Die Artentstehung ist meist mit einer ökologischen **Einnischung** verbunden.

- Stehen zahlreiche freie ökologische Nischen zur Verfügung, kann es zur **adaptiven Radiation** kommen.

- Reproduktive Isolation kommt durch Mechanismen zustande, die die Partnersuche erschweren und die Paarung verhindern oder bei den Bastarden zu geringeren Überlebenschancen führen.

- Durch **Polyploidisierung** sind Individuen einer Art sofort reproduktiv isoliert. Von ihnen kann eine Artbildung ohne Separation ausgehen **(sympatrische Artbildung)**.

32 Ordnen Sie die nachfolgenden Aussagen danach, ob diese auf Mutationen, Modifikationen oder auf keine der beiden Alternativen zutreffen:
 a Sie werden in einer Population durch die Selektion verhindert.
 b Sie entstehen unabhängig davon, ob sie die Angepasstheit eines Organismus erhöhen oder verringern.
 c Sie sind neue Kombinationen von Eigenschaften, die durch Kreuzung entstehen.
 d Sie stellen Angepasstheiten des jeweiligen Organismus an seine Umwelt dar.
 e Sie sind die einzigen Voraussetzungen der Evolution.

33 Erklären Sie, welche Bedeutung die geschlechtliche Fortpflanzung für die Evolution hat.

34 Erläutern Sie, wie sich Mutationen bei Diplonten und Haplonten in Bezug auf die Evolution auswirken.

35 In der nebenstehenden Abbildung sind die Häufigkeit des Sichelzellgens sowie die Verbreitung der Malaria in Afrika dargestellt. Seit langem ist bekannt, dass heterozygote Träger des Sichelzellgens (Ursache der Sichel-

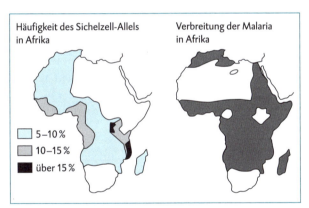

zellanämie) weniger schwer an Malaria erkranken als homozygot gesunde Personen, während homozygote Träger des Gens meist vor Erreichen der Geschlechtsreife sterben. Bei den Betroffenen führt der Gendefekt zur Bildung veränderter Polypeptidketten im Hämoglobin, was bei Sauerstoffmangel die Ausbildung der charakteristischen Sichelform der roten Blutkörperchen bedingt. Die Sichelzellen verstopfen Blutkapillaren, wodurch es zu Blutarmut (Anämie), verminderter Leistungsfähigkeit und Organschäden kommt.
Erklären Sie die Verbreitung des Sichelzellgens in Afrika aus evolutionsbiologischer Sicht.

36 Vergleichen Sie die Auswirkung der genetischen und der modifikatorischen Variabilität auf das Evolutionsgeschehen.

37 Geben Sie ein Beispiel dafür an, unter welchen Voraussetzungen sich beim Menschen Modifikationen sicher nachweisen lassen.

38 Im Gegensatz zu Australien leben in Südamerika heute nur noch Beutelratten, während alle anderen Beuteltiere ausgestorben sind.
Erklären Sie diesen Befund.

39 Erklären Sie aus evolutionsbiologischer Sicht die Tatsache, dass fast alle Wüstenpflanzen polyploid sind.

40 Erläutern Sie, warum domestizierte Tiere gegenüber ihren wilden Verwandten eine größere Variabilität aufweisen.

41 Beurteilen Sie den Vorteil im Verlauf der Evolution, den ein stark spezialisiertes Lebewesen gegenüber einem wenig spezialisierten Lebewesen hat sowie den Vorteil für die zukünftige Evolution, den ein wenig spezialisiertes Lebewesen gegenüber einem stark spezialisierten Lebewesen hat.

42 Auf der Insel Hawaii, die vulkanischen Ursprungs ist, leben über 300 verschiedene Schneckenarten. Sie kommen ausschließlich hier vor (endemisches Vorkommen) und gehören alle der gleichen Gattung an.
Erklären Sie diese Tatsache nach dem heutigen Stand der Evolutionsforschung.

43 Erklären Sie, warum aus evolutionsbiologischer Sicht der häufige Einsatz von Insektiziden problematisch ist.

44 Blütenpflanzen sind meist Zwitter, d. h., sie besitzen männliche und weibliche Geschlechtsorgane in einer Blüte. Obwohl sich Blütenpflanzen theoretisch selbst befruchten könnten, sind im Laufe der Evolution zahlreiche Mechanismen entstanden, die dies verhindern.
Erklären Sie im Sinne DARWINs die Entwicklung solcher Mechanismen.

45 Erläutern Sie kurz, warum sich die Erscheinung des Industriemelanismus nicht durch Präadaption entwickeln konnte.

46 Nennen Sie Selektionsfaktoren, die im Wesentlichen nur bei Pflanzen oder nur bei Tieren vorkommen.

47 Der bei uns heimische Feuersalamander besitzt eine auffällig gelb-schwarz gemusterte Haut mit Giftdrüsen. Legen Sie dar, inwiefern diese Merkmale der Amphibie einen Selektionsvorteil bieten.

48 Die sexuelle Fortpflanzung diploider Organismen beinhaltet die Möglichkeit zur Rekombination des Erbmaterials. Erläutern Sie dies anhand folgender Beispiele:

a Zwei Individuen verschiedenen Geschlechts weisen je eine unterschiedliche dominante Mutation in verschiedenen nicht homologen Chromosomen auf.

b Zwei Individuen verschiedenen Geschlechts weisen dieselbe rezessive Mutation in heterozygotem Zustand auf.

c Ein Individuum weist in einem Chromosom eine vorteilhafte und eine nachteilige Mutation auf.

49 Der Hornissenschwärmer, ein Schmetterling, betreibt Mimikry.

a Erklären Sie kurz, was man unter Mimikry versteht.

b Erläutern Sie stichpunktartig mithilfe der Evolutionstheorie von DARWIN die Ursachen und Vorgänge, die zur Ausbildung dieser Mimikry geführt haben.

c Erklären Sie, unter welchen Umständen die Mimikry ihre Wirkung verliert.

50 Entscheiden Sie begründet, ob starke Schwankungen der Populationsgröße Veränderungen des Genpools beschleunigen können.

51 Geben Sie an, welche der genannten Fakten oder Phänomene zur Isolation von Arten oder Rassen führen können:

a Unterschiedlichkeit der Balzrituale

b Unmöglichkeit einer Begattung

c Auftreten von Modifikationen

d Bevorzugung unterschiedlicher ökologischer Nischen

52 Geben Sie an, welche der folgenden Aussagen die Wirkung von Isolationsmechanismen erklären:

Isolationsmechanismen

a tragen zur Bildung verschiedener Genpools bei.

b verhindern eine Arten- oder Rassenbastardierung.

c beeinflussen die Mutationsrate.

d erhöhen die nicht erbliche Variabilität (Modifikationen).

53 Erklären Sie, welche Veränderungen zu erwarten sind, wenn Haustiere verwildern.

54 Erklären Sie, welche Bedeutung Mutationen für das Evolutionsgeschehen im Tier- und Pflanzenreich haben.

55 Auf bestimmten kleinen, mit Lava bedeckten und sehr pflanzenarmen Inseln leben hellgrün gefärbte und damit kaum getarnte Eidechsen.
Erläutern Sie, wie sich auf diesen Inseln die grün gefärbten Reptilien entwickeln konnten.

56 Zeigen Sie das Wirken von Selektionsfaktoren an folgenden Beispielen auf:
a Auf den kleinen Kerguelen-Inseln am Rande der Arktis finden sich zahlreiche flugunfähige Fliegen- und Schmetterlingsarten.
b Im Vergleich zum arktischen Eisfuchs besitzt der Wüstenfuchs äußerst große Ohren.
c Paradiesvogelmännchen besitzen ein prachtvolles buntes Federkleid mit langen Schwanzfedern, die Weibchen sind unscheinbar gefärbt.

57 Eine Bergziegenpopulation weist modifikatorische Unterschiede (Körpergröße, Muskeln u. a.) auf, die dazu führen, dass sich die Stärkeren innerhalb der Population durchsetzen und sich vermehrt fortpflanzen.
Stellen Sie eine begründete Hypothese darüber auf, wie sich dies auf die Evolution der Bergziegen auswirkt.

58 Die Stummelfüße der Erzschleiche und der Blinddarm des Menschen sind rudimentäre Organe.
Nehmen Sie Stellung zu der Aussage, dass die genannten Organe der Selektion unterliegen können.

59 Vor etwa 150 Jahren wurde eine weibliche Pflanze der Kanadischen Wasserpest nach Mitteleuropa eingeschleppt. Sie verbreitete sich sehr rasch, da bei dieser Art eine vegetative Vermehrung z. B. durch abgerissene Teile leicht möglich ist. In den letzten Jahrzehnten ging der Bestand in manchen Gewässern zurück.
a Erklären Sie die anfänglich rasche Ausbreitung und den heute beobachtbaren Rückgang der Wasserpest-Bestände.
b Stellen Sie eine Hypothese darüber auf, wie sich die Bestände verändern würden, wenn man männliche Pflanzen in Mitteleuropas Gewässern ansiedeln würde.

60 In seltenen Fällen geht aus der Paarung von Schaf und Ziege eine lebensfähige, jedoch unfruchtbare „Hybrid-Schiege" hervor. Der diploide Chromosomensatz des Hausschafs *(Ovis ammon)* beträgt 2n = 54, der der Hausziege *(Capra aegagrus)* 2n = 60. Bei einer Schiege lassen sich 57 Chromosomen pro Körperzelle nachweisen.

a   Geben Sie eine Erklärung für die Unfruchtbarkeit der Schiege.

b   Versuchen Sie eine Erklärung zu finden, warum aus der Paarung von Schaf und Ziege nur sehr selten lebensfähige Nachkommen hervorgehen, während die Bastarde von Esel *(Equus asinus)* und Pferd *(Equus przewalskii coballus)* in der Regel immer lebensfähig sind.

3 Evolutionsprozesse

3.1 Hypothesen zu den Anfängen des Lebens

Im Mittelalter schien die Antwort auf die Frage, wie das Leben entstanden ist, überhaupt keine Schwierigkeiten zu bereiten. Man nahm an, dass sich Leben jederzeit aus toter Materie entwickeln könnte, wenn nur die entsprechenden Bedingungen erfüllt wären. Diese Theorie, die man als **Urzeugungstheorie** bezeichnet, geht auf die Griechen zurück. Schon Aristoteles beschreibt, dass sich Aale aus Würmern entwickeln und Würmer aus Schlamm hervorgehen. Im 16. Jahrhundert wurde noch genau erklärt, wie man aus Mehl, Weizenkörnern und einem ungewaschenen Hemd in 21 Tagen Mäuse züchten kann. Selbst GOETHE beschreibt in einem Aufsatz, wie Flöhe aus dem Dreck der Bodenritzen entstehen. Doch allmählich setzte sich die Meinung immer mehr durch, dass Lebewesen nur aus Lebewesen entstehen können. Mit der Erfindung des Mikroskops erhielt die Urzeugungstheorie erneut Auftrieb, da man die Entstehung von Mikroorganismen aus toter Materie, wie z. B. Fleischbrühe, „experimentell" verfolgen konnte.

Erst Louis PASTEUR (1822–1895) gelang es gegen Ende des 19. Jahrhunderts, die Urzeugungstheorie auch im Bereich der Kleinstlebewesen zu widerlegen, indem er mit hitzesterilisierter Fleischbrühe experimentierte. Nur wenn Keime aus der Luft in die sterile Fleischbrühe eindringen konnten, entwickelten sich in ihr Mikroorganismen. Von da an galt der biologische Grundsatz: „Lebendiges stammt ausschließlich von Lebendigem". Dieser Grundsatz gilt zwar für alle existierenden Lebewesen, er hilft jedoch nicht weiter, die Frage nach der Entstehung des Lebens zu beantworten.

Auch wenn die Frage nach dem Ursprung des Lebens bis heute ungelöst ist, geht doch die Mehrzahl der Wissenschaftler davon aus, dass der Übergang von unbelebter zu belebter Materie ein Evolutionsprozess war. Die Annahmen zu dieser **chemischen Evolution** sind zwar bis heute nicht bewiesen, aber einige Teilaspekte sind durch Simulationsversuche überprüft worden und lassen sie dadurch als wahrscheinlich erscheinen.

Abiotische Entstehung organischer Moleküle

Die Erde entstand vor ca. 4,6 Milliarden Jahren als glutflüssiger Planet ohne Atmosphäre. Als dieser Planet abkühlte, bildete sich die feste Erdkruste. Aus dem Erdinneren entweichende Gase umgaben als Uratmosphäre die Erde. Sie bestand vermutlich aus Methan (CH_4), Ammoniak (NH_3), Kohlenstoffmonoxid (CO), Kohlenstoffdioxid (CO_2), Wasserstoff (H), Wasser (H_2O), Stickstoff (N) und Schwefelwasserstoff (H₂S). Da sie keinen freien Sauerstoff enthielt, hatte sie **reduzierende** Eigenschaften. Das Element Sauerstoff war im Wasser und den Kohlenstoffoxiden chemisch gebunden. Das Wasser war wegen der hohen Temperatur zum größten Teil als Wasserdampf in der Atmosphäre verteilt.

Nachdem die Erdoberfläche auf Temperaturen unter 100 °C abgekühlt war, sammelte sich das Wasser an tieferen Stellen und verdampfte größtenteils wieder. Die Hitze und die Wolkenbildung führten dazu, dass fast pausenlos Blitze in die Atmosphäre zuckten und immer wieder heftige Gewitterregen auf die Erde prasselten.

Die bis jetzt ältesten Lebensspuren sind die **Stromatolithen**, mineralische Ablagerungen, die fossile Prokaryoten enthalten. Ihr Alter wird auf ca. 3,5 Milliarden Jahre geschätzt. Daraus ergibt sich folgende wichtige Frage zur Entstehung des Lebens auf der Erde: Konnten sich vor mehr als 3,5 Milliarden Jahren organische Verbindungen aus anorganischen Stoffen unter den damaligen extremen Reaktionsbedingungen bilden?

Stanley MILLER, ein junger amerikanischer Wissenschaftler, war davon überzeugt, dass durch die Einwirkung der Blitze auf die Uratmosphäre sich die ersten organischen Verbindungen von selbst bildeten. Er machte 1953 den Vorschlag, die Uratmosphäre und die Reaktionsbedingungen der Urerde im Labor zu rekonstruieren.

Ein Glaskolben (I) wurde mit Wasser gefüllt. Von ihm aus führte ein Rohr in einen weiteren Kolben (II), der mit

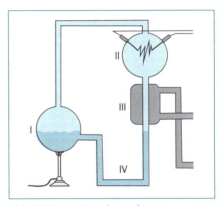

Abb. 35: MILLERs Versuchsanordnung

der „Uratmosphäre", nämlich Methan, Ammoniak und Wasserstoff gefüllt war. Wurde das Wasser in Kolben I zum Sieden gebracht, dann wanderte der Wasserdampf in den Kolben II. In diesen Kolben waren zwei Elektroden eingeschmolzen, die mit einer Spannungsquelle verbunden waren. Beim Anlegen einer hohen Spannung sprangen zwischen den beiden Elektroden elektrische Funken über. Diese Funken sollten die Blitze in der Uratmosphäre darstellen. Sie waren die Energiequelle für die chemischen Reaktionen, die sich in der Uratmosphäre abspielten. Von da aus wurde das Gasgemisch in einen Kühler (III) geleitet, wobei sich der Wasserdampf wieder zu Wassertröpfchen kondensierte, die sich in dem anschließenden U-Rohr (IV) sammelten. Diese Wassertröpfchen entsprachen dem Regen, der die neu entstandenen Verbindungen zur Erde brachte. Dort sammelten sie sich im Ozean, dessen Funktion in der Versuchsanordnung von dem U-Rohr übernommen wurde. Zum Teil gelangten die Verbindungen wieder in den Kolben I, wurden dort verdampft und wanderten in Kolben II, wo sie für weitere Reaktionen zur Verfügung standen.

Nach einer Woche untersuchte MILLER die Flüssigkeit im U-Rohr. Auf Anhieb konnte er mehr als 20 verschiedene organische Substanzen identifizieren, darunter für Organismen so wichtige Stoffe wie Essigsäure, Milchsäure und Aminosäuren. Das MILLER'sche Experiment wurde später noch oft, auch mit anderen Energiequellen, wie z. B. UV-Licht und anderen energiereichen Strahlen, wiederholt. Dabei konnten auch komplexer gebaute organische Moleküle wie z. B. die Zucker Desoxyribose und Ribose, Adenosintriphosphat (ATP) und die organischen Purin- und Pyrimidinbasen nachgewiesen werden, alles wichtige Bausteine für Lebewesen. Diese Ergebnisse stützen die Vorstellung, dass sich die organischen Verbindungen in immer stärkerer Konzentration im Urozean ansammelten und auf diese Weise vor der Zerstörung durch energiereiche Strahlen geschützt waren. Es bildete sich ein mit organischen Molekülen angereicherter Ozean, die sog. **„Ursuppe"**.

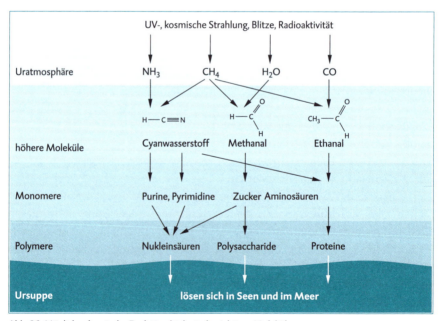

Abb. 36: Mögliche chemische Evolution biologisch wichtiger Moleküle

Eine andere Hypothese zur chemischen Evolution geht davon aus, dass sich organische Verbindungen in der Tiefsee im Bereich vulkanischer Quellen gebildet haben könnten. Unter anaeroben Bedingungen wäre eine exotherme Reaktion zwischen Schwefelwasserstoff (H_2S) und Eisen(II)-sulfid (FeS) zu Pyrit (FeS_2) und Wasserstoff möglich. Mithilfe der freigesetzten Energie und Wasserstoff als Reduktionsmittel könnten aus Kohlenstoffdioxid oder Kohlenstoffmonoxid einfache organische Moleküle entstanden sein. Der entstehende Pyrit bildete Kristalle, an deren Oberflächen die Bildung von Biomolekülen katalysiert worden sein könnte.

Die Bildung verschiedener organischer Verbindungen auf diesem Wege unter Vergrößerung von Pyritkristallen konnte experimentell nachgewiesen werden. Auch das Vorkommen von bestimmten Bakterien in warmen Tiefseequellen stützt das Pyrit-Modell. Diese Bakterien setzen aus Schwefelwasserstoff Wasserstoff frei, den sie zur Reduktion von Kohlenstoffdioxid verwenden.

Entstehung sich selbst reproduzierender Makromoleküle

Nach der Phase der Entstehung organischer Moleküle aus anorganischem Material schloss sich die Entstehung von sog. **Biopolymeren** (biologisch wichtigen Makromolekülen) an. Diese langkettigen Riesenmoleküle mussten sich schließlich zu sich selbst reproduzierenden Einheiten organisieren, um die Grundlage für die erste Zelle zu bilden.

Nach MONOD bilden sich aus einer Lösung von monomeren Molekülen – ähnlich wie bei der Kristallbildung aus Salzlösungen – spontan größere Molekülgruppen (Oligomere) mit einem höheren Ordnungsgrad als die Monomere **(spontane Oligomerie)**. So können sich z. B. Aminosäuren spontan zu Oligopeptiden verbinden. Experimentell konnte nachgewiesen werden, dass sich beim Auftropfen von Aminosäurelösungen auf Tonmineralien Polypeptide bilden, sog. **Proteinoide**.

Die **Theorie der Selbstorganisation** nach EIGEN besagt, dass auch schon im Bereich der Molekülbildung „Mutationen", d. h. spontane Veränderungen, bei den organischen Molekülen auftreten können. Diese Veränderungen können sich auf die Beständigkeit der Moleküle negativ, manchmal aber auch positiv auswirken. Nach EIGEN gilt auch schon im molekularen Bereich das Prinzip der DARWIN'schen Evolutionslehre, nämlich *„survival of the fittest"*, d. h., eine Veränderung des Moleküls kann zu seiner verbesserten Angepasstheit an die Umwelt führen und damit seine „Überlebenschance" erhöhen. Dies gilt vor allem für Molekülsysteme, die sich aufeinander abstimmen, wie z. B. Nukleinsäuren und Proteine: Proteine können als Enzyme wirken. Wenn bestimmte Proteinmoleküle die Replikation der Nukleinsäuren katalysieren, so hat sich ein System mit größerer „Überlebenschance" entwickelt. Andererseits können Nukleinsäuren auch Information speichern und z. B. zur verbesserten Synthese von Proteinen beitragen. Nukleinsäuren und Proteine bilden nach EIGEN somit einen Reaktionszyklus, der sich selbst erhält, indem die Nukleinsäuren genauer repliziert und die Proteine exakter synthetisiert werden. Wenn sich mehrere solcher Reaktionszyklen miteinander verknüpfen, entsteht ein sog. **Hyperzyklus**. Die Hyperzyklen konkurrieren untereinander und es werden sich diejenigen durchsetzen, die den Umweltbedingungen am besten angepasst sind. Es findet daher schon auf dieser Stufe der Entstehung des Lebens „Mutation, Selektion und somit Evolution" statt.

Entwicklung abgegrenzter Gebilde: Koazervate und Mikrosphären

Eines der wichtigsten Kennzeichen des Lebens und die Voraussetzung für seine Entstehung ist der Stoffwechsel. Darunter versteht man einen geregelten Ablauf von chemischen Reaktionen, die aufeinander abgestimmt sind und ineinander greifen. Dabei gehen beim katabolischen, d. h. abbauenden Stoffwechsel energiereiche organische Verbindungen unter Energiefreisetzung in energieärmere über. Die freigesetzte Energie kann wiederum dazu verwendet werden, neue organische Stoffe aufzubauen. Es liegt auf der Hand, dass ein solches geregeltes Zusammenwirken verschiedener chemischer Reaktionen besonders gut in einem abgeschlossenen Raum stattfinden konnte und sich nicht zufällig immer wieder von selbst im Urmeer abspielte. Eine wichtige Voraussetzung zur Entstehung des Lebens war daher die Bildung eines vom umgebenden Wasser abgetrennten Tröpfchens **(Kompartiment)**, in dem chemische Reaktionen ablaufen konnten.

Es lässt sich experimentell zeigen, dass fettähnliche Substanzen (Lipoide) spontan bimolekulare Filme bilden können, die sich um Flüssigkeitstropfen legen. Der Flüssigkeitstropfen wäre damit gegenüber der umgebenden Ursuppe abgegrenzt. Gleichzeitig könnten von außen aber auch Stoffe in das Innere des abgegrenzten Flüssigkeitstropfens eindringen, da Lipoidmembranen für bestimmte Stoffe durchlässig sind.

Derartige Gebilde sind nicht sehr beständig. Die Wahrscheinlichkeit, dass sie einen größeren Zeitraum überstehen, wird aber größer, wenn die Reaktionen, die im Inneren des Tröpfchens ablaufen, zu seiner Beständigkeit beitragen. Wenn außerhalb des Tröpfchens Substanzen die Lipoidmembran angreifen und zersetzen, sich aber innerhalb der Membran Reaktionen abspielen, die neue Lipoide erzeugen, dann hat dieses Tröpfchen mehr „Überlebenschancen" als eines, dem die Fähigkeit zur Erzeugung lipoidähnlicher Verbindungen fehlt.

Obwohl man in diesem angenommenen Fall keines der beiden Tröpfchen als lebendig bezeichnen darf, überdauert das Tröpfchen mit der „besseren Angepasstheit", während das andere zugrunde geht. Die **Selektion**, als eine Grundlage für Evolution, bzw. chemische Evolution, setzte also bereits auf der Stufe der Entwicklung komplizierter organischer Moleküle (Biopolymere) ein.

Nach der Theorie von OPARIN umgeben sich hydrophile Moleküle in wässriger Umgebung mit einer Hydrathülle. Diese Wasserhülle geht jedoch nach außen ohne scharfe Grenze in das Lösungsmittel Wasser über. Bei Vorhandensein bestimmter Salze verändern sich die Molekülladungen und damit auch die Wasser bindenden Kräfte. Die Folge ist eine Verkleinerung und damit schärfere Begrenzung der Wasserhülle. Im Inneren eines solchen Gebildes trennt sich eine dichtere, wasserarme Phase, das **Koazervat**, von der wasserreicheren Umgebung. Berühren sich nun die Hydrathüllen mehrerer derartiger Koazervate, so verbinden sie sich zu einer einzigen gemeinsamen Hydrathülle und es entsteht ein großes komplexes Koazervat mit zahlreichen kleinen Koazervaten im Inneren.

S. W. FOX erhitzte von ihm hergestellte Proteinoide in Meerwasser und fand nach dem Abkühlen kleine Hohlkugeln vor, die er **Mikrosphären** nannte. Die Membranen dieser Bläschen sind stabiler als die Hüllen von Koazervaten. Da sie semipermeabel sind, ermöglichen sie einen selektiven Stoffaustausch.

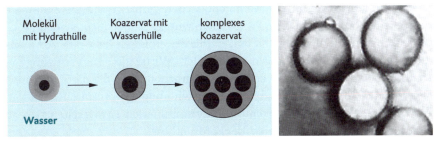

Abb. 37: Entstehung von Koazervaten und komplexen Koazervaten (links) und Mikrosphären (rechts)

Evolution der Zelle

Über die Bildung der ersten Zellen als Anfang der **biologischen Evolution** gibt es keinerlei Belege. Es existieren nur Denkmodelle und Hypothesen, wie es zu ihrer Entstehung gekommen sein könnte. Grundlage der Bildung von **Protobionten** oder **Urlebewesen** waren vermutlich abgeschlossene Systeme ähnlich den Koazervaten und Mikrosphären. Hyperzyklische Systeme aus RNA-Molekülen, die als Informationsträger fungieren, und Proteinen, die als Katalysatoren wirken, sind denkbar. Die RNA müsste ein Enzymprotein codieren, das seinerseits die Replikation von RNA-Molekülen fördert. Ein solcher Reaktionszyklus wäre durch Einfügen weiterer Reaktionssysteme aus RNA und Proteinen erweiterbar. Solche einfachen Systeme würden bereits Eigenschaften lebender Systeme wie Informationsweitergabe, Replikation, Fähigkeit zur Mutation (durch Kopierfehler bei der Replikation) und Stoffwechsel (Stoffaustausch mit der Umgebung durch die Membran) aufweisen.

Die ersten nachgewiesenen Lebewesen auf der Erde waren **Prokaryoten**, die den heute lebenden Cyanobakterien (Blaualgen) und Bakterien ähneln. Ihre Zellen sind einfacher aufgebaut als die der Eukaryoten. Ihr Erbmaterial besteht nur aus einem ringförmigen DNA-Doppelstrang, der nicht von einer Kernmembran umhüllt wird. Zellorganellen mit Doppelmembran wie Mitochondrien und Chloroplasten fehlen.

Entstehung von eukaryotischen Zellen aus Prokaryoten

Der Schritt von der Protozyte zur Euzyte vollzog sich vor ca. 1,8 Milliarden Jahren. Eine mögliche Erklärung für diesen Entwicklungsschritt gibt die **Endosymbionten-Hypothese**. Danach sind die Mitochondrien, und bei Pflanzenzellen auch die Chloroplasten, aus Prokaryoten hervorgegangen, die wiederum von anderen Prokaryoten aufgenommen wurden. Dieser Vorgang könnte so ähnlich wie die Phagozytose bei den Makrophagen oder den Amöben abgelaufen sein: Ein kleiner Prokaryot (z. B. ein Bakterium) wird von einer beweglichen Zelle umflossen, in ein Membranbläschen verpackt und ins Zellinnere gebracht. Die aufgenommenen Prokaryoten wurden jedoch nicht verdaut, sondern blieben funktionsfähig und gingen mit der größeren Zelle eine Art Symbiose ein. Bestimmte Leistungen wurden der „Wirtszelle" zur Verfügung gestellt: Aus aeroben Bakterien entstanden Mitochondrien, die die Zellatmung als besonders effektive Form der Energiegewinnung aus organischen Stoffen ermöglichten; die Pigmentsysteme der Cyanobakterien entwickelten sich zu Chloroplasten, den Zellorganellen der Fotosynthese.

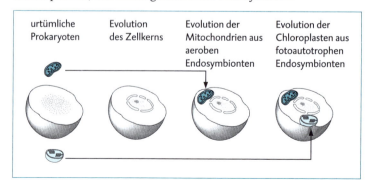

Abb. 38: Entstehung der Euzyte nach der Endosymbionten-Hypothese

Für die Endosymbionten-Hypothese spricht eine Reihe von Argumenten:

- Mitochondrien und Chloroplasten entstehen immer nur aus ihresgleichen, durch Teilung und können nie völlig neu gebildet werden.
- Mitochondrien und Chloroplasten weisen eine Doppelmembran auf, wobei die äußere Membran eine andere chemische Zusammensetzung aufweist als die innere. Die innere Membran ähnelt in ihrem Aufbau der Membran von heutigen Bakterien.
- Mitochondrien und Chloroplasten besitzen eine eigene DNA, die die Proteinbiosynthese in diesen Organellen steuert. Die DNA ist ringförmig und die Ribosomen haben die gleiche Größe wie bei Prokaryoten.
- Bestimmte Arten von Pantoffeltierchen und Hohltieren bauen einzellige Grünalgen in ihre Körperwand ein und leben mit ihnen in Symbiose.

Nach der **Endosymbionten-Hypothese** wurden kleinere Prokaryoten von einer größeren prokaryotischen Zelle aufgenommen. In einer Symbiose (Lebensgemeinschaft zum gegenseitigen Nutzen) entwickelten sich die kleineren Prokaryoten zu Zellorganellen, den Mitochondrien und Chloroplasten.

Die **Entwicklung eines Zellkerns** dagegen ist noch weitgehend rätselhaft. Die doppelte Kernmembran könnte eine Bildung des endoplasmatischen Reticulums sein. Wie jedoch die Chromosomen mit dem komplizierten Aufbau aus DNA und Proteinen und der für die Zellteilung notwendige Mitoseapparat entstanden sein könnten, ist noch immer unklar.

Evolution des Energiestoffwechsels

Da die Uratmosphäre keinen Sauerstoff enthielt, mussten die ersten einzelligen Organismen ihre Energie durch den **anaeroben Abbau** (ohne Sauerstoff) von organischen Substanzen gewinnen. Auch heute noch gibt es viele Prokaryoten, die ihre Energie nur durch anaerobe Abbauprozesse **(Gärung)** gewinnen können. Allerdings ist die Energieausbeute an ATP dabei verhältnismäßig gering (siehe (1), S. 51 ff.). Die ersten Organismen waren **heterotroph**, d. h., auf organische Nährstoffe angewiesen. Diese organischen Verbindungen gab es zunächst in der „Ursuppe" in großen Mengen. Da aber die zufällige Bildung dieser Stoffe sehr lange Zeiträume in Anspruch nahm, kam es zu einer Abnahme der organischen Stoffe in der Ursuppe. Auf die Dauer konnten sich diejenigen Zellen durchsetzen, die ihren Energiestoffwechsel unabhängig von den organischen Stoffen in der Ursuppe betrieben. Manche dieser Organismen konnten aus anorganischen Stoffen durch chemische Reaktionen Energie freisetzen und damit energiereiche organische Verbindungen aufbauen (chemoautotrophe Organismen). Fotoautotrophe Organismen stellen dagegen mithilfe des Sonnenlichts aus Kohlenstoffdioxid und einem Wasserstoffdonator, wie z. B. Schwefelwasserstoff (H_2S), Glucose selbst her. Ein Beispiel dafür ist die Purpurbakterien-Fotosynthese:

$$6\,CO_2 + 12\,H_2S \xrightarrow[\text{(Bakterienchlorophyll)}]{\text{(Licht)}} C_6H_{12}O_6 + 12\,S + 6\,H_2O$$

Im Lauf der weiteren Evolution des Energiestoffwechsels wurde der Schwefelwasserstoff als Wasserstoffdonator durch Wasser ersetzt. Die Spaltung des Wassers erfolgte mithilfe des Chlorophylls in der **Fotosynthese** (siehe (1) S. 27 ff.). Glucose wurde dabei im Überschuss produziert, sodass sich auch heterotrophe Organismen davon ernähren konnten. Gleichzeitig wurde Sauerstoff aus dem Wasser freigesetzt und reicherte sich in der Atmosphäre an. Dieser Sauerstoff stand schließlich für Energie liefernde Oxidationsprozesse zur Verfügung. So entwickelte sich die Atmung als der wichtigste aerobe Energie freisetzende Prozess des Stoffwechsels. Der **aerobe (oxidative) Abbau** von organischen Stoffen liefert wesentlich mehr Energie als der anaerobe Abbau von organischen Stoffen mittels Gärung. Durch die Entwicklung der Autotrophie konnte sich ein Kreislauf zwischen heterotrophen und autotrophen Lebewesen ausbilden, der bis heute die Grundlage des Lebens auf der Erde darstellt.

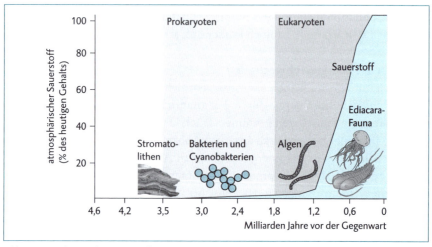

Abb. 39: Veränderung des Sauerstoffgehaltes der Atmosphäre in den frühen Phasen der Evolution

Evolution der Vielzelligkeit

Alle Prokaryoten (Bakterien, Cyanobakterien, Archaeen) sind einzellige Lebewesen. Ihr Zelltyp ist die Protozyte. Alle Stoffwechselvorgänge laufen in einer Zelle ab: sie ist totipotent.

Bei den Eukaryoten existieren neben einzelligen Formen (sog. Protisten) auch viele vielzellige Formen (Tiere, Pflanzen, Pilze). Die Entwicklung der Euzyte war Voraussetzung für die Entwicklung vielzelliger Lebewesen. Ihre starke Kompartimentierung ermöglichte vielfältige Differenzierungen. Mit der Ausbildung eines diploiden Chromosomensatzes, der Meiose und der sexuellen Fortpflanzung waren die Grundlagen der genetischen Rekombination entstanden, die die Entstehung einer enormen Vielfalt von Genotypen begünstigte.

Man nimmt an, dass die Vielzelligkeit mehrfach unabhängig voneinander entstanden ist. Der vielzellige Aufbau eines Organismus hat offensichtlich Selektionsvorteile. Einer davon ist sicherlich die zunehmende Größe. Ein größerer Organismus kann einen kleineren leichter fressen. Er ist möglicherweise auch robuster gegenüber Umwelteinflüssen. Entscheidender dürfte aber die Arbeitsteilung zwischen den Zellen gewesen sein. Bestimmte Zellen erledigen Verdauungsfunktionen effektiver durch verstärkte Bildung von Enzymen, andere übernehmen die Fortpflanzung durch Bildung von Keimzellen und wieder andere verleihen dem Organismus eine bessere Beweglichkeit durch den Besitz besonders ausgeprägter Geißeln. Diese Spezialisierung der Zellen geht einher mit dem Verlust der Totipotenz der Zellen. Die Körperzellen eines vielzelligen Organismus sterben nach einer bestimmten Lebensspanne ab, nur die Keimzellen sind potenziell unsterblich.

Der Übergang vom Einzeller zum Vielzeller lässt sich modellhaft bei Grünalgen verfolgen (siehe Abb. 40): Die Grünalge *Chlamydomonas* (A) ist ein echter Einzeller, der sich mithilfe von zwei Geißeln fortbewegt. Die Grünalge *Eudorina* (B) bildet eine Kolonie aus maximal 32 Zellen, die in eine Gallerte eingebettet sind, jedoch keine verbindenden Strukturen untereinander aufweisen. Die Zellen können ihre Geißelbewegungen synchronisieren, sodass sich die Kolonie immer mit der gleichen Seite voranbewegt. Die Kugelalge *Volvox* (C) ist eine Hohlkugel aus einer wesentlich größeren Anzahl von Zellen, die durch Plasmabrücken zum Stoff- und Informationsaustausch verbunden sind. Bei diesem einfachen Vielzeller lassen sich zwei Typen von Zellen unterscheiden. Viele kleinere Zellen zur Fortbewegung und Ernährung, wenige größere Zellen (vorwiegend am hinteren Pol der Kugel) zur ungeschlechtlichen (D, E) und geschlechtlichen Fortpflanzung.

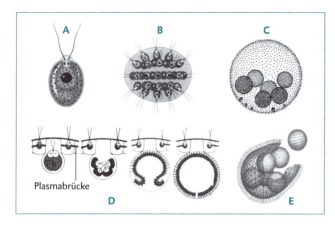

Abb. 40: Übergang vom Einzeller zur Vielzelligkeit bei Grünalgen:
(A) Einzeller *Chlamydomonas*, (B) Kolonie *Eudorina*, (C) Kugelalge *Volvox* mit differenzierten Zellen für die ungeschlechtliche Vermehrung, (D) Entstehung einer Tochteralge im Inneren von *Volvox*, (E) die Tochteralgen werden durch das Aufplatzen der Mutteralge frei.

3.2 Massenaussterben und Evolutionsschübe

Der Verlauf der Evolution der Organismen ist gekennzeichnet durch Aussterben und Neuentstehung von Arten. Man schätzt, dass ca. 99 % der Arten, die jemals auf der Erde existierten, ausgestorben sind. Neben dem in allen Epochen auftretenden **Hintergrundaussterben,** fanden auch mehrfach **Massenaussterben** von Arten in geologisch kurzen Zeitspannen von wenigen Millionen Jahren statt. Diesen sog. Faunenschnitten folgte jeweils rasch ein starker Anstieg der Artenzahl, weil frei gewordene ökologische Nischen neu besetzt werden konnten (adaptive Radiation, siehe S. 51 ff.).

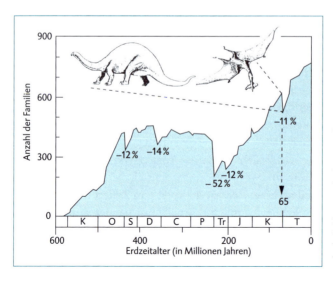

Abb. 41: Massenaussterbeereignisse im Laufe der Erdgeschichte. Die Prozentzahlen geben den Anteil ausgestorbener Familien an.
K: Kambrium; O: Ordovizium; S: Silur; D: Devon; C: Carbon; P: Perm; Tr: Trias; J: Jura; K: Kreide; T: Tertiär

Das bekannteste Massenaussterben ereignete sich vor ca. 65 Millionen Jahren und markiert den Übergang von der Kreide zum Tertiär. Innerhalb von etwa 10 Millionen Jahren verschwanden außer den Dinosauriern und Flugsauriern auch viele Arten von Meeresreptilien und die Artengruppe der Ammoniten. Ausgelöst wurde die Katastrophe wahrscheinlich durch den Einschlag und die Explosion eines Asteroiden im Golf von Mexiko. In Sedimenten aus der späten Kreidezeit tritt weltweit eine dünne Tonschicht auf, die einen sehr hohen Iridiumgehalt aufweist. Da nur in außerirdischer Materie so hohe Iridiumkonzentrationen auftreten, wird ein Asteroiden-Einschlag als mögliche Ursache angesehen. Riesige Mengen Staub, Asche und Ruß (aus verheerenden Bränden) wurden in die Atmosphäre geschleudert und verdunkelten den Himmel über lange Zeit. Das führte zur Beeinträchtigung der Fotosynthese und zum Absinken der Temperatur. Saurer Regen (durch das Lösen der Verbrennungsgase im Regenwasser) vergiftete die Meere und tötete das Plankton. Viele Arten verloren dadurch ihre Nahrungsgrundlage, z. B. Landtiere mit einer großen Körpermasse wie die Dinosaurier oder Meerestiere wie die Ammoniten. In den frei gewordenen Lebensräumen konnten sich die Säugetiere durch Einnischung und adaptive Radiation entfalten. Innerhalb von etwa 10 Millionen Jahren entwickelten sich alle Säugetiergruppen aus den wenigen Formen, die bereits in der Saurierzeit existierten.

3.3 Koevolution

In einem Biotop (Lebensraum) leben stets Populationen vieler verschiedener Arten zusammen. Diese Lebensgemeinschaft (Biozönose) mit den abiotischen Faktoren des Lebensraums wird als Ökosystem bezeichnet. Durch die Wechselwirkungen und Abhängigkeiten in einem Ökosystem ist die Evolution der Arten häufig voneinander abhängig. Sind Arten besonders gut aneinander angepasst, ist dies oft auf Koevolution zurückzuführen. Beispiele für Koevolution findet man in Symbiosen, Parasit-Wirt- sowie Räuber-Beute-Beziehungen.

> **Koevolution** ist die wechselseitige Anpassung von Arten aneinander. Sie beruht darauf, dass diese Arten über einen längeren Zeitraum in ihrer Stammesgeschichte einen starken Selektionsdruck aufeinander ausüben.

Symbiose zwischen Blütenpflanze und Bestäuber:

Die seit ca. 120 Millionen Jahren bestehende Koevolution bedecktsamiger Blütenpflanzen und ihrer tierischen Bestäuber (Insekten, Vögel, Wirbeltiere) führte zu einer Vielfalt von Blütenmerkmalen, die sich in Anpassung an die Fremdbestäubung herausgebildet haben. Solche wechselseitige Anpassungen werden als **Koadaptationen** bezeichnet.

Beispiele

Farbige Blütenblätter und Duftstoffe wirken als Fern- bzw. Nahsignale, um Blütenbesucher anzulocken (z. B. süßer Duft für Bienen, nach Aas stinkend für Fliegen).

Farblich abgesetzte Markierungen, die das Zentrum einer Blüte betonen oder Flecken auf den Blütenblättern, die die „Landebahn" für den anfliegenden Bestäuber markieren.

Durch die Blütenform lassen sich bestimmte Bestäuber gezielt auswählen. Die Schlüsselblumenblüte (lange, enge Blütenröhre) kann nur von Schmetterlingen mit einem langen Rüssel bestäubt werden.

Angebot an zuckerhaltigem Nektar als Belohnung, die das Erlernen einer bedingten Appetenz (reizbedingte Konditionierung, siehe S. 175 ff.) erleichtert: Der Bestäuber lernt bedingt durch die gute Erfahrung die spezifischen Merkmale (Reize) der besuchten Blüte und sucht weitere genauso aussehende Blüten auf. Diese „Blütenstetigkeit" sichert die Bestäubung mit arteigenem Pollen.

Platzierung der Nektardrüsen tief im Inneren der Blüte, sodass auf der Suche nach Nektar unweigerlich Pollen aus den Staubblättern am Körper des bestäubenden Insekts hängen bleibt.

Auch auf der Seite der Bestäuber haben sich Koadaptationen entwickelt.

Beispiele

- Langer Saugrüssel oder Schnabel zum Aufsaugen des verborgenen Nektars z. B. bei Hummeln, Schmetterlingen und Kolibris.
- Löffel- bzw. pinselartige Zunge zur Aufnahme des Nektars bei Bienen bzw. Fledermäusen.
- Pollenbehälter an den Hinterbeinen („Körbchen") bei der Honigbiene.

Sowohl die Pflanze als auch der Bestäuber ziehen Vorteile aus dieser Beziehung; es handelt sich also um eine echte Symbiose.

Vorteil für die Pflanze	Vorteil für den Bestäuber
Sicherung der Bestäubung mit Pollen einer anderen Pflanze der gleichen Art = **Fremdbestäubung** ⇒ Bildung einer größeren Menge Samen	Zuckerhaltiger Nektar und/oder eiweißreicher Pollen als ergiebige und sichere **Nahrungsquelle**

Tab. 4: Vorteile aus der Symbiose zwischen Pflanzen und Bestäubern

Beispiel

Die Orchidee „Stern von Madagaskar", *Angraecum sesquipedale*, besitzt einen 30 cm langen Blütensporn, in dessen Ende sich der Nektar befindet. DARWIN stellte 1862 die Hypothese auf, dass es auf Madagaskar einen Bestäuber für diese Orchidee mit einem ebenso langen Rüssel geben muss. Vierzig Jahre später fand man den Schwärmer *Xanthopan morgani praedicta*, obgleich erst 1994 nachgewiesen wurde, dass es sich tatsächlich um den vorhergesagten Bestäuber handelt.

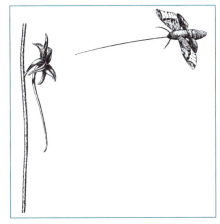

Abb. 42: Die Orchidee *Angraecum sesquipedale* und ihr Bestäuber, der Falter *Xanthopan morgani praedicta*

Parasit-Wirt-Beziehung

Unter Parasitismus versteht man das Zusammenleben zweier artverschiedener Organismen zum einseitigen Nutzen des Parasiten und zum Nachteil des Wirts.

Beispiel

Das bekannteste Beispiel eines **Brutparasiten** ist der Kuckuck. Indem er seine Eier von verschiedenen Singvogelarten ausbrüten und die Jungkuckucke von Stiefeltern aufziehen lässt, erspart er sich die eigene aufwendige Brutpflege. Die Wirtsvögel haben weniger eigene Nachkommen, da der geschlüpfte Jungkuckuck die Eier oder geschlüpften Jungen der Pflegeeltern aus dem Nest wirft. Da nur eine der beteiligten Parteien von der Beziehung profitiert, kommt es zu einer Art koevolutiven Wettrüstens. Ein Kuckucksweibchen wählt zur Eiablage meist ein Nest der Singvogelart aus, von der sie selbst aufgezogen wurde. Je mehr das Kuckucksei dem

Wirtsvogelei gleicht und je geschickter das Kuckucksweibchen bei der Eiablage vorgeht, desto höher ist der Fortpflanzungserfolg der Kuckucke. Die Eiablage erfolgt beispielsweise nur, wenn sich die Wirtseltern nicht in der Nähe des Nests befinden. Nach dem Ablegen

Abb. 43: Junger Kuckuck im Nest einer Heckenbraunelle

des Kuckuckseies wird ein Wirtsvogelei entfernt. Der auffällig gefärbte Sperrrachen des Jungkuckucks und seine Bettelrufe, die denen der Wirtsvogeljungen täuschend ähnlich sind, veranlassen die Pflegeeltern dazu, das Junge trotz seines abweichenden Aussehens unermüdlich mit Futter zu versorgen (Instinkthandlung, siehe S. 152 ff.). Umgekehrt können die Wirtsvögel ihren Fortpflanzungserfolg erhöhen, wenn sie ein Kuckucksei erkennen und dieses entfernen. Drosselrohrsänger und Trauerbachstelzen lassen sich nur von perfekt imitierten Eiern täuschen. Heckenbraunellen dagegen können zwischen eigenen und fremden Eiern nicht unterscheiden (siehe Abb. 43). Die Beziehung zwischen Heckenbraunellen und Kuckucken besteht noch nicht lange genug, als dass sich gegenseitige Anpassungen hätten entwickeln können.

Evolution 77

Zusammenfassung

- Als **chemische Evolution** wird die Bildung organischer Verbindungen (Biomoleküle) aus anorganischen Stoffen bezeichnet.
- In Simulationsversuchen lässt sich die Bildung einfacher organischer Moleküle aus Gasen, die die **Uratmosphäre** enthielt, nachvollziehen. Wichtige Reaktionsbedingungen sind die Zufuhr von Energie und die Abwesenheit von Sauerstoff.
- Koazervate und Mikrosphären dienen als Modelle für Protobionten als Vorläufer lebender Zellen.
- Die ältesten Organismen waren Prokaryoten mit einfachem Zellaufbau ohne Zellkern, Mitochondrien und Chloroplasten.
- Nach der **Endosymbionten-Hypothese** entstand die Euzyte durch Vereinigung mehrerer prokaryotischer Zellen. Mitochondrien und Chloroplasten entwickelten sich aus aufgenommenen Prokaryoten mit besonderen Stoffwechselleistungen.
- Der Energiestoffwechsel entwickelte sich in drei Stufen: Gärung (Energie liefernder Abbau organischer Stoffe ohne Sauerstoff) – Fotosynthese (Aufbau energiereicher organischer Verbindungen mithilfe der Lichtenergie) – Zellatmung (vollständiger Abbau energiereicher organischer Stoffe unter Sauerstoffverbrauch).
- Mit der **Vielzelligkeit** begann die Evolution der Pflanzen und Tiere.
- In einem vielzelligen Organismus kommt es zu einer Arbeitsteilung und Spezialisierung der Zellen und damit zu einem Verlust der Totipotenz der Zellen.
- **Massenaussterben** beeinflussten den Verlauf der Erdgeschichte entscheidend, da durch das Verschwinden vieler Arten zahlreiche ökologische Nischen frei wurden und neu besetzt werden konnten.
- Arten, die ein Massenaussterben überlebt haben, entfalteten sich durch **adaptive Radiation**.
- **Koevolution** ist die gleichzeitige Evolution von Eigenschaften zweier oder mehrerer voneinander abhängiger Arten.
- Wechselseitige Angepasstheiten werden als **Koadaptationen** bezeichnet.

Aufgaben

61 Beschreiben Sie kurz den Versuch von S. MILLER zur Entstehung des Lebens und nennen Sie die wichtigsten Stoffe, die bei diesem Experiment entstanden.

62 Erklären Sie, welche Eigenschaften ein durch die chemische Evolution entstandenes Gebilde aufweisen müsste, damit es als lebend angesehen werden kann.

78 | Evolution

63 Die Urzellen in der Ursuppe deckten ihren Energiebedarf aus Gärungen. Erläutern Sie, warum sich zum Fortbestand des Lebens neue Stoffwechselwege entwickeln mussten.

64 Begründen Sie, warum die Zellatmung im Laufe der Evolution erst nach der Fotosynthese entstanden ist.

65 Erläutern Sie, welche Selektionsvorteile Vielzeller gegenüber Einzellern haben.

66 Die Entwicklungsgeschichte der Pflanzen und Tiere zeigt, dass auch ohne Eingriff des Menschen immer wieder Organismengruppen ausstarben. Geben Sie Gründe für das Aussterben der Dinosaurier an.

67 Fledermäuse jagen ihre Beute mithilfe eines Ultraschall-Ortungssystems. Die Beute, vor allem Nachtfalter, wird im Flug mit der Schwanzhaut wie mit einem Käscher eingefangen. Die Nachtfalter besitzen an den Körperseiten Hörorgane, mit denen sie die Ultraschallrufe der Fledermäuse wahrnehmen können. Sie reagieren blitzschnell mit einer Änderung der Flugrichtung oder lassen sich fallen. Die starke Behaarung des Insektenkörpers dämpft außerdem das Echo der Fledermausrufe.
Erläutern Sie am Beispiel der beschriebenen Räuber-Beute-Beziehung das Phänomen der Koevolution.

68 Die Blüten der Fliegenorchis *(Ophrys insectifera)* ahmen die Weibchen von Grabwespen in ihrer Behaarung, Form und Färbung nach. Dadurch und durch Duftstoffe der Blüte, die den Sexuallockstoffen der Insekten täuschend ähnlich sind, werden Grabwespenmännchen angelockt. Beim Versuch, das vermeintliche Weibchen zu begatten, bleibt der Blütenpollen am Körper des Männchens hängen und wird von ihm auf die nächste Täuschblüte übertragen.

a Erläutern Sie die wechselseitigen Anpassungen von Fliegenorchis und Grabwespen aus evolutionsbiologischer Sicht.
b Begründen Sie, warum man die Beziehung zwischen der Fliegenorchis und ihren Bestäubern nicht als Symbiose bezeichnen kann.

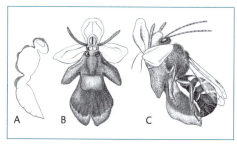

(A) Behaarung auf dem Rücken einer Grabwespe, (B) Blüte der Fliegenorchis, (C) Grabwespenmännchen auf der Blüte

4 Evolution des Menschen

Grundlage der naturwissenschaftlichen Erklärung der Herkunft des Menschen ist der Vergleich seiner Merkmale mit denen bestimmter Fossilien und heute noch lebender Affen.

4.1 Stellung des Menschen im natürlichen System

System der Primaten

Der Mensch lässt sich zwanglos in das System der Tiere einordnen. Innerhalb der Wirbeltiere gehört er zu den Säugern, und dort bildet er zusammen mit den Affen und Halbaffen die Ordnung der **Primaten**. Seine nächsten Verwandten sind die Menschenaffen:
- Schimpanse (Afrika, zwei Arten)
- Orang-Utan (Asien)
- Gorilla (Afrika)

Abb. 44: Menschenaffen. Von links nach rechts: Schimpanse, Orang-Utan und Gorilla

> Die nächsten Verwandten des Menschen sind Schimpanse, Orang-Utan und Gorilla.

Die Verwandtschaftsbeziehungen zwischen Menschenaffen und Mensch sind nicht ganz geklärt. Der **anatomische Vergleich** und die **DNA-Analyse** ergeben unterschiedliche Stammbäume:

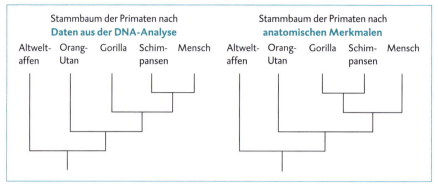

Abb. 45: Verwandtschaftsbeziehungen zwischen Menschenaffen und Mensch nach anatomischen und biochemischen Analysen

Alle heutigen Menschen gehören zur selben Art und Unterart, zum *Homo sapiens sapiens*. Die nächsten Verwandten des Menschen und der Menschenaffen sind die **Altweltaffen**. Dazu zählen die Affen Afrikas und Asiens, z. B. Paviane, Meerkatzen und Makaken. Nach anatomischen Merkmalen ist der Mensch am nächsten verwandt mit einer Gruppe von Menschenaffen, die von Schimpansen und Gorillas gebildet wird. Aus den Daten des DNA-Vergleichs ergibt sich dagegen, dass der Mensch mit den Schimpansen näher verwandt ist als mit den übrigen Menschenaffen. In den dargestellten Stammbäumen (siehe Abb. 45) sind die Gibbons und die Neuweltaffen nicht berücksichtigt. Gibbons sind kleine, mit den Menschenaffen nahe verwandte Arten, die in den tropischen Wäldern Asiens leben. Die systematische Gruppe der Neuweltaffen ist auf Süd- und Mittelamerika beschränkt. In Australien gibt es weder rezente noch fossile Affen. In Europa sind heute alle Affen ausgestorben, außer einer sehr kleinen Population in Gibraltar.

4.2 Vergleich der Anatomie von Menschenaffen und Mensch

Menschen und Menschenaffen ähneln sich in ihrem Körperbau sehr stark, jedoch bewegen sich Menschenaffen vorwiegend vierbeinig, der Mensch ist ein zweibeinig aufrecht laufender Bodenbewohner. Viele Merkmale, durch die sich der heutige Mensch von den Menschenaffen unterscheidet, stehen im Zusammenhang mit dem **aufrechten Gang**. Im Folgenden sind einige Unterschiede zwischen Menschenaffen und dem heutigen Menschen mit einer möglichen Erklärung dargestellt.

Körperhaltung und Körperproportionen

Die Arme der Menschenaffen sind länger als die Beine. Beim Menschen dagegen sind die Größenverhältnisse umgekehrt. Die langen Beine ermöglichen eine große Schrittweite beim Menschen, beim Menschenaffen lassen die langen Arme eine größere Greifweite beim Hangeln in den Bäumen zu (siehe Abb. 46). Bei Menschenaffen ist der Oberschenkel im aufrechten Stand gegen die Wirbelsäule abgeknickt, beim Menschen dagegen bildet er mit der Wirbelsäule eine gerade Linie. In aufrechter Körperhaltung liegt der **Schwerpunkt** beim Menschen günstiger, sodass ein geringerer Kraftaufwand beim zweibeinigen Gang erforderlich ist (siehe Abb. 47).

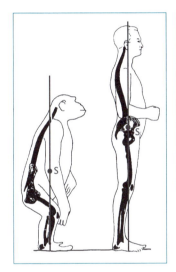

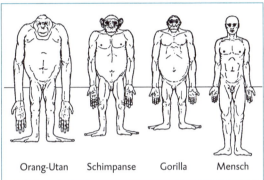

Abb. 46 (oben): Körperproportionen bei Menschenaffen und beim Menschen

Abb. 47 (links): Lage des Schwerpunktes bei aufrechter Körperhaltung beim Menschenaffen und beim Menschen

Wirbelsäule und Becken

Die **Wirbelsäule** der Menschenaffen ist gerade oder bogenförmig, beim Menschen dagegen **doppelt S-förmig** gebogen (siehe Abb. 47). Dadurch kann sie beim aufrechten Gang und beim Sprung die Last des Kopfes und Rumpfes abfedern. Das **Becken** der Menschenaffen ist lang und schmal, das der Menschen breit und schüsselförmig. Beim Menschen wirkt das Becken wie eine tragende Schüssel für die beim aufrechten Stand in Körperlängsachse nach unten gerichtete Last der Eingeweide. Beim Menschenaffen trägt die Bauchdecke den größten Teil der Eingeweide. Die Öffnung im Becken, die den **Geburtskanal** darstellt, ist beim Menschen viel weiter als bei den Menschenaffen. Die weite Beckenöffnung des Menschen stellt eine Anpassung an den großen Kopfdurchmesser des Kindes dar, der durch das große Gehirnvolumen bedingt wird.

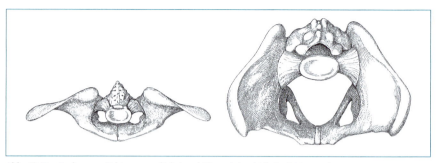

Abb. 48: Das Becken von Schimpanse (links) und Mensch (rechts). Ansicht von oben.

Hände und Füße

Bei Menschenaffen liegt die Last des Körpers im zweibeinigen Stand auf der äußeren Fußkante (Zwei-Punkt-Stand). Die erste Zehe auf der Innenseite, die große Zehe, ist abgespreizt und opponierbar. Der Fuß des Menschen hat drei Auflagepunkte **(Drei-Punkt-Stand)**. Außerdem ist er gewölbt. Seine erste Zehe ist nicht abgespreizt und auch nicht opponierbar. Durch die opponierbare erste Zehe können Menschenaffen mit den Füßen greifen. Das erleichtert ihnen die Bewegung im Geäst der Bäume. Beim Menschen bringt der Stand auf drei Punkten des Fußes mehr Stabilität. Vor allem ist es leichter möglich, auf nur einem Bein zu stehen. Das bringt eine höhere Standsicherheit in der Phase des Gangs, in der der Körper nur auf einem Fuß ruht. Das Fußgewölbe federt die Last des Körpers beim Gehen und Springen ab.

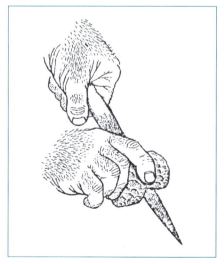

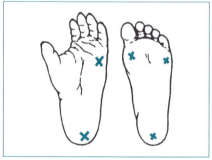

Abb. 49 (oben): Fuß eines Gorillas und eines Menschen mit Auflagepunkten

Abb. 50 (links): Der Präzisionsgriff des Menschen ist die Voraussetzung für sein großes handwerkliches Können

Menschenaffen haben nur einen kurzen Daumen. Er kann daher den übrigen Fingern nur unvollkommen gegenübergestellt werden. Der Daumen des Menschen ist lang und sehr gut gegen alle Finger opponierbar. Dieser sehr bewegliche, kräftige Daumen erlaubt durch seine vollständige Opponierbarkeit zu allen Fingern fest, aber gefühlvoll zuzugreifen. Dadurch wird der **Präzisionsgriff** möglich, der u. a. für die große handwerkliche Geschicklichkeit des Menschen verantwortlich ist. Die leistungsfähige, geschickte Hand ist besonders vorteilhaft, weil sie durch den aufrechten Gang für die Fortbewegung nicht erforderlich und daher für andere Aufgaben frei ist. Sie kann zu jeder Zeit, sowohl in Ruhe wie auch beim Laufen eingesetzt werden.

Schädel

Der **Schädelinnenraum** der Menschenaffen ist mit ca. 500 $m\ell$ viel kleiner als der des Menschen mit ca. 1 500 $m\ell$. Das große Gehirn, das das Innere des Schädels fast ganz ausfüllt, ermöglicht eine hohe Intelligenz. Bemerkbar macht sich dies u. a. in einer stark ausgebildeten Fähigkeit, zu planen und differenziert und flexibel auf verschiedene Situationen zu reagieren.

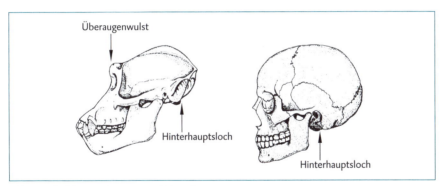

Abb. 51: Schädel von Schimpanse und Mensch

Das **Hinterhauptsloch**, die Eintrittsstelle des Rückenmarks am Auflagepunkt des Schädels auf der Wirbelsäule, liegt bei Menschenaffen im hinteren Bereich des Schädels, beim heutigen Menschen dagegen im Zentrum der Schädelunterseite. Beim Mensch ruht der Schädel bei aufrechter Körperhaltung gut ausbalanciert auf der Wirbelsäule. Daher ist nur eine geringe Nackenmuskulatur erforderlich, um den Schädel aufrecht zu halten. Menschenaffen brauchen eine stärkere Nackenmuskulatur, um den Schädel in Position zu halten.

Menschenaffen haben eine sehr flache, **fliehende Stirn**, der Mensch eine steile und hohe (siehe Abb. 51). Die hohe Stirn des Menschen ist als Erweiterung des Hirnraums nach vorne zu verstehen, als Raum für die Vergrößerung des Gehirns durch „Überbauung" des Hirnschädels über den Augenbereich.

Der **Gesichtsschädel** der Menschenaffen wölbt sich in Form einer **Schnauze** vor. Beim Menschen ist der Gesichtsschädel flach (siehe Abb. 51). Der Oberkiefer (Schnauzenteil) ist beim Menschen unter den Hirnschädel verlagert. So rückt der Schwerpunkt des Kopfes näher zur Schädelmitte, also näher zum Auflagepunkt und kann bei aufrechter Körperhaltung besser ausbalanciert werden. Ein vorspringender Gesichtsschädel würde dem Schädel ein Übergewicht nach vorne geben, sodass eine stärkere Nackenmuskulatur erforderlich wäre, um zu verhindern, dass der Kopf nach vorne zur Brust hin kippt.

Menschenaffen haben starke **Überaugenwülste**. Beim Menschen sind sie sehr schwach ausgebildet (siehe Abb. 51). Die Überaugenwülste der Menschenaffen stellen Verstrebungen des Schädels dar, die den Kaudruck des Gesichtsschädels auffangen. Beim Menschen sind die Überaugenwülste reduziert, da der Kaudruck durch die Verlagerung des Oberkiefers unter den Hirnschädel besser auf den Schädel abgeleitet werden kann. Außerdem verdeckt der Knochen des Hirnschädels im Stirnbereich einen Teil der reduzierten Überaugenwülste.

Gebiss

Die **Backenzahnreihen** der Menschenaffen verlaufen parallel **U-förmig**, die des Menschen **parabel**förmig (siehe Abb. 52). Durch die Verlagerung des Oberkiefers unter den Hirnschädel wird der Platz für die Backenzähne knapp (wie eng der Raum ist, zeigen die Schwierigkeiten, die uns Weisheitszähne bereiten können). Die Parabelform bietet mehr Raum als geradlinige Zahnreihen. Die Zahnreihen der Menschen-

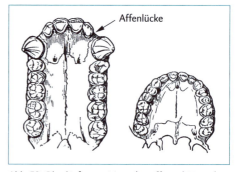

Abb. 52: Oberkiefer von Menschenaffe und Mensch

affen werden von einer charakteristischen Lücke unterbrochen, die man als **Affenlücke** bezeichnet. Sie liegt im Oberkiefer zwischen Schneide- und Eckzähnen, im Unterkiefer zwischen Eck- und Backenzähnen. Der Mensch hat keine Zahnlücke, seine Zahnreihen sind geschlossen. Bei Menschenaffen ist diese Zahnlücke erforderlich, um das Maul trotz der großen Eckzähne vollständig schließen zu können. Die Eckzähne liegen bei geschlossenem Maul in den Zahnlücken. Beim Menschen sind die Zahnlücken überflüssig, da die Eckzähne kaum größer sind als die Schneidezähne. Die **Eckzähne** sind bei Menschenaffen sehr groß und dolchartig, beim Menschen ragen sie nur wenig über die Schneidezähne hinaus. Die Reduktion der Eckzähne beim Menschen bringt Vorteile, da kleine Eckzähne beim Schließen der Kiefer keine Zahnlücke erfordern. Der nicht mehr beanspruchte Raum kann von Backenzähnen besetzt werden. Günstig ist dies, da durch die Verlagerung des Oberkiefers unter den Hirnschädel „Platzmangel" herrscht.

Unterkiefer

Die beiden Unterkieferhälften sind bei Menschenaffen durch einen breiten, horizontal liegenden Bereich, der „**Affenplatte**", miteinander verbunden. Der Mensch dagegen hat nur eine vertikal liegende Verbindung, allerdings verstärkt durch ein vorspringendes Kinn. Beim Kau-

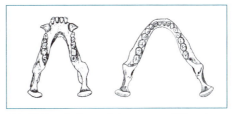

Abb. 53: Unterkiefer von Schimpanse und Mensch

en können sehr starke, einseitig wirkende Kräfte auftreten (Scherkräfte), die die Unterkieferäste belasten. Um zu verhindern, dass die beiden Unterkieferäste bei einseitigem Kaudruck gegeneinander verschoben werden, muss die Verbindung zwischen den beiden Hälften des Unterkiefers sehr fest sein. Bei Menschenaffen dient dazu neben der vertikalen Verbindung auch noch eine horizontale, die Affenplatte. Beim Menschen würde eine Affenplatte nach der Rückverlagerung des Kiefers unter den Hirnschädel zu viel Platz in Anspruch nehmen. Das **vorspringende Kinn**, ein charakteristisches Merkmal des menschlichen Unterkiefers, ist als Leiste zu verstehen, die die beim Menschen fehlende Affenplatte ersetzt. Es erhöht die Festigkeit der Verbindung zwischen den beiden Unterkieferästen. Den Menschenaffen fehlt diese Knochenleiste, sie haben ein **fliehendes** Kinn.

4.3 Zytologische und molekularbiologische Merkmale

Die enge Verwandtschaft zwischen Menschen und Menschenaffen, die trotz der zuvor besprochenen Unterschiede besteht, lässt sich auch durch zytologische und biochemische Merkmale belegen: Menschenaffen haben **48 Chromosomen** (2n = 48), der Mensch **46** (2n = 46). Alle Chromosomen der Menschenaffen stimmen in ihrer Feinstruktur mit der des Menschen überein. Sehr wahrscheinlich sind zwei kleine Chromosomen der Menschenaffen beim Menschen zu einem großen „verschmolzen". So lässt sich die unterschiedliche Chromosomenzahl erklären. Serologische Untersuchungen und die **Aminosäuresequenzanalyse** vergleichbarer Proteine von Menschenaffen und Mensch, z. B. aus dem Hämoglobin, ergeben nur sehr geringe Unterschiede (siehe Präzipitintest S. 19 ff.). Menschen und Menschenaffen sind in ihrer **immunologischen Ausstattung**, z. B. in der Art der Antigene ihrer Zellen, sehr ähnlich. Auch die Blutgruppen des AB0-Systems sind gleich (siehe (1) S. 128 ff.) Die Ergebnisse der Analyse der **Basensequenz der DNA** wie auch die der DNA-Hybridisierung (siehe S. 80) ergeben eine enge Verwandtschaft des Menschen zu den afrikanischen Menschenaffen (Schimpansen und Gorilla), am nächsten sehr wahrscheinlich zu den Schimpansen (siehe Stammbaumschema, S. 80). Untersucht wurde u. a. eine Basensequenz des Hämoglobingens, aber auch die DNA der Mitochondrien. Alle Daten weisen darauf hin, dass die letzten gemeinsamen Vorfahren von Menschenaffen und Mensch vor ca. **5 Millionen Jahren** im oberen Tertiär lebten.

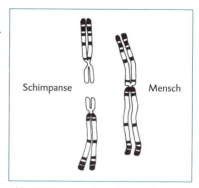

Abb. 54: Einander entsprechende Chromosomen des Schimpansen und des Menschen.

4.4 Stammesgeschichtliche Entwicklung des Menschen

Aus Fossilfunden geht hervor, dass die stammesgeschichtliche Entwicklung, die zur Entstehung des heutigen Menschen führte, vor etwa 5 Mio. Jahren begann. Die Fossilien der **Hominiden** (= Menschenartige: Menschen und ausgestorbene Vor- und Frühmenschen) lassen sich so anordnen, dass Entwicklungstendenzen und Abstammungsverhältnisse deutlich werden. Wegen der geringen Zahl und des häufig schlechten Erhaltungszustands der Fossilien sind die Verwandtschaftsbeziehungen in einigen Bereichen des Stammbaums noch nicht geklärt. Alle Stammbaumschemata haben Lücken und sind als vorläufig zu betrachten. Neue Funde machen häufig Änderungen erforderlich, wie es in der Vergangenheit immer wieder geschah. Alle fossilen Arten der Gattungen *Australopithecus* und *Homo* hatten parabelförmige Backenzahnreihen und kleine Eckzähne. Sie liefen ständig aufrecht auf zwei Beinen und lebten in offenen und halb offenen Graslandschaften Afrikas, die von Bäumen und Büschen durchsetzt waren, ähnlich den heutigen Savannen.

Schema der stammesgeschichtlichen Entwicklung des Menschen

Ein Stammbaumschema, das zurzeit von vielen Fachleuten anerkannt wird, ist in vereinfachter Form in der folgenden Abbildung dargestellt:

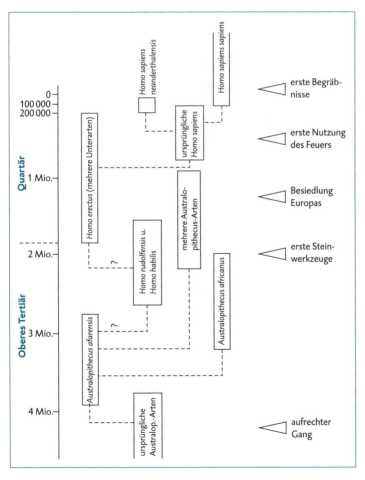

Abb. 55: Stammbaum des Menschen auf der Basis von Annahmen, die zurzeit von vielen Fachwissenschaftlern unterstützt werden

Australopithecus-Gruppe (Vormenschen)

Vor etwa 4 bis 1 Millionen Jahren lebten mehrere *Australopithecus*-Arten auf der Erde. Das geht aus Fossilien hervor, die fast ausschließlich in Süd- und Ostafrika gefunden wurden. Dort durchstreiften diese **„Vormenschen"** offene und halb offene Landschaften, die Savannen, auf der Suche nach pflanzlicher Nahrung und Kleintieren. Im Bau des Schädels zeigen die *Australopithecinen* noch viele Merkmale von Menschenaffen (siehe Tab. 8, S. 93), im Skelett unterhalb des Halses dagegen ähneln sie schon der Gattung *Homo*. Einige Arten gehörten zu blind endenden Seitenzweigen des menschlichen Stammbaums. Sie starben aus, ohne Nachfahren zu hinterlassen. Andere dagegen bildeten Gruppen, aus denen Vorfahren des heutigen Menschen hervorgingen.

Besonders aufschlussreich waren die zum Teil ungewöhnlich umfangreichen Funde von *Australopithecus afarensis* in Tansania und Äthiopien. Ihr Alter liegt bei 3,7 bis 2,9 Mio. Jahren. Reste von über 100 Individuen stehen den Fachleuten heute zur Verfügung. Ein Glücksfall für die Wissenschaft war der Fund von **„Lucy"** in Äthiopien, da nicht nur der Schädel, sondern auch sehr viele Teile des Körper- und Extremitätenskeletts erhalten waren. Die Beinknochen und das Becken ließen z. B. den Schluss zu, dass *Australopithecus afarensis* ständig aufrecht auf zwei Beinen lief. Diese Annahme konnte durch einen erstaunlichen Fund in Laetoli (Tansania) bestätigt werden. Dort sind in vulkanischer Asche die später versteinerten **Fußspuren** von *Australopithecus afarensis* erhalten. Die Abdrücke zeigen, dass er nicht auftrat wie ein Menschenaffe, sondern dass seine Füße denen des Menschen sehr ähnelten.

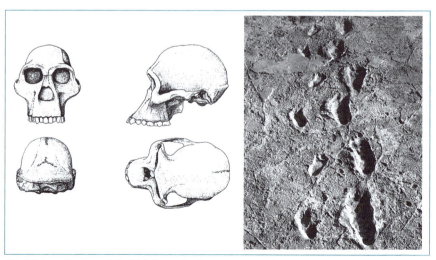

Abb. 56: *Australopithecus*: Schädelskelett und Fußspuren von Laetoli

Nach Ansicht einiger Fachleute entstanden aus *Australopithecus afarensis* durch Artspaltung (Separation (siehe S. 48 ff.), Gendrift (siehe S. 45 f.)) sowohl weitere *Australopithecus*-Arten wie auch die ersten Vertreter der Gattung *Homo*. Diskutiert wird aber auch die Entstehung von *Homo*-Arten durch eine Artumwandlung.

Homo rudolfensis-Gruppe

Die ältesten Vertreter der Gattung *Homo* stammen aus Ostafrika (Kenia, Tansania). *Homo rudolfensis* (2,5 bis 1,8 Mio. Jahre alt) und *Homo habilis* (2 bis 1,5 Mio. Jahre alt) lebten in der Savanne und ernährten sich von Pflanzen, Kleintieren und vermutlich auch von Aas. Sie waren bereits in der Lage, einfache Steinwerkzeuge herzustellen. Dazu zerschlugen sie Kieselsteine, sodass scharfkantige Bruchstücke entstanden. Man bezeichnet sie als **„pebble tools"**:

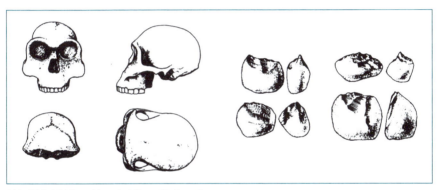

Abb. 57: Schädel von *Homo habilis* und Steinwerkzeuge

Diese Geröllgeräte waren dazu geeignet, große Säugetiere zu zerlegen. Mit ihren scharfen Kanten ließ sich die zähe Haut öffnen, um an die Innereien und das Muskelfleisch heranzukommen. Vermutlich handelte es sich dabei aber um bereits tote Tiere, da man mit pebble tools keine großen Beutetiere erlegen kann. Wegen der Möglichkeit, Aas zu nutzen, lag der Fleischanteil der Nahrung bei *Homo rudolfensis* und seinen nahen Verwandten wahrscheinlich höher als bei *Australopithecus*. *Homo rudolfensis* entstand wahrscheinlich aus *Australopithecus afarensis*, entweder durch Artspaltung oder Artumwandlung. *Homo habilis* ging vermutlich durch Artspaltung aus *Homo rudolfensis* hervor.

Homo erectus-Gruppe (Frühmenschen)

Die wichtigsten Fundorte von Fossilien des *Homo erectus* liegen in Ostafrika, Südasien (Java), Ostasien (China) und Europa (z. B. Heidelberg). Diese „**Frühmenschen**" stellten Faustkeile her, das sind Steinwerkzeuge, die in mehreren Arbeitsgängen gezielt auf ihre Verwendung hin bearbeitet wurden.

Homo erectus lebte als Sammler und machte **Jagd** auf große Säugetiere. Möglich wurde das durch die leistungsfähigen Steinwerkzeuge und die ersten Fernwaffen wie Speere und Lanzen. Sehr wahrscheinlich führte das dazu, dass er sich in noch stärkerem Maße von Fleisch ernährte als *Homo rudolfensis*. Zumindest einige Unterarten, eventuell sogar alle, nutzten das **Feuer**.

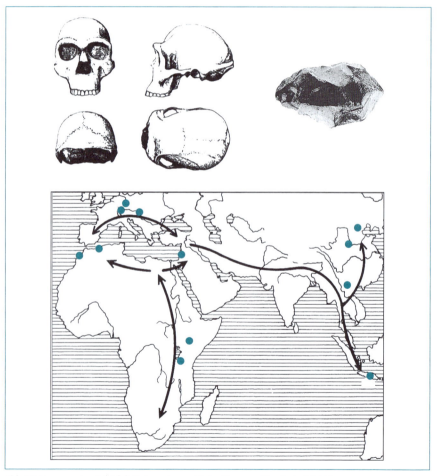

Abb. 58: *Homo erectus:* Schädel, Steinwerkzeug, Verbreitung und Fundorte (türkis)

Homo erectus trat in mehreren lokalen Unterarten auf. Nicht geklärt ist, ob er sich durch Artumwandlung oder Artspaltung aus *Homo rudolfensis* gebildet hat. Gesichert aber ist, dass er in Ostafrika entstand und sich von dort aus nach Asien und Europa ausbreitete (erste Auswanderung der Gattung *Homo* aus Afrika). Wie sich der *Homo sapiens* aus *Homo erectus* entwickelt hat, wird zurzeit kontrovers diskutiert. Einige Fachleute nehmen an, dass sich aus der europäischen Unterart (*Homo erectus heidelbergensis*) der Neandertaler (*H. sapiens neanderthalensis*) bildete.

Homo sapiens-Gruppe

Zur Art *Homo sapiens* gehören unter anderem die Unterarten *Homo sapiens neanderthalensis*, der Neandertaler, und *Homo sapiens sapiens*, der heutige moderne Mensch.

Die Fossilien des **Neandertalers** haben ein Alter zwischen 200 000 und 30 000 Jahren. Die Fundorte liegen in Europa, u. a. im Neandertal bei Düsseldorf, und in Vorderasien. *Homo sapiens neanderthalensis* war ein kompakt und gedrungen gebauter Mensch mit dickwandigen Knochen und sehr starker Muskulatur. Sein Körpergewicht lag deutlich höher als bei gleich großen heutigen Menschen, es betrug etwa 80 kg bei einer Größe von ca. 1,60 m. Er lebte in Mitteleuropa in den Kältesteppen der Eiszeit als Jäger und Sammler. An das Leben im kalten Eiszeitklima war er gut angepasst. Einen Selektionsvorteil brachte v. a. die geringe Oberfläche des kleinen, aber massigen Körpers, da sie die Wärmeabgabe reduzierte. Vielfältige, fein bearbeitete Geräte lassen auf eine hohe Werkzeugkultur schließen. Die Steinwerkzeuge sind häufig von denen des *Homo sapiens sapiens* nicht zu unterscheiden. An einigen Fundorten konnte man die Bestattung von Toten nachweisen. Man darf daher vermuten, dass die Neandertaler an ein Leben nach dem Tode glaubten, dass sie also bereits religiöse Vorstellungen hatten.

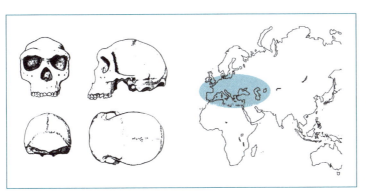

Abb. 59: *Homo sapiens neanderthalensis*: Schädel und bisher nachgewiesenes Verbreitungsgebiet

Vorfahren des Neandertalers waren vermutlich Vertreter einer Gruppe von ursprünglichen *Homo sapiens*-Typen, zu der auch der in Baden-Württemberg (Steinheim an der Murr) gefundene *Homo sapiens steinheimensis* gehört. Sie hatten einen ähnlich geformten, jedoch kleineren Schädel als die Neandertaler. Diskutiert wird aber auch die Artumwandlung aus *Homo erectus*.

Als **Vorfahre des heutigen Menschen** kommt der Neandertaler nicht in Betracht, da beide Unterarten des *Homo sapiens* für wenigstens einige Tausend Jahre nebeneinander im gleichen Verbreitungsgebiet gelebt haben. Was zum Aussterben des Neandertalers geführt hat, ist unklar. *Homo sapiens sapiens* könnte ihn aus seiner ökologischen Nische verdrängt haben. Beide Unterarten könnten sich aber auch vermischt haben, sodass der Neandertaler in eine gemeinsame Population mit *Homo sapiens sapiens* aufging. Die ältesten, ca. 150 000 Jahre alten Funde des *Homo sapiens sapiens* stammen aus Afrika. Dort lebte er als Jäger und Sammler in offenen und halb offenen Landschaften, ähnlich den heutigen Savannen. Von Afrika verbreitete er sich über die ganze Erde (zweite Auswanderung der Gattung *Homo* aus Afrika). Nach Auffassung einiger Fachleute war er wendiger, geistig beweglicher und kreativer und konnte daher den Neandertaler aus seiner ökologischen Nische verdrängen, obwohl dieser mit seinen massigen Muskelpaketen dem grazilen *Homo sapiens sapiens* an Körperkraft vermutlich überlegen war. Mit ca. 40 000 Jahren ist der *Cro Magnon* die älteste Form des *Homo sapiens sapiens* in Europa. Von seiner hohen Kultur zeugen die ältesten bekannten Kunstwerke des Menschen, die Höhlenmalereien in Südfrankreich und Nordspanien und Kleinplastiken aus Elfenbein in Süddeutschland, z. B. in der Nähe von Ulm (siehe kulturelle Evolution, S. 98 f.).

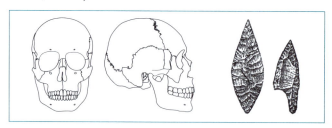

Abb. 60: *Homo sapiens sapiens*: Schädel und Steinwerkzeuge früher Vertreter

Alle heute lebenden Menschen gehören zur Unterart *Homo sapiens sapiens*. Er hat als einziger Vertreter des menschlichen Stammbaums bis in die Gegenwart überlebt. Erstaunlich ist die kurze Zeit von etwa 150 000 Jahren, nach anderen Schätzungen auch 200 000 oder sogar nur 100 000, in der er aus einer Unterart des *Homo erectus* in Afrika entstand (siehe multiregionales Modell und „Out of Africa"-Hypothese, S. 96).

Die folgende Tabelle gibt einen Überblick über die Veränderung ausgewählter Merkmale in der Stammesgeschichte des Menschen:

	Australo-pithecus-Gruppe	Homo rudolfensis-Gruppe	Homo erectus-Gruppe	Homo sapiens neander-thalensis	Homo sapiens sapiens
Alter [Jahre]	4 bis 1 Mio.	2 bis 1,5 Mio.	1,8 Mio. bis 300 000	200 000 bis 30 000	150 000
Größe [m]	bis 1,50	ca. 1,50	ca. 1,65	ca. 1,60	> 1,60
Form des Hirnschädels	**klein (ähnlich Menschen-affen)**	Schädeldach höher als bei Australopithe-cus	**lang gestreckt,** Schädeldach **niedrig**	**groß, lang gestreckt** („Brotlaib-form") Schädeldach **höher** als bei H. erectus	**hoch, rundlich** (weniger lang als beim Nean-dertaler)
Volumen des Hirnschädels [cm³]	ca. 400 bis 500 (ähnlich Men-schenaffen)	ca. 600 bis 800 (Homo habilis: 500 bis 650)	ca. 800 bis 1 200 (durch-schnittlich 1 000)	ca. 1 500 (höher als der Durchschnitt bei heutigen Menschen)	ca. 1 400
Stirn	sehr flach (fliehend)	flach (fliehend)	flach (fliehend)	fliehend	**steil, hoch**
Überaugen-wülste	stark aus-gebildet	deutlich aus-gebildet, aber weniger massiv als bei Aus-tralopithecus	stark aus-gebildet	stark aus-gebildet	**sehr schwach ausgebildet**
Gesichts-schädel	deutlich vorspringend **(Schnauze)**	deutlich vorspringend, aber weniger als bei Austra-lopithecus	vorspringend, aber nicht schnauzenartig	leicht vorspringend	flach, nicht vorspringend
Lage des Hinterhaupts-lochs	näher am Zen-trum der Schä-delunterseite als bei Men-schenaffen, aber weiter hinten als beim heutigen Men-schen	vermutlich ähnlich wie bei Australopithe-cus	weiter der Mit-te des Schädels genähert als bei Australo-pithecus und vermutlich auch H. rudol-fensis	im Zentrum der Schädel-unterseite	im Zentrum der Schädel-unterseite
Kinn	fliehend	vmtl. fliehend	fliehend	fliehend	**vorspringend**

Tab. 5: Veränderung ausgewählter Merkmale in der Stammesgeschichte des Menschen (Erkennungsmerkmale des Schädels sind farbig hervorgehoben)

Zusammenwirken verschiedener Faktoren bei der Hominidenentwicklung

Die stammesgeschichtliche Entwicklung, deren Produkt der heutige Mensch ist, verlief nicht geradlinig, sondern in einer Art „Zickzackkurs" mit zahlreichen Verzweigungen und blind endenden Sackgassen, von denen nur einige wenige im Stammbaumschema (siehe Abb. 55, S. 87) eingetragen sind. Eine gezielt auf den heutigen Menschen hin ausgerichtete Entwicklung ist aus dem Stammbaum nicht ablesbar.

Zumindest in einigen Abschnitten hatte die Evolution des Menschen eine ungewöhnlich hohe Geschwindigkeit. Erklärbar wird dies, wenn man annimmt, dass die Populationen oder Teilpopulationen für gewisse Zeiten sehr klein waren, sodass die Gendrift Bedeutung erhielt. Eventuell traten auch Flaschenhalseffekte auf (siehe S. 46). Angenommen wird das z. B. für die Auswanderung von *Homo sapiens sapiens* aus Afrika (siehe S. 96 f.).

Innerhalb der Entwicklungslinie, an deren Ende der *Homo sapiens* steht, lassen sich mehrere **Evolutionstendenzen** beobachten: So wird das Gehirn größer, der Geschichtsschädel flacher, die Überaugenwülste schwächer, das Hinterhauptsloch verlagert sich in Richtung zur Mitte der Schädelbasis und die geistigen Fähigkeiten und die handwerkliche Geschicklichkeit nehmen zu.

Über sehr lange Zeit lebten *Australopithecus*-Arten und *Homo*-Arten nebeneinander im gleichen Verbreitungsgebiet (Ostafrika). Frühe *Homo*-Arten, wie *Homo rudolfensis* und *Homo habilis,* besetzten möglicherweise eine andere ökologische Nische als die gleichzeitig im selben Gebiet lebenden *Australopithecinen.* Durch die Fähigkeit zur Herstellung von Steingeräten konnten sie größere Tiere zerlegen. Daher war vermutlich der Fleischanteil ihrer Nahrung höher als bei *Australopithecinen*, die vorwiegend pflanzliche Kost und Kleintiere zu sich nahmen.

Die Gattung *Homo* entstand während des Wechsels vom Tertiär zum Quartär (Pleistozän). Als Kriterium für die **Definition des Menschen** verwenden viele Fachleute die Fähigkeit zur Herstellung von Werkzeugen, verbunden mit einem ständig aufrechten Gang. Der Übergang vom Tier zum Menschen geschah nicht plötzlich, sondern während eines langen Zeitraums (**Tier-Mensch-Übergangsfeld** = TMÜ).

Das Schlüsselereignis, das die Änderung von vielen Merkmalen und den Erwerb einiger Fähigkeiten erklären kann, ist der **Wechsel des Lebensraums** von tropischen Wäldern zu Savannen, also offenen Landschaften. Vermutlich hatten frühe Vorfahren und Verwandte des Menschen, die in der Lage waren, auch in der Savanne zu leben, einen Selektionsvorteil, als die Wälder infolge einer Klimaveränderung schrumpften und offene Landschaften entstanden. Die ersten Formen, die die Savanne besiedelten, brachten Anpassungen an den

Lebensraum „Baum" mit. Sie hatten z. B. sehr **leistungsfähige Augen**, eine hervorragende Fähigkeit, **räumlich zu sehen**, und **Greifhände**. Diese Anpassungen, die sich im Wald gebildet hatten, erwiesen sich als **Präadaptationen** an das Leben in der Savanne. So konnten die leistungsfähigen Augen Feinde oder auch Beutetiere in der offenen Landschaft erkennen. Die Greifhände, die unter der Kontrolle der räumlich sehenden Augen geschickt arbeiteten, konnten Steinwerkzeuge herstellen, die zur Zerlegung großer Säuger erforderlich waren *(Homo rudolfensis)*. Nach neueren Erkenntnissen waren schon die ersten Besiedler der Savanne in der Lage, ständig oder vorwiegend **aufrecht auf zwei Beinen** zu laufen. Das brachte in der offenen Landschaft einige Vorteile:

- Die Landschaft konnte ständig **weit überblickt** werden (Orientierung und Feindvermeidung auch im hohen Gras).
- Der Körper ließ sich leichter **vor Überhitzung schützen**, da er eine geringere Fläche besitzt, die der Sonneneinstrahlung ausgesetzt ist.
- Die **Hände** waren zur Fortbewegung nicht erforderlich und konnten **andere Aufgaben** übernehmen, z. B. die gesammelte Nahrung über weite Strecken tragen, mit Werkzeugen oder Waffen auch während des Laufs hantieren und kleine Kinder auf den Wanderungen mitnehmen.

Im Laufe der Stammesgeschichte veränderten sich viele Merkmale derart, dass sich der aufrechte Gang immer weiter verbesserte.

Der **Mensch** entstand in den Savannen Afrikas. Schlüsselmerkmale, die zur Entwicklung typisch menschlicher Merkmale und Fähigkeiten führten, waren der **aufrechte Gang**, der die Hände für andere Aufgaben frei machte, und die **Fähigkeit, räumlich zu sehen**, die das geschickte Hantieren unter Kontrolle der Augen ermöglichte.

Die **Fähigkeit zu sprechen** ist ein wesentliches Kennzeichen des Menschen. Über die Ursachen der Entstehung der Sprache kann nur spekuliert werden. Möglicherweise erhielten diejenigen unserer Vorfahren einen Selektionsvorteil, die in der Lage waren, sich untereinander **differenzierter** zu verständigen, z. B. anderen mitzuteilen, wo ergiebige Plätze zum Sammeln von Nahrung liegen, oder sich bei der Jagd abzusprechen, evtl. sogar Strategien zu entwickeln und bei vielen anderen Tätigkeiten fein abgestimmt zu kooperieren. Nach Ansicht vieler Fachleute lag der Selektionsvorteil auch darin, mithilfe einer differenzierten Sprache das **Zusammenleben in der Gruppe** zu regeln, Bindungen zu festigen und Konflikte zu vermeiden (siehe kulturelle Evolution, S. 98 f.).

Über die Ursache der **Vergrößerung des Gehirns** besteht in der Fachwelt keine Einigkeit. Diskutiert werden v. a. zwei Hypothesen:

1 Die Zunahme der Gehirngröße geschah im Zusammenhang mit der Fähigkeit, **verbesserte Werkzeuge** herzustellen, was einen Selektionsvorteil bedeutet. Bessere Werkzeuge sind dann besonders vorteilhaft, wenn sie nach einem durchdachten Plan eingesetzt werden. Voraussetzung für die Fähigkeit, planend zu handeln, ist ein leistungsfähiges Gehirn, und auch zur Verbesserung der Koordination der Finger, Hände und Arme ist die Vergrößerung des Gehirns erforderlich. Je leistungsfähiger das Gehirn, desto besser die Werkzeuge. Herstellung und Gebrauch von Werkzeugen und die Gehirngröße bedingen und verstärken sich daher gegenseitig.

2 Die Zunahme der Gehirngröße brachte einen Selektionsvorteil durch die damit verbundene Fähigkeit zur **differenzierten Sprache**, die eine bessere Organisation, Planung und Absprache in der Gruppe ermöglichte, z. B. vor und bei der Jagd, der Sammeltätigkeit usw.

Da der Proteingehalt von Nervenzellen hoch ist, soll nach Ansicht einiger Fachleute die Zunahme der Gehirngröße erst möglich gewesen sein, als die Nahrung **eiweißreicher** wurde. So ließe sich erklären, warum sich in der Entwicklungslinie zum *Homo rudolfensis* das Hirnvolumen in kurzer Zeit von ca. 500 auf ca. 800 cm^3 vergrößerte. Steinwerkzeuge ermöglichten es dem Menschen erstmalig, das Fleisch großer Säugetiere als Eiweißquelle zu nutzen.

Hypothesen zur Entstehung des heutigen Menschen

Zur Entstehung des heutigen Menschen werden **zwei Hypothesen** diskutiert:

1 „Out of Africa"-Hypothese (= „Eva"- oder „Arche-Noah"-Hypothese). Der Jetztmensch, *Homo sapiens sapiens*, entstand in Afrika und wanderte von dort aus nach Asien und Europa ein (zweite Auswanderung aus Afrika, siehe *Homo erectus*, Abb. 58, S. 90). Vermutlich geschah das in einer oder mehreren kleinen, evtl. nur sehr wenige Individuen umfassenden Gruppen. Dort verdrängte er die *Homo erectus*-Unterarten durch Konkurrenz um die gleiche ökologische Nische. Sein größeres Gehirn brachte ihm wahrscheinlich einen Selektionsvorteil. Dies geschah vermutlich vor etwa 100 000 Jahren. Der heutige Mensch hat sich seit dieser Zeit entwickelt. Von Asien aus besiedelte er Australien und über die damals trockene Beringstraße Nordamerika, später Mittel- und Südamerika. Nach dieser Hypothese sind also die heutigen Menschentypen innerhalb einer sehr kurzen Zeit von ca. 100 000 Jahren entstanden.

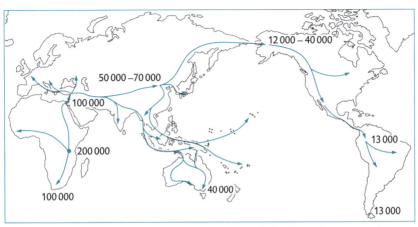

Abb. 61: Ausbreitung des *Homo sapiens sapiens* nach der „Out of Africa"-Hypothese vor ... Jahren.

2 **Multiregionaler Ursprung.** Die verschiedenen Formen des heute lebenden Menschen entstanden jeweils getrennt aus den verschiedenen Unterarten des *Homo erectus*. Sie verbreiteten sich weiter nach Amerika (ostasiatische Unterart) und Australien (südasiatische Unterart). Nach dieser Hypothese haben sich die heutigen Menschentypen in weitgehend getrennten Populationen über lange Zeit hinweg unabhängig voneinander entwickelt.

Die erste Hypothese lässt sich weit besser belegen als die zweite. Durch den Vergleich der DNA vieler verschiedener Menschengruppen konnte man feststellen, dass die genetischen Unterschiede zwischen den heutigen Typen von Menschen nur sehr gering sind. Das ist leichter zu erklären, wenn man einen gemeinsamen Vorfahren aller heute auf der Erde lebenden Menschen annimmt, aus dem sich erst vor Kurzem die heutigen Menschentypen entwickelt haben. Nach dem jetzigen Erkenntnisstand gibt es keinen Grund dafür, die heutigen Menschen in Unterarten (Rassen) einzuteilen. Verschiedene Menschenrassen waren z. B. der Neandertaler *(Homo sapiens neanderthalensis)* oder der Steinheimer *(Homo sapiens steinheimensis)*. Die zweite Hypothese wird von einigen Leuten missbraucht, denen daran gelegen ist, möglichst große Unterschiede zwischen den heutigen Menschentypen nachzuweisen, z. B. um rassistischen Ideologien eine pseudonaturwissenschaftliche Grundlage zu verschaffen.

Alle heute auf der Erde lebenden Menschen gehören zur Unterart *Homo sapiens sapiens*. Die Einteilung der heutigen Menschen in Rassen ist aus biologischer Sicht unsinnig.

4.5 Kulturelle und soziale Evolution

Die starke Zunahme des Hirnvolumens und die daraus resultierende hohe Intelligenz ermöglichte dem Menschen als einzigem Lebewesen eine **kulturelle Evolution**. Grundlagen dafür sind der besondere **Bau der Hand**, die zu sehr feinen Manipulationen fähig ist und deren Bewegungen durch sehr leistungsfähige Gehirnfelder gesteuert werden, sowie die artikulierende **Wortsprache**, die die detaillierte Weitergabe erworbener Kenntnissen möglich macht.

Biologische und kulturelle Evolution laufen nach ähnlichen Prinzipien ab. In beiden Fällen geht es um Änderung, Weitergabe und Speicherung von Information. Neuen kulturellen Ideen z. B. entsprechen **Mutationen** und die Prüfung auf Brauchbarkeit eines neuen Gedankens durch die Individuen einer Gruppe ist mit der **Selektion** vergleichbar.

Merkmale kultureller Evolution

Die kulturelle Evolution läuft sehr viel schneller ab als die biologische. Der Grund liegt in der Fähigkeit, **erworbene Eigenschaften** (Ideen, Kenntnisse, Fähigkeiten) mithilfe der Sprache weiterzugeben. Häufig verbreiten sich sprachliche Informationen schnell und weit, da sie alle Gruppenmitglieder erreichen können. Die Information lässt sich nicht nur von den Eltern auf die Kinder übertragen, wie in der biologischen Evolution. Bewährte, vorteilhafte Ideen, Kenntnisse, Fertigkeiten u. ä. werden bevorzugt weitergegeben (tradiert), bleiben dadurch erhalten, sammeln sich über Generationen hin an und werden dadurch zum **Kulturgut** einer Gruppe, was bei der biologischen Evolution dem Genpool entspricht. Nicht bewährte Informationen werden nicht tradiert und gehen daher verloren, ein Vorgang, der der Selektion entspricht. Durch diese gründliche und gezielte Auswahl und Ansammlung günstiger Informationen stieg v. a. im Bereich der **materiellen Kultur** die Geschwindigkeit des Fortschritts ständig an. Die Phasen der technischen Erneuerung wurden immer kürzer.

Für die Ansammlung der tradierten Informationen war ursprünglich nur das menschliche Gehirn verantwortlich. Durch seine hohe Leistungsfähigkeit ließ sich eine Fülle von Gedanken, Ideen, Kenntnissen, Fertigkeiten u. Ä. speichern und auch neu kombinieren, ähnlich wie durch die Rekombination in der biologischen Evolution. Die Möglichkeit zur Speicherung von Informationen erreichte mit der Erfindung der **Schrift** eine neue Dimension. In geschriebener Form lässt sich kulturelle Information auch außerhalb des Gehirns speichern (externer Speicher), und das in viel größerer Menge als im Gehirn, wenn man z. B. Bibliotheken einrichtet. Außerdem bleibt schriftlich gespeicherte Information über sehr lange Zeit verfügbar und lässt sich über große räumliche Entfernung transportieren. Ein weiterer, noch leistungsfähigerer externer Informationsspeicher entstand mit der Erfindung des **Computers**.

> Die **Sprache** erlaubt die Weitergabe erworbener Eigenschaften. Sie ermöglicht die Ansammlung bewährter Ideen, Kenntnisse und Fähigkeiten zum Kulturgut und ist für die **hohe Geschwindigkeit** kultureller Evolution verantwortlich.

Bedeutung der langen Jugend- und Altersphasen des Menschen

Als günstig für die kulturelle Evolution haben sich die außergewöhnlich **lange Kindheit** und Jugend des Menschen erwiesen. Sie ermöglichen eine ausgedehnte Phase des Lernens, in der der junge Mensch einen großen Teil der bisher in der Gruppe gesammelten Erfahrung übernehmen kann.

Vermutlich haben wir der kulturellen Evolution auch unser hohes, weit über die Fortpflanzungszeit hinaus reichendes **Lebensalter** zu verdanken. Möglicherweise erhielten in der Vergangenheit solche Gruppen einen Selektionsvorteil, in denen sich die Generationen weit überlappten, sodass ältere Menschen ihre in einem langen Leben gesammelten Erfahrungen für die Gemeinschaft zur Verfügung stellen konnten. Das könnte die hohe Achtung erklären, die alten Menschen in ursprünglichen Gesellschaften entgegengebracht wird.

Ergebnisse der kulturellen Evolution

Die kulturelle Evolution hat eine große Vielfalt von Ergebnissen erbracht. Eine Auswahl an materiellen und nichtmateriellen Kulturgütern, die den Fortschritt und dessen zunehmende Geschwindigkeit verdeutlichen, ist im Folgenden zusammengestellt.

Materielle Kulturgüter sind:

- Steinwerkzeuge („pebble tools"; *Homo rudolfensis*, *Homo habilis*)
- Gebrauch von Feuer *(Homo erectus)*
- Höhlenmalerei, Plastik aus Elfenbein (ca. 30 000 Jahre; *Homo sapiens sapiens*)
- Züchtung von Nutzpflanzen und Haustieren (ca. 10 000 Jahre; neolithische Revolution)
- Metallgewinnung und -bearbeitung (ca. 7 000 Jahre)
- Schrift (Kleinasien; ca. 5 000 Jahre)
- Buchdruck (15. Jahrhundert)
- Computer (Mitte des 20. Jahrhunderts)
- Internet (ab ca. 1990)

Nichtmaterielle Kulturgüter wie Weltanschauungen, Regeln oder Religionen sind:

- kooperative Jagd *(Homo erectus)*
- Bestattung (Vorstellung vom Jenseits; Neandertaler)
- Sesshaftigkeit (Gesellschaft von Ackerbauern und Viehhaltern; neolithische Revolution; ca. 10 000 Jahre, *Homo sapiens sapiens*)
- städtische Kulturen (ca. 8 000 Jahre)
- antike Demokratien (Athen, Rom)
- Umsetzung der Ideen der Aufklärung (Demokratisierung der Gesellschaft; Anerkennung der Rechte des Individuums)
- Abschaffung der Sklaverei (in den USA ab Mitte des 19. Jahrhunderts); verstärkte Tendenzen zur weltweiten Ächtung der Todesstrafe; verstärkte Tendenzen zur Gleichstellung von Mann und Frau

Zusammenfassung

- Viele der gemeinsamen Merkmale der **Primaten, zu denen der Mensch zählt**, sind mit der **Anpassung an das Leben auf Bäumen** zu erklären.
- Anatomisch, zytologisch und molekularbiologisch sind Menschenaffen und heutige Menschen sehr ähnlich.
- Die **anatomischen Unterschiede** zwischen Menschen und Menschenaffen sind die Folgen des **ständig aufrechten, zweibeinigen Gangs** des Menschen sowie seiner daraus resultierenden **hohen Fähigkeit zur Herstellung und Nutzung von Werkzeugen**.
- In der **Entwicklung zum modernen Menschen** lassen sich mehrere **Evolutionstendenzen** erkennen: Vergrößerung des Hirnvolumens, Abflachung des Gesichtsschädels, Abschwächung der Überaugenwülste, Verlagerung des Hinterhauptslochs zur Mitte der Schädelbasis hin und Zunahme der geistigen und handwerklichen Fähigkeiten.
- Die Vorfahren des Menschen, die bereits dauerhaft zweibeinig laufen und Geräte anfertigen konnten, ordnet man heute der **Gattung Homo** zu.
- Grundlage der **kulturellen Evolution** ist der **aufrechte Gang**, der die Entstehung einer zu einer sehr feinen Bewegung begabten Hand und des sehr leistungsfähigen Gehirns ermöglicht hat.
- Durch die Fähigkeit zur **sprachlichen und schriftlichen Weitergabe erworbener Fertigkeiten und Kenntnisse** erhält die kulturelle Evolution eine sehr hohe Geschwindigkeit.

Evolution 101

Aufgaben 69 a Nennen Sie die drei nächsten Verwandten des Menschen innerhalb der Gruppe der heutigen Primaten.

b Geben Sie an, mit welchem dieser drei heute lebenden Tiere der Mensch am nächsten verwandt ist. Legen Sie begründet dar, welche der unterschiedlichen Einschätzungen Ihrer Meinung nach wahrscheinlicher ist.

70 Nennen Sie drei Ergebnisse molekularbiologischer und zytologischer Untersuchungen, die für eine nahe Verwandtschaft von Mensch und Menschenaffen sprechen.

71 Die Primaten entwickelten zu Beginn ihrer Stammesgeschichte Merkmale, die sich später für die Entstehung des *Homo sapiens* als wichtig erwiesen.

a Erklären Sie, wodurch die Bildung dieser Merkmale zu Beginn der Stammesgeschichte der Primaten ausgelöst wurde.

b Nennen Sie vier solcher Merkmale oder Evolutionstendenzen und erläutern Sie in Stichworten ihren Anpassungswert in der frühen Stammesgeschichte der Primaten.

c Nennen Sie Merkmale und Fähigkeiten des heutigen Menschen, die sich auf die genannten Anpassungen zurückführen lassen.

72 Welche der folgenden Paare von Merkmalen und Veränderungen stehen in einem direkten, ursächlichen Zusammenhang:

a Zunahme der Gehirngröße – ständig aufrechter, zweibeiniger Gang

b Verlagerung des Ober- und Unterkiefers weit unter den Hirnschädel – parabelförmige Backenzahnreihen

c Reduktion der Chromsomenzahl von 48 auf 46 – aufrechter Gang

d Lage des Hinterhauptsloches im Zentrum der Schädelunterseite – Reduktion der Nackenmuskulatur

e Zunahme der Gehirngröße – steile und hohe Stirn

f Reduktion der Überaugenwülste – Beckenschaufel weit

73 An prähistorischen Fundstätten werden meist nur Teile des Schädels, insbesondere Unterkiefer gefunden. Deshalb ist es wichtig, Angehörige der menschlichen Entwicklungslinie anhand des Schädels von solchen der Menschenaffen unterscheiden zu können.

a Erstellen Sie eine Tabelle mit Schädelmerkmalen, die eine sichere Zuordnung erlauben.

b Ordnen Sie die abgebildeten Unterkiefer folgenden Primaten zu: (Beachten Sie, dass die Unterkiefer nicht im gleichen Maßstab abgebildet sind.)
- Schimpanse
- *Homo erectus*
- *Homo sapiens sapiens*

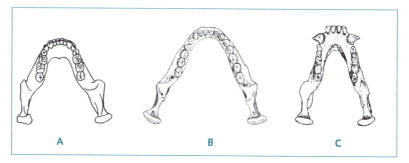

74 In den folgenden Abbildungen sind verschiedene Primatenschädel von hinten gezeigt. Die Ansatzflächen der Nackenmuskulatur sind dunkler gezeichnet.

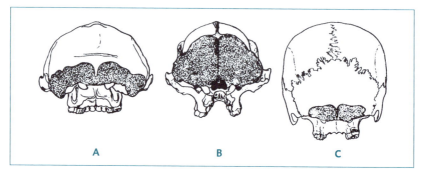

a Ordnen Sie die Schädel den folgenden Primaten zu:
- *Homo sapiens sapiens*
- *Homo erectus*
- Gorilla

b Begründen Sie die Zuordnung über die Größe der dargestellten Muskelansatzfläche.

Evolution 103

75 An einer Fundstelle fand man verschiedene Knochenreste eines Primaten. Die Fundstücke des Extremitätenskeletts lassen eindeutig auf einen zweibeinigen, ständig aufrechten Gang schließen. Vom Schädelskelett sind nur Reste der stark ausgebildeten Überaugenwülste und des Oberkiefers erhalten, der auf eine starke Vorwölbung des Gesichtsschädels hinweist.

Entscheiden Sie, welche der folgenden, fossil nicht überlieferten Merkmale bei diesem Primaten zu erwarten sind. Begründen Sie Ihre Antwort und stellen Sie Vermutungen darüber an, welcher systematischen Gruppe der Fossilfund zugeordnet werden könnte.

Das Hinterhauptsloch lag im Zentrum der Schädelunterseite	oder	Das Hinterhauptsloch lag weiter hinten am Schädel
Das Schädelvolumen betrug etwa 500 $m\ell$	oder	Das Schädelvolumen lag bei ca. 1 000 $m\ell$
Die Eckzähne waren groß und dolchartig	oder	Die Eckzähne waren kaum höher als die Schneidezähne
Die Stirn war flach und fliehend	oder	Die Stirn war steil und hoch

76 Nehmen Sie Stellung zur Aussage: „Der Mensch stammt vom Affen ab."

77 a Nennen Sie die grundsätzlichen Merkmale und Fähigkeiten des Menschen, die v. a. dafür verantwortlich sind, dass es zu einer kulturellen Evolution kommen konnte.

b Erläutern Sie, warum die Erfindung der Schrift, des Buchdrucks und der elektronischen Datenverarbeitung so große Bedeutung für die kulturelle Evolution hatte.

78 LINNÉ unterteilte die heute auf der Erde lebenden Menschen in sechs Rassen: Amerikaner, Europäer, Asiaten, Afrikaner, Wilde und Scheusale. Erläutern Sie die heutige Auffassung zu den Rassen des Menschen.

Neuronale Informationsverarbeitung

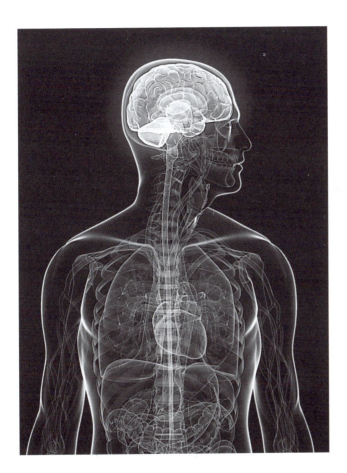

Das menschliche Gehirn ist ein Wunderwerk der Natur. Es besteht aus rund 100 Milliarden Neuronen, die über geschätzte 100 Billionen Synapsen parallel miteinander vernetzt sind. Die oberste Schaltzentrale unseres Körpers ist dadurch zu einer enorm hohen Rechenleistung und Speicherkapazität fähig. Das Gehirn ist folglich das Organ des Körpers, das im Verhältnis zu seiner Masse den höchsten Energie- und Sauerstoffbedarf hat.

5 Neuronen als Bausteine des Nervensystems

Der Mensch informiert sich mithilfe seiner Sinnesorgane und des Nervensystems über seine Umwelt. Aus der Umgebung eintreffende **Reize** werden von Sinneszellen (spezialisierte Nervenzellen) in elektrische Erregung umgewandelt. **Neuronen (Nervenzellen)** leiten diese Erregung weiter. Die vielen Milliarden Nervenzellen des menschlichen Körpers bilden untereinander zahlreiche Kontakte aus, die eine Verarbeitung der Information ermöglichen. Als Folge dieser Verarbeitung werden Erregungen über Nervenzellen zu **Erfolgsorganen** geleitet, um dort eine **Reaktion** auszulösen.

5.1 Bau und Funktion eines Neurons

An einem typischen Neuron lassen sich drei Zellabschnitte unterscheiden:

- Der Zellkörper (Soma) ist von einer Zellmembran umgeben und hat meist eine kugelige oder birnenförmige Gestalt (Durchmesser von 5–100 µm). In das Zytoplasma sind die typischen Zellorganellen einer tierischen Zelle eingebettet: Zellkern, Mitochondrien, Golgi-Apparat, endoplasmatisches Retikulum und Ribosomen. Zentriolen, die an der Ausbildung des Spindelapparats bei der Mitose beteiligt sind, fehlen. Neuronen sind daher nach der Embryonalentwicklung nicht mehr teilungsfähig.

- Als Dendriten werden die kurzen, verästelten Fortsätze eines Neurons bezeichnet. Sie werden zum Ende hin immer dünner und erreichen eine Länge von einigen Zehntelmillimetern.

- Das Axon (der Neurit) eines Neurons fällt häufig durch seinen gleichbleibenden geringen Durchmesser und seine Länge auf (bei manchen Neuronen im Rückenmark des Menschen über einen Meter lang). Der Anfangsbereich des Axons ist kegelförmig verdickt (Axonhügel). Am Ende sind das Axon bzw. seine Endverzweigungen (Kollaterale) zu Endknöpfchen verdickt. Mit diesen Endknöpfchen nimmt ein Neuron Kontakt zu anderen Nervenzellen auf (Synapse).

Eine Nervenzelle (ein **Neuron**) besteht aus den Zellabschnitten **Soma** (Zellkörper), **Dendriten** (kurze Fortsätze) und **Axon** (langer Fortsatz) mit Endknöpfchen (**Synapse**).

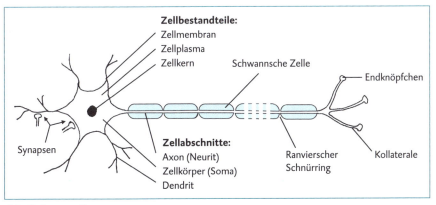

Abb. 62: Bau eines Neurons

Die drei Zellabschnitte erfüllen unterschiedliche Aufgaben bei der **Informationsweitergabe**: Über die Dendriten werden Erregungen zum Soma geleitet. An der Membran des Zellkörpers erfolgt die Verarbeitung der Informationen, die über mehrere Dendriten angekommen sind, zu der Erregung, die im Axon weitergeleitet wird. Über das Axon und die Kollateralen erreicht die Erregung die Endknöpfchen und wird in der Synapse auf andere Neurone übertragen.

Trotz des gemeinsamen Grundbauplans variieren Nervenzellen erheblich in Größe, Gestalt und Anordnung von Zellkörper und Fortsätzen. Dendriten können unverzweigt, aber auch baumförmig verästelt sein. Neben Neuronen mit einem Axon kommen auch solche mit zwei oder mehreren dieser Fortsätze vor.

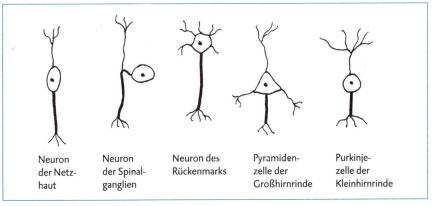

Abb. 63: Formen von Neuronen

Neuronen können auch zu **Sinneszellen** spezialisiert sein. Die einfachste Form stellt die Sinnesnervenzelle dar, deren Soma im Inneren des Körpers liegt. Über einen langen, reizaufnehmenden Fortsatz ist sie z. B. mit einem Skelettmuskel verbunden. Die sensible Endigung dieses Fortsatzes registriert die Dehnung von Muskelfasern als Reiz.

5.2 Myelinisierte und nicht myelinisierte Nervenfasern

Am Aufbau des Nervengewebes sind beim Menschen (und anderen höheren Vielzellern) die **Gliazellen** beteiligt. Sie umgeben die Nervenzellen und füllen v. a. im Gehirn die Räume zwischen den Nervenzellen aus (deshalb auch „Nervenleim"). Gliazellen erfüllen mehrere Aufgaben:

- **Stütz- und Schutzfunktion** (ähnlich wie Bindegewebe)
- **Stoffwechselfunktion** (Versorgung der Neuronen mit Nährstoffen und Sauerstoff)
- **Umhüllung und Isolierung der Axone**

Die Axone außerhalb von Gehirn und Rückenmark (**Axone des peripheren Nervensystems**) werden schlauchartig von speziellen Gliazellen, den **Schwannschen Zellen**, umhüllt. Man unterscheidet zwei Typen von Nervenfasern:

- **Markhaltige oder myelinisierte Nervenfasern:** Die Schwannschen Zellen **wickeln** sich während ihres Wachstums (im Kindes- und Jugendalter) **mehrmals um das Axon.** Das Zytoplasma mit Zellkern und Zellorganellen befindet sich in der äußeren Windung. Die inneren Windungen bestehen aus jeweils **zwei aufeinanderliegenden Zellmembranen.** Diese dicht gepackten **Schichten aus Lipiden und Proteinen** werden als **Myelin** und die gesamte Hülle **als Myelin- oder Markscheide bezeichnet.** Aufgrund ihres **hohen Lipidgehalts** erscheint die Myelinscheide im Lichtmikroskop weiß. Da Lipide nur eine **sehr geringe elektrische Leitfähigkeit** besitzen, wirkt die Markscheide **isolierend.**

Die Kette der Schwannschen Zellen, die das Axon umhüllen, ist **nicht lückenlos und glatt**, sondern weist an den Grenzen zwischen zwei Schwannschen Zellen Einschnürungen auf, die als **Ranviersche Schnürringe** bezeichnet werden. In diesen etwa 1 μm breiten Bereichen ist die Zellmembran weitgehend ungeschützt (siehe Abb. 62, S. 107). Der Abstand von zwei Schnürringen beträgt 1–3 mm, entsprechend der Breite einer Schwannschen Zelle. Markhaltige Nervenfasern kommen **nur bei Wirbeltieren vor.**

- **Marklose oder nichtmyelinisierte Nervenfasern:** Die Schwannsche Zelle umgibt das Axon nur locker. Es bilden sich weder Myelinscheide noch Ranviersche Schnürringe. Oft sind mehrere Axone zusammen in eine Schwannsche Zelle eingebettet. Die Nervenfasern der Eingeweidenerven von Wirbeltieren sowie die Nervenfasern der meisten Wirbellosen gehören diesem Typ an.

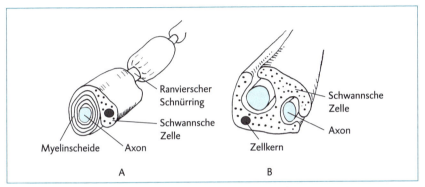

Abb. 64: Schema einer markhaltigen (A) und einer marklosen Nervenfaser (B)

Eine Nervenfaser besteht aus einem Axon und den umhüllenden Schwannschen Zellen. Markhaltige Nervenfasern weisen eine Markscheide aus Myelin auf, die das Axon isoliert. Marklosen Nervenfasern fehlt diese isolierende Hülle.

Mehrere hundert parallel liegende Nervenfasern werden zusammen mit versorgenden Blutgefäßen in einer Hülle aus Bindegewebe zu einem Bündel zusammengefasst und durchziehen als Nerven (z. B. Ischiasnerv) den Körper.

110 Neuronale Informationsverarbeitung

Zusammenfassung

- Nervenzellen (Neuronen) sind die Bausteine des Nervensystems. Sie bestehen aus dem Zellkörper, den Dendriten und einem Axon. Dendriten leiten Erregungen zum Zellkörper hin, das Axon leitet sie weg.

- Markhaltige Nervenfasern sind Axone, die von einer Myelinscheide (Markscheide) umgeben sind. Die Myelinscheide wird aus der Membran von Schwannschen Zellen gebildet. Sie ist in gleichmäßigen Abständen von Ranvierschen Schnürringen unterbrochen.

- Bei marklosen Nervenfasern sind die Axone nur locker von Schwannschen Zellen umhüllt.

- Nerven bestehen aus einem Bündel von Nervenfasern, umhüllt von Bindegewebe.

Aufgaben

79 Ordnen Sie den Abschnitten einer Nervenzelle die entsprechende Funktion zu.

80 Beschreiben Sie die Aufgaben der Gliazellen.

81 Nennen Sie die Stoffe, die hauptsächlich im Myelin vorkommen.
Geben Sie die physikalische Eigenschaft des Myelins an, die für die Funktion der Nervenfaser besonders wichtig ist.

82 Beschreiben Sie die Entwicklung der Myelinscheide.

6 Elektrochemische Vorgänge in Nervenzellen

6.1 Das Ruhepotenzial

In unerregtem Zustand ist das Zytoplasma aller intakten Neuronen gegenüber ihrer Umgebung negativ geladen.

Messung des Ruhepotenzials

Eine Nervenzelle wird in eine Salzlösung gelegt, deren Zusammensetzung der extrazellulären Flüssigkeit eines tierischen Gewebes entspricht. Zur Ableitung des Ruhepotenzials sticht man eine Mikroelektrode (dünn ausgezogene Glaskapillare, mit Salzlösung gefüllt) in das Neuron ein. Die zweite Elektrode befindet sich in der umgebenden Lösung. Zwischen den beiden Elektroden wird eine Potenzialdifferenz (Spannung) von 70 bis 100 mV gemessen. Das Innere der Nervenzelle ist gegenüber der Membranaußenseite negativ aufgeladen. Dieses Membranpotenzial der unerregten Nervenzelle wird als Ruhepotenzial bezeichnet und meist mit –70 mV angegeben.

Für Versuche dieser Art haben sich Axone von Tintenfischneuronen bewährt, da sie sehr dick sind (Durchmesser ca. 0,5 mm) und keine Markscheide aufweisen (marklose Nervenfasern).

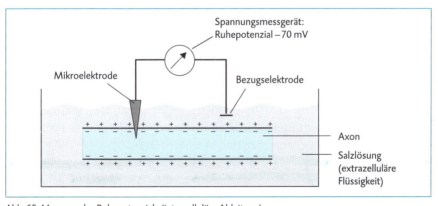

Abb. 65: Messung des Ruhepotenzials (intrazelluläre Ableitung)

Entstehung des Ruhepotenzials

Im Inneren eines Neurons und an seiner Membranaußenseite lässt sich eine charakteristische Verteilung von Ionen nachweisen. Da im wässrigen Medium nur Ionen als Ladungsträger infrage kommen, wird die Erklärung für das Entstehen des Ruhepotenzials als Ionentheorie bezeichnet.

Das Zellplasma eines Neurons enthält eine hohe Konzentration an positiv geladenen Kaliumionen K⁺ und negativ geladenen organischen Anionen (Protein- und Aminosäureionen, abgekürzt A⁻). Die Gewebeflüssigkeit, die das Neuron umgibt, ist reich an positiv geladenen Natriumionen Na⁺ und negativ geladenen Chloridionen Cl⁻.

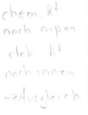

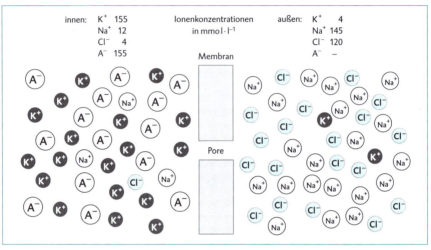

Abb. 66: Verteilung der Ionen an der ruhenden Membran des Axons während des Ruhepotenzials

Die Membran der Nervenzelle besitzt eine selektive Permeabilität: Sie weist Poren auf, die von Proteinmolekülen gebildet werden (Porenproteine, Tunnelproteine, Ionenkanäle; siehe (1) S. 6/7). Ob ein Ion einen Ionenkanal passieren kann, hängt von seiner Ladung und vor allem von seiner Größe im hydratisierten Zustand ab. Hydratisierte Kaliumionen sind kleiner als hydratisierte Natrium-, Chlorid- und organische Anionen und können daher durch spezifische Kalium-Ionenkanäle die Nervenzellmembran passieren.

Organische Anionen werden von der Zellmembran komplett in der Zelle zurückgehalten. Natrium- und Chloridionen können die Membran dagegen in geringem Umfang passieren. Die Wanderung der Ionen erfolgt durch Diffusion. Ursache dafür ist die thermische Eigenbewegung der Teilchen, die zu Zusammenstößen zwischen den Teilchen führt und sie so in Bewegung setzt. Die Zahl der Zusammenstöße steigt mit der Konzentration der Teilchen. Herrscht in dem den Teilchen zur Verfügung stehenden Raum eine ungleiche Verteilung (Konzentrationsgefälle, Konzentrationsgradient), erhält die Bewegung der Teilchen eine Richtung vom Ort höherer Konzentration zum Ort niedriger Konzentration, bis ein Konzentrationsausgleich erreicht ist.

Aufgrund der Konzentrationsverhältnisse der Ionen und der Permeabilität der Membran können die Kaliumionen aus dem Zellinneren an die Außenseite der Membran diffundieren und umgekehrt. Da an der Innenseite der Membran fast 40-mal soviele Kaliumionen vorkommen wie außen, können wesentlich mehr dieser Ionen die Membran nach außen passieren. Das Konzentrationsgefälle für die Kaliumionen von innen nach außen führt also zu einem Kaliumionen-Ausstrom.

Wenn diese Diffusion ungebremst weitergehen würde, käme es zum Konzentrationsausgleich. Die dagegenwirkende Kraft ist das elektrische Potenzial der Ionenladungen. Jedes Kaliumion, das nach außen wandert, bringt auch eine positive Ladung an die Membranaußenseite. Da die anderen Ionen die Membran nicht oder nur wenig überqueren können, kommt es zu einer Ladungstrennung. An der Außenseite der Membran entsteht ein Überschuss an positiven Ladungen, im Innenraum dagegen herrscht ein Überschuss an negativen Ladungen. Daraus entsteht eine elektrische Spannung (Potenzialdifferenz, Ladungsdifferenz). Der Ausstrom der K^+-Ionen verringert sich, da die sich aufbauende positive Ladung der Membranaußenseite die positiv geladenen Kaliumionen abstößt. Gleichzeitig werden Kaliumionen im negativen Innenraum stärker festgehalten und auch der Einstrom von K^+-Ionen begünstigt. Im Gleichgewichtszustand zwischen den beiden entgegengerichteten Kräften ist der Ein- und Ausstrom der Kaliumionen gleich groß. Das Ruhepotenzial entspricht im Wesentlichen diesem Kalium-Gleichgewichtspotenzial.

> Das Ruhepotenzial beruht auf der selektiven Permeabilität der Zellmembran und den unterschiedlichen Konzentrationen der Ionen im Innen- und Außenraum einer Nervenzelle. Das Konzentrationsgefälle der Kaliumionen bewirkt einen Ausstrom von Kaliumionen aus der Zelle. Die sich aufbauende Potenzialdifferenz wirkt der Diffusion der Kaliumionen entgegen. Wenn das Bestreben nach Konzentrationsausgleich und das nach Ladungsausgleich gleich groß sind, ist das Ruhepotenzial erreicht.

Aufrechterhaltung des Ruhepotenzials

Außer für die Kaliumionen ist die Membran aber auch noch für die Chlorid- und Natriumionen in geringem Maße permeabel.

Die Chloridionen diffundieren entsprechend dem Konzentrationsgefälle (außen : innen = 30 : 1) von der Membranaußenseite ins Zellinnere, wenn auch in geringem Umfang (geringe Permeabilität der Membran). Dieser Einstrom negativer Ladungen wird zwar durch den ohnehin schon bestehenden Überschuss an negativen Ladungen an der Membraninnenseite begrenzt, erhöht aber die Potenzialdifferenz geringfügig (das Membranpotenzial wird etwas „negativer"). Das Konzentrationsverhältnis der Natriumionen beträgt außen : innen = 12 : 1. Positiv geladene Natriumionen dringen von außen in geringer Menge in die Nervenzelle ein (Na$^+$-Leckstrom). Sie vermindern dadurch die Potenzialdifferenz (das Membranpotenzial wird „weniger negativ"). Durch die eingewanderten Natriumionen können Kaliumionen entsprechend ihrem Konzentrationsgefälle die Zelle verlassen. Die Zelle würde also auf Dauer gesehen Kaliumionen verlieren (K$^+$-Leckstrom) und das Ruhepotenzial müsste stetig abnehmen.

Die Erhaltung der Ionenverteilung des Ruhepotenzials wird durch eine Natrium-Kalium-Pumpe erreicht. Natriumionen werden nach außen und Kaliumionen nach innen transportiert, jeweils entgegen ihrem Konzentrationsgefälle. Das in der Membran sitzende Transportmolekül (Membranprotein) bindet pro „Umlauf" drei Natriumionen an der Membraninnenseite und transportiert sie zur Membranaußenseite. Gleichzeitig befördert die Na-K-Pumpe zwei Kaliumionen in umgekehrter Richtung. Dieser aktive Transport läuft nur unter Verbrauch von Stoffwechselenergie ab, die durch die Spaltung eines ATP-Moleküls bereitgestellt wird (siehe (1) S. 13).

> Die Na-K-Pumpe hält das Ruhepotenzial unter Energieverbrauch aufrecht, indem sie Natrium- und Kaliumionen entgegen ihrem Konzentrationsgefälle über die Membran transportiert.

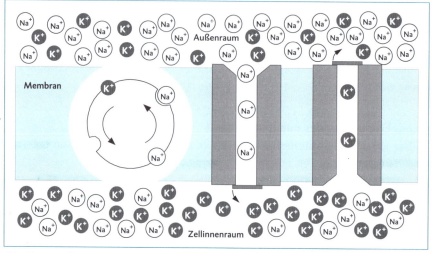

Abb. 67: Längsschnitt durch die Axonmembran mit Na- und K-Poren und Na-K-Pumpe

6.2 Das Aktionspotenzial

Die **Erregung** einer Nerven-, Sinnes- oder Muskelzelle besteht in einer **kurzzeitigen Änderung des Ruhepotenzials**.

Überblick über die Erregungsbildung und -übertragung im Nervensystem

Unter natürlichen Bedingungen lösen physikalische oder **chemische Reize in einer Sinneszelle** diese **Potenzialänderung** aus. Die so erzeugte Erregung wandert über die **Sinneszelle bis zu ihrem Endknöpfchen**. Über das Endknöpfchen steht die Sinneszelle in Kontakt mit einer Nervenzelle. In dieser sog. **Synapse** erfolgt die **Erregungsübertragung auf das Neuron auf chemischem Wege** (siehe S. 128). Im Dendriten oder Zellkörper des nachgeschalteten Neurons ändert sich daraufhin das Ruhepotenzial, es entsteht ein **postsynaptisches Potenzial PSP** (siehe S. 129). Die PSPs, die durch Erregungsübertragung in vielen Synapsen erzeugt werden, pflanzen sich (**unter Abschwächung**) zum Anfang des Axons, dem Axonhügel, fort und lösen dort ein **Aktionspotenzial** aus. Das **Aktionspotenzial wandert** (**ohne Abschwächung**) über das Axon (siehe Abb. 68) **bis in die Endknöpfchen** der Nervenzelle und wird dann **synaptisch** auf eine weitere Nervenzelle oder eine Muskelzelle **übertragen**.

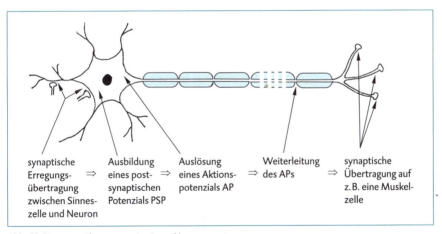

Abb. 68: Erregungsübertragung in einem Neuron

Experimentelle Auslösung und Ableitung eines Aktionspotenzials

Um ein Aktionspotenzial in einem Versuch auszulösen, wird ein Axon durch einen kleinen Stromstoß gereizt. Dazu muss die Versuchsanordnung zur Messung des Ruhepotenzials (siehe Abb. 65, S. 111) folgendermaßen erweitert werden: In unmittelbarer Nähe zur Mikroelektrode sticht man eine zweite

Glaselektrode in das Axon ein, die Gegenelektrode befindet sich in der umgebenden Lösung. Die Glaselektrode wird mit dem positiven Pol einer Stromquelle verbunden, die Bezugselektrode mit dem negativen.

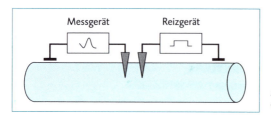

Abb. 69: Versuchsaufbau zur Auslösung von Aktionspotenzialen

Die Stromzufuhr führt zur Verringerung des Membranpotenzials, das Ruhepotenzial ist weniger negativ. Da die Polarisierung der beiden Membranseiten abgeschwächt ist, spricht man von **Depolarisation**.
Bei unterschwelliger Reizung (schwachen Stromstößen) erfolgt eine geringe Potenzialabnahme. Da diese Depolarisation auf den Ort der Reizung beschränkt bleibt, wird sie **lokales Potenzial** genannt. Die Erhöhung der Reizstärke führt zu entsprechend höheren lokalen Potenzialen.
Wird durch einen Reiz bestimmter Stärke (Reizschwelle) das Schwellenpotenzial (−40 bis −50 mV) erreicht oder überschritten, läuft die Änderung des Membranpotenzials selbsttätig weiter. Es entsteht ein Spitzenpotenzial von ca. +30 mV. Eine Potenzialumkehr ist eingetreten: Die Membraninnenseite ist kurzzeitig positiv gegenüber der Außenseite geladen. Da dieses Potenzial als Erregung weitergeleitet werden kann, nennt man es **Aktionspotenzial**.
Das Anlegen von noch größeren Reizströmen führt zu keiner Erhöhung des Aktionspotenzials: Das Aktionspotenzial ist ein **Alles-oder-Nichts-Signal**, es wird entweder vollständig ausgelöst oder gar nicht. Es erreicht bei stärkeren Reizströmen jedoch schneller nach Reizbeginn seinen Spitzenwert.

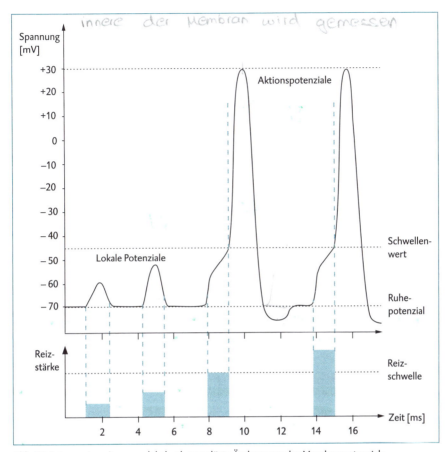

Abb. 70: Reizung eines Axons und dadurch ausgelöste Änderungen des Membranpotenzials

Entstehung eines Aktionspotenzials nach der Ionentheorie

Der typische Verlauf eines Aktionspotenzials lässt sich durch Änderungen in der Permeabilität der Membran für Natrium- und Kaliumionen erklären. Zusätzlich in der Membran vorhandene, spannungsabhängige Tunnelproteine für Natrium- und Kaliumionen werden zeitversetzt geöffnet. Die Folge sind Ionenbewegungen, die die beobachteten Potenzialänderungen auslösen. Im Folgenden ist der Verlauf der Spannungsänderungen während des Aktionspotenzials nach der Ionentheorie beschrieben.

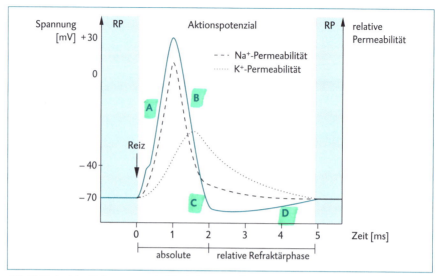

Abb. 71: Verlauf des Aktionspotenzials, RP = Ruhepotenzial

A **Depolarisation und Potenzialumkehr:** Ein überschwelliger Reiz führt zu einer ersten Depolarisation der Membran. In der Membran des Axons befinden sich Na⁺-Ionenkanäle (Tunnelproteine, die nur Natriumionen durchlassen können), die im Ruhezustand geschlossen sind. Durch die Verringerung des Membranpotenzials verändert sich die räumliche Gestalt (Konformation) der Proteine, sodass die Kanäle geöffnet werden. Solche Ionenkanäle werden als spannungsabhängig oder spannungsgesteuert bezeichnet. Die Öffnung der Ionenkanäle bewirkt eine plötzliche Zunahme der Permeabilität der Membran für Natriumionen. Entsprechend dem Ladungs- und Konzentrationsgefälle strömen Natriumionen ins Axoninnere und bewirken durch ihre positive Ladung eine zunehmende Depolarisation (wie eine weitere Reizung). Dies erhöht die Na⁺-Permeabilität weiter. Dieser Aufschaukelungsprozess mit positiver Rückkopplung führt zu einem explosionsartigen Einstrom von Natriumionen und dadurch schließlich zur Potenzialumkehr nach ca. 1 ms.

B **Repolarisation:** Zeitlich verzögert steigt durch die Depolarisation auch die Permeabilität der Membran für Kaliumionen durch Öffnung spannungsabhängiger K⁺-Ionenkanäle. Zu diesem Zeitpunkt sinkt die Na⁺-Permeabilität bereits wieder. Dadurch verlassen erstens positive Ladungen in großer Zahl (K⁺-Ionen) das Axoninnere und zweitens gelangen immer weniger positive

Ladungen (Na$^+$-Ionen) hinein, sodass das Membranpotenzial wieder negative Werte erreicht.

C **Hyperpolarisation:** Da die gesteigerte K$^+$-Permeabilität nur langsam wieder auf den normalen Wert absinkt, ist der Kaliumionen-Ausstrom so groß, dass die Repolarisation kurzfristig sogar über das Ruhepotenzial hinausgeht.

D **Rückkehr zum Ruhepotenzial:** Um die Ausgangskonzentrationen an Kaliumionen innerhalb und an Natriumionen außerhalb der Nervenzelle (bzw. des Axons) wiederherzustellen, werden durch die Natrium-Kalium-Pumpe Natriumionen aus der Zelle heraus befördert und dabei Kaliumionen in die Zelle gebracht.
Die Zahl der Ionen, die während eines Aktionspotenzials die Membran passieren, ist nur sehr gering. Die Änderung der Ionenverteilung kann daher durch die Pumpe schnell ausgeglichen werden.

> Während eines Aktionspotenzials kommt es durch Öffnung von spannungsabhängigen Natriumionen-Kanälen und Einstrom von Na$^+$-Ionen zu einer kurzzeitigen Depolarisation (Ladungsumkehr) der Axonmembran. Durch anschließende Öffnung von Kaliumionen-Kanälen und Ausstrom von K$^+$-Ionen erfolgt die Repolarisation, die Wiederherstellung der Ladungsverhältnisse. Dabei kommt es durch Überschuss an ausströmenden K$^+$-Ionen zu einer Hyperpolarisation. Die Natrium-Kalium-Pumpe stellt anschließend unter Energieverbrauch die Ionenverhältnisse des Ruhepotenzials wieder her.

Refraktärphasen

Wird bei der künstlichen Auslösung von Aktionspotenzialen der zeitliche Abstand von zwei gleich starken Reizen auf 5 ms und weniger verkürzt, erreichen die Aktionspotenziale nicht mehr den Spitzenwert von +30 mV. Dieser Zustand verminderter Erregbarkeit wird als relative Refraktärphase bezeichnet. In dieser Phase sinkt die K$^+$-Permeabilität und die Na-K-Pumpe tauscht Natriumionen gegen Kaliumionen, die Membran ist daher noch nicht wieder vollständig erregbar.
Beträgt der zeitliche Abstand 2 ms und weniger, kann kein zweites Aktionspotenzial am gleichen Reizort ausgelöst werden. Das Axon ist für kurze Zeit an dieser Stelle unerregbar. Es befindet sich in der absoluten Refraktärphase, in der der Aufschaukelungsprozess bereits abläuft und anschließend die Na$^+$-Permeabilität wieder sinkt. Während der Refraktärphase sind die Na$^+$-Ionenkanäle inaktiviert und durch erneute Reizung nicht beeinflussbar.

Durch die absolute Refraktärphase wird die **maximale Zahl von Aktionspotenzialen pro Sekunde** bestimmt. Bei einem **zeitlichen Abstand von 2 ms sind höchstens 500 Aktionspotenziale pro Sekunde auslösbar.** In intakten Nervensystemen wird die Erregung jedoch **höchstens mit ca. 200 Impulsen pro Sekunde** übertragen.

6.3 Weiterleitung von Aktionspotenzialen im Axon

Um die Weiterleitung eines Aktionspotenzials messen zu können, wird die Versuchsanordnung zur Ableitung eines Aktionspotenzials (siehe Abb. 69, S. 116) um einige Messgeräte erweitert. Die dazugehörigen Elektrodenpaare befinden sich am Axon in verschiedenen Abständen zur gereizten Stelle. Bei überschwelliger Reizung wird auf allen Messgeräten ein Aktionspotenzial angezeigt. Die zeitliche Verzögerung mit zunehmendem Abstand vom Reizort ist sehr gering.

Erregungsleitung in marklosen Nervenfasern – kontinuierliche Erregungsleitung

An der Membranstelle, an der sich ein Aktionspotenzial (AP) gebildet hat, herrscht **Potenzialumkehr gegenüber der Umgebung.** Entlang des Axons grenzen **innerhalb und außerhalb positive und negative Ladungen ohne trennende Membran** aneinander. Durch die gegensätzlichen Ladungen entsteht ein **elektrisches Spannungsfeld**, das **Ionenverschiebungen** (Ionenströme, „Kreisströmchen") **längs der Membran** auslöst. An den noch unerregten Membranstellen wird dadurch das **Membranpotenzial erniedrigt.** Dort öffnen sich die **spannungsgesteuerten Na+-Kanäle** und lassen ein **neues Aktionspotenzial entstehen.**

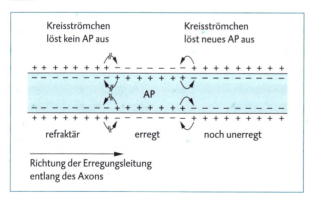

Abb. 72: Kontinuierliche Erregungsleitung

Jedes Aktionspotenzial ist also der auslösende Reiz für das Entstehen neuer Aktionspotenziale an benachbarten Membranstellen. Die Fortleitung eines Aktionspotenzials geschieht durch **ständige Neubildung**. Auf diese Weise wandert die Erregung **ohne Abschwächung** kontinuierlich über das ganze Axon. Da nach Ablauf eines Aktionspotenzials die Membran für kurze Zeit unerregbar ist (**absolute Refraktärphase**), kann das Aktionspotenzial nur **in einer Richtung** weiterlaufen, zu den Axonendknöpfchen.

Erregungsleitung in markhaltigen Nervenfasern – saltatorische Erregungsleitung

Im Axon mit Markscheide wird die Erregung prinzipiell ähnlich weitergeleitet. Da das **Myelin isolierend** wirkt und im Bereich der Schwannschen Zellen fast keine Natriumkanäle vorkommen, können an diesen Stellen der Axonmembran keine Aktionspotenziale entstehen. Nur an den **Ranvierschen Schnürringen** steht die **Membran in Kontakt mit der umgebenden Gewebsflüssigkeit** und weist in diesen Bereichen besonders **viele Na$^+$-Poren** auf. Da die Schnürringe etwa 1 mm voneinander entfernt sind und sich das **Spannungsfeld der Potenzialumkehr ca. 1–2 mm über die gereizte Membranstelle erstreckt**, setzen **Ionenwanderungen** („Kreisströmchen") **zwischen dem erregten** und dem **benachbarten, nicht erregten Schnürring ein** und lösen dort ein **Aktionspotenzial aus**. Die **Erregung „springt"** sozusagen **von Schnürring zu Schnürring** (lat. *saltare*, springen).

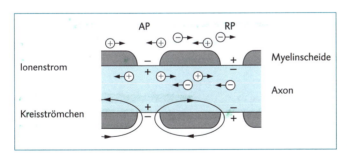

Abb. 73: Saltatorische Erregungsleitung

Die saltatorische Erregungsleitung an markhaltigen Nervenfasern hat verschiedene **Vorteile gegenüber der kontinuierlichen Erregungsleitung:**
- Durch eine **hohe Erregungsleitungsgeschwindigkeit** von 50–100 m/s gegenüber 5–10 m/s bei marklosen Fasern bietet sie durch **schnellere Reaktionen** einen Überlebensvorteil. Die relativ zeitaufwendigen Depolarisationsvorgänge erfolgen nur an den Schnürringen, also insgesamt seltener. Die **Vorgänge im myelinisierten Bereich verlaufen sehr schnell.**

122 / Neuronale Informationsverarbeitung

- Die Geschwindigkeit der Erregungsleitung steigt bei kontinuierlicher Erregungsleitung mit zunehmendem Faserdurchmesser. Um die gleiche Leitungsgeschwindigkeit zu erzeugen, können markhaltige Nervenfasern also einen wesentlich geringeren Durchmesser haben als marklose (myelinisierte Nervenfaser einer Katze: Durchmesser 4 µm, Riesenaxon des Regenwurms: Durchmesser 100 µm). Dadurch wird Baumaterial gespart und weniger Platz verbraucht.
- Für die saltatorische Erregungsleitung wird auch weniger Energie gebraucht, da die Energie verbrauchende Na-K-Pumpe nur an den Schnürringen arbeiten muss. Im Laufe der Evolution hat sich der Abstand der Schnürringe von 1–3 mm als Kompromiss zwischen Spannungsabfall im elektrischen Feld der Potenzialumkehr (durch den Widerstand des Zellplasmas) und Energieverbrauch durch die Ionenpumpe ergeben.

Die Richtung der Erregungsleitung wird durch die Refraktärzeit bestimmt. An marklosen Nervenfasern erfolgt die Weiterleitung der Aktionspotenziale kontinuierlich. An markhaltigen, myelinisierten Nervenfasern entstehen Aktionspotenziale dagegen nur an Ranvierschen Schnürringen. Diese saltatorische Erregungsleitung spart Zeit und Energie.

Codierung der Reizstärke bei der Erregungsleitung

Ein Aktionspotenzial ist ein Alles-oder-Nichts-Signal, d. h., ein Reiz muss so stark sein, dass die Auslöseschwelle überschritten wird. Der dann erreichte Spitzenwert der Depolarisation ist bei Aktionspotenzialen gleich, egal wie stark überschwellig der Reiz war. Die Reizstärke kann also nicht in unterschiedlichen Amplituden der Aktionspotenziale codiert (verschlüsselt) werden.

Neurophysiologische Versuche ergaben, dass starke Reize eine hohe Zahl von Aktionspotenzialen pro Zeiteinheit am Axonhügel eines Neurons auslösen. Starke Reize erzeugen also eine hohe Frequenz der Aktionspotenziale, schwache Reize eine geringe.

Die Reizstärke wird durch die Frequenz der Aktionspotenziale codiert (Frequenzmodulation).

Neuronale Informationsverarbeitung 123

Zusammenfassung

- In einem Axon und an seiner Membranaußenseite liegen unterschiedliche Ionenkonzentrationen vor: Im Axoninneren ist die Konzentration der Kaliumionen höher und die der Natrium- und Chloridionen geringer als im extrazellulären Raum.

- Die Axonmembran besitzt eine selektive Permeabilität für Kaliumionen.

- Das Konzentrationsgefälle der Kaliumionen und das Ladungsgefälle sind einander entgegengerichtet: Es stellt sich eine gleich bleibende Potenzialdifferenz ein, das Ruhepotenzial.

- Die Leckströme der Natriumionen im Ruhepotenzial werden durch die Natrium-Kaliumpumpe (unter Energieverbrauch) ausgeglichen und erhalten so das Ruhepotenzial.

- Ein Aktionspotenzial ist eine plötzliche Änderung des Membranpotenzials, sodass die Membraninnenseite kurzfristig positiv gegenüber der Außenseite geladen ist (Ladungsumkehr).

- Die Veränderung der Ladungsverhältnisse wird durch einen überschwelligen Reiz ausgelöst, der die Permeabilität der Membran verändert.

- Die Veränderung der Permeabilität der Membran kommt durch eine zeitlich versetzte Öffnung von spannungsgesteuerten Natrium- und Kaliumionenkanälen zustande.

- Eine erhöhte Permeabilität der Membran für Natriumionen führt zu einem Na^+-Einstrom und damit zu einer Depolarisation der Membran. Die danach erhöhte K^+-Permeabilität der Membran bewirkt einen K^+-Ausstrom und dadurch die Repolarisation.

- Die Natrium-Kalium-Pumpe gleicht die Ionenverschiebungen beim Aktionspotenzial aus.

- Während und kurz nach einem Aktionspotenzial ist die gereizte Membranstelle nicht oder nur schwer erregbar (Refraktärphase).

- Die Fortleitung eines Aktionspotenzials erfolgt durch ständige Neubildung.

- Die Refraktärphase legt die Richtung der Erregungsleitung fest.

- An markhaltigen Nervenfasern können Aktionspotenziale nur an den Ranvierschen Schnürringen entstehen (saltatorische Erregungsleitung). Markhaltige Nervenfasern leiten die Erregung schneller und unter geringerem Energieverbrauch als marklose Nervenfasern.

124 ✦ Neuronale Informationsverarbeitung

Aufgaben

83 Definieren Sie den Begriff „Ruhepotenzial".

84 Am Axon einer Nervenfaser wird ein Messgerät angelegt, um das Ruhepotenzial zu messen: Skizzieren Sie die genaue Anordnung der Elektroden und beschriften Sie die Skizze.

85 Überprüfen Sie folgende Aussagen über das Zustandekommen des Ruhepotenzials auf ihre Richtigkeit:

   a K^+-Ionen diffundieren durch die Axonmembran, bis es zu einem Konzentrationsausgleich kommt.

   b Die Verteilung der Cl^--Ionen zu beiden Seiten der Membran trägt zum Aufbau des Ruhepotenzials bei.

   c Organische Anionen verhindern, dass sich die K^+-Ionen durch Diffusion von der Membranaußenseite entfernen.

   d Das Ruhepotenzial bleibt auch nach der Vergiftung der Na-K-Pumpe über Tage hinweg konstant.

   e Die Verteilung der Na^+-Ionen spielt für die Höhe des Ruhepotenzials nur eine untergeordnete Rolle.

   f Das Ruhepotenzial entsteht aufgrund einer elektrischen Reizung des Axons.

86 Untersuchen Sie, ob sich der Wert des Ruhepotenzials von $-70\,mV$ verändert, wenn man die folgenden Experimente durchführt. Begründen Sie jeweils Ihre Antwort in Stichpunkten.

   a Zugabe von KCl in das Außenmedium der Nervenzelle

   b Zugabe von NaCl in das Außenmedium der Nervenzelle

   c Zugabe von Ammoniumchlorid (NH_4Cl) in das Innenmedium der Zelle

87 Beschreiben Sie, wie sich eine Temperaturerniedrigung auf das Ruhepotenzial auswirkt und begründen Sie, warum dies so ist.

88 Eine Nervenfaser wird in eine schwache Blausäurelösung (Cyanwasserstoffsäure) gelegt. Entscheiden Sie, ob das Messgerät eine andere Spannung als $-70\,mV$ anzeigen wird. Begründen Sie kurz.

89 Erläutern Sie, wie das Ruhepotenzial einer Nervenzelle beeinflusst wird, wenn man destilliertes Wasser in das Außenmedium träufelt. Begründen Sie Ihre Antwort genau.

90 Am freipräparierten Tintenfischaxon lässt sich über längere Zeit immer das gleiche Ruhepotenzial messen. Erklären Sie, warum bei Abwesenheit von Sauerstoff und ansonsten gleichbleibenden Versuchsbedingungen das Ruhepotenzial nach einiger Zeit positiver wird.

91 a In der folgenden Abbildung sind die an einen Nerv angelegten künstlichen Reizspannungen wiedergegeben. Übernehmen Sie den unteren Teil der Abbildung in Ihre Unterlagen und zeichnen Sie die im Axon auftretenden Potenzialänderungen ein, die auf einem Messgerät registriert werden (Messwerte ergänzen).

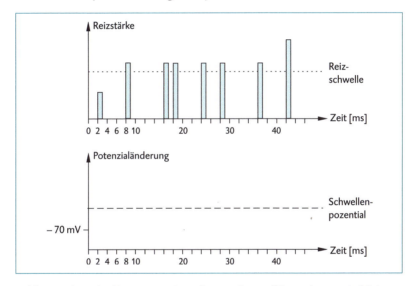

   b Erklären Sie, wie die genaue Anordnung der zuführenden und ableitenden Elektroden aussehen muss.

92 Eine Nervenfaser wird in eine Salzlösung gelegt, die nur die Hälfte der Menge an Natriumchlorid enthält, die normalerweise in der extrazellulären Flüssigkeit vorkommt. Um die normale Salzkonzentration der Lösung zu erreichen, wurde Kaliumchlorid zugesetzt.
   a Geben Sie an, wie sich das Ruhepotenzial dieser Nervenfaser ändert. Begründen Sie.
   b Geben Sie an, wie sich das Aktionspotenzial dieser Nervenfaser bei einer künstlichen Reizung ändert. Begründen Sie.

93 Nennen Sie die Vorteile, die markhaltige gegenüber marklosen Nervenfasern haben.

94 Erklären Sie, warum die Ranvierschen Schnürringe bei den myelinisierten Axonen nicht noch seltener verteilt, d. h. weiter voneinander entfernt, sind.

95 Erklären Sie, wie die saltatorische Erregungsleitung zustande kommt, wo sie sich ereignet und wie sie funktionell zu bewerten ist.

96 Geben Sie an, was passiert, wenn man in die Mitte eines Axons eine Reizelektrode einführt, mit deren Hilfe man
   a das Ruhepotenzial um 10 mV positiver macht,
   b das Ruhepotenzial um 50 mV positiver macht,
   c das Ruhepotenzial um 10 mV negativer macht.

97 Erläutern Sie, was geschieht, wenn das Axon einer Nervenzelle durch zwei ins Innere des Axons führende Reizelektroden am Axonanfang und am Axonende gleichzeitig überschwellig positiv gereizt wird. Begründen Sie.

98 An einer myelinisierten Nervenfaser werden drei Schnürringe experimentell blockiert. Das Aktionspotenzial breitet sich dennoch über das ganze Axon aus.
   a Ziehen Sie eine Schlussfolgerung aus dieser Beobachtung.
   b Begründen Sie, ob die Geschwindigkeit der Erregungsübertragung dadurch gleich bleibt oder ob sie sich verändert.

99 Bei einem Axon wird ein Teil der Natriumionen im Außenmedium durch Calciumionen ersetzt. Begründen Sie, welchen Einfluss diese Maßnahme auf das Aktionspotenzial hat.

100 Erklären Sie, wieso Nerven hinsichtlich der Informationsleitung (etwa im Gegensatz zu Telefondrähten) Einbahnstraßen sind. Geben Sie an, welche anatomische Notwendigkeit in Bezug auf die Erregungsleitung vom und zum Gehirn sich daraus ergibt. Begründen Sie Ihre Antwort.

101 In einer Nährlösung (NaCl, KCl und Glucose als Energielieferant) befinden sich drei miteinander verbundene marklose Nervenzellen (von links nach rechts: 1, 2 und 3). Jeweils in die Mitte der drei Axone wurden Glaselektroden eingeführt. Das mittlere Axon (2) wird mithilfe der Glaselektrode um 50 mV depolarisiert. Geben Sie an, ob sich das Ruhepotenzial des linken Axons (1) und das Ruhepotenzial des rechten Axons (3) verändern wird. Begründen Sie.

102 Erklären Sie, inwiefern bei der Erregungsleitung in marklosen Nervenfasern eine positive Rückkopplung eine Rolle spielt.

103 Vergleichen Sie das lokale Potenzial und das Aktionspotenzial.

104 Ein isoliertes Axon wird einige Zeit in Kaliumcyanidlösung gelegt. Erklären Sie, welche Konsequenzen sich daraus für aufeinanderfolgende Aktionspotenziale ergeben, wenn anschließend mehrmals hintereinander gereizt wird.

105 Geben Sie an, welche Aussagen richtig sind.
Nachdem der Spitzenwert eines Aktionspotenzials überschritten ist, wird die Repolarisation der Membran bewirkt durch
a die geringe Erhöhung der intrazellulären Na^+-Konzentration bei der Erregung.
b den Ausstrom von Kaliumionen.
c das Abbrechen des Na^+-Einstroms.
d die Wiederherstellung der ursprünglichen Permeabilitätsverhältnisse.
e das Entfernen der eingedrungenen Natriumionen durch die Natrium-Kalium-Pumpe.

106 Geben Sie an, durch welche der folgenden Faktoren die Leitungsgeschwindigkeit einer Nervenfaser erhöht wird.
a Vergrößerung des Faserdurchmessers
b Verkleinerung der Ruhepotenzialdifferenz um 10 mV
c Vorhandensein einer Myelinscheide
d Erniedrigung der extrazellulären Na^+-Konzentration
e Erhöhung der extrazellulären K^+-Konzentration

128 / Neuronale Informationsverarbeitung

7 Erregungsübertragung an einer chemischen Synapse

Die Verbindungsstelle zwischen einem Neuron und einer Nerven-, Muskel-
oder Drüsenzelle wird als Synapse bezeichnet. Wenn das Endknöpfchen eines
Neurons mit einem Dendriten, dem Soma oder dem Axon einer anderen Nervenzelle verbunden ist, spricht man von einer zentralen oder interneuralen
Synapse. Erfolgt die Erregungsübertragung von einer Nerven- auf eine Muskelzelle, handelt es sich um eine neuromuskuläre Synapse.

Mikroskopische Untersuchungen haben gezeigt, dass das Endknöpfchen und
die nachfolgende Zelle sich nicht direkt berühren, sondern durch einen schma-
len, zwischen 10 und 50 nm breiten Spalt getrennt sind. Die Übertragung der
Erregung erfolgt mithilfe eines chemischen Stoffes (Transmitter). Dieser Mechanismus lässt die Erregungsübertragung nur in einer Richtung zu. Synapsen
haben also eine Art Ventilfunktion.

> Die Erregungsübertragung an chemischen Synapsen erfolgt immer durch spezielle
> Stoffe, die als Transmitter oder Überträgerstoffe bezeichnet werden.

7.1 Bau und Funktion einer neuromuskulären Synapse

Das kolbenförmige Endknöpfchen liegt mit seiner glatten präsynaptischen
Membran der postsynaptischen Membran der Muskelfaser gegenüber. Die
postsynaptische Membran ist mit zahlreichen Proteinmolekülen besetzt, die
als Rezeptoren fungieren. Die beiden Membranen sind durch den ca. 20 nm
breiten synaptischen Spalt getrennt. Im Endknöpfchen befinden sich viele
synaptische Bläschen, die mit dem Transmitter Acetylcholin gefüllt sind.

A Ein Aktionspotenzial erreicht das Endknöpfchen und bewirkt die Öffnung
von spannungsgesteuerten Calciumporen. Da das Innere wenig Calciumionen (Ca^{2+}) enthält, erfolgt ein Einstrom von Calciumionen in das Endknöpfchen.

B Dadurch wird das Verschmelzen von 100–200 synaptischen Bläschen mit
der präsynaptischen Membran (Exozytose, siehe (1) S. 8) und die Ausschüttung des Transmitters Acetylcholin ausgelöst (pro Bläschen mehrere
Tausend Moleküle).

C Die Transmittermoleküle diffundieren sehr schnell (< 0,1 ms) durch den
synaptischen Spalt und verbinden sich mit spezifischen Rezeptoren an der
postsynaptischen Membran.

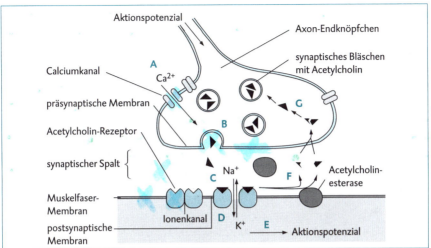

Abb. 74: Schema der chemischen Erregungsübertragung in der neuromuskulären Synapse

D Mit der Bindung des Acetylcholins **verändern die Rezeptoren ihre Raumstruktu**r. Dadurch öffnen sich Ionenporen (chemisch gesteuerte oder ligandenabhängige Ionenkanäle) in der Membran, die für Na⁺- und K⁺-Ionen durchlässig sind. **Na⁺-Ionen** strömen ein und **wenige K⁺-Ionen aus**. Die so entstandene **Depolarisation** der Membran wird als **Endplattenpotenzial** (allgemein: **postsynaptisches Potenzial PSP**) bezeichnet. Der zeitliche Verlauf eines PSP ähnelt dem eines lokalen Potenzials (siehe S. 116).

E Das Endplattenpotenzial breitet sich passiv über die postsynaptische Membran aus. Im elektrischen Spannungsfeld treten **Ionenwanderungen** ein. Sie führen aber **nicht zu einem Aktionspotenzial**, da der **K⁺-Ausstrom viel schneller erfolgt als beim Axon**. Das Endplattenpotenzial löst **erst außerhalb des synaptischen Bereichs ein Aktionspotenzial** aus, das über die ganze Muskelfaser fortgeleitet wird und zur Kontraktion des Muskels führt.

F Die **Acetylcholin**-Moleküle werden sofort durch das im synaptischen Spalt und an der postsynaptischen Membran vorkommende Enzym **Acetylcholinesterase in die unwirksamen Bestandteile Essigsäure und Cholin gespalten**, sodass die Bindung des Transmitters an den Rezeptor nur ca. 1 ms dauert. Dadurch wird die **Permeabilität der postsynaptischen Membran sofort aufgehoben**.

G Die **Spaltstücke** werden in das Endknöpfchen **aufgenommen**, unter **Energieverbrauch (ATP-Spaltung)** zusammengesetzt und wieder in den **synaptischen Bläschen gespeichert**.

Zentrale Synapsen arbeiten wie die neuromuskulären, **als Transmitter** fungieren bei ihnen neben **Acetylcholin** z. B. **Noradrenalin, Dopamin** und **Serotonin**.

Codierung der Erregungsstärke an der Synapse und in der Postsynapse

Viele im Endknöpfchen **ankommende Aktionspotenziale** lösen die **Abgabe von Transmittern in den synaptischen Spalt** aus vielen synaptischen Bläschen **aus**. Die Frequenz der Aktionspotenziale wird also **umcodiert in die Konzentration des Transmitters im synaptischen Spalt**. Eine **hohe Transmittermenge** löst an der postsynaptischen Membran ein **starkes postsynaptisches Potenzial** aus, **eine geringe ein schwaches PSP**.

> Je stärker die Erregung (Frequenz der APs), desto höher wird die Amplitude des postsynaptischen Potenzials (Amplitudenmodulation).

7.2 Erregende und hemmende Synapsen

In Nervensystemen kommen zwei Typen von Synapsen vor, die eine Verrechnung der Impulse, die ein Neuron erhält, ermöglichen:
- **Erregende Synapsen** erzeugen in der postsynaptischen Zelle ein postsynaptisches Potenzial, das **stärker positiv ist als das Ruhepotenzia**l (Depolarisation) = **erregendes postsynaptisches Potenzial EPSP**.
- **Hemmende Synapsen** verringern das Ruhepotenzial in der postsynaptischen Zelle, d. h. es wird **stärker negativ** (Hyperpolarisation)
  = **inhibitorisches (hemmendes) postsynaptisches Potenzial IPSP**.

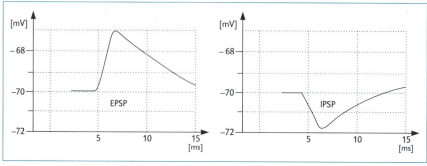

Abb. 75: EPSP und IPSP an einer Postsynapse im Vergleich

> Erregende Synapsen erzeugen eine Depolarisation der postsynaptischen Membran, hemmende Synapsen eine Hyperpolarisation.

Die Funktionsweise erregender Synapsen wurde in Kapitel 7.1 dargestellt. Die Endknöpfchen hemmender Synapsen setzen andere Transmitter frei (z. B. GABA Gammaaminobuttersäure), die eine Öffnung von Chloridionenkanälen in der postsynaptischen Membran bewirken. Der Einstrom von negativ geladenen Chloridionen verstärkt die negative Aufladung an der Innenseite der postsynaptischen Membran.

Jedes Neuron ist an den Dendriten und am Zellkörper mit einer Vielzahl von Synapsen (mehrere Tausend) besetzt. Ständig sind viele dieser Synapsen erregt, sodass sich die von ihnen erzeugten postsynaptischen Potenziale summieren können. Die Differenz eines PSPs zum Ruhepotenzial beträgt nur wenige Millivolt (siehe Abb. 75, S. 130), d. h., ein PSP nur einer erregenden Synapse kann die Auslöseschwelle für ein AP nicht erreichen. Ein PSP hält jedoch länger an als ein AP (siehe Abb. 71, S. 118). Kommen in einer Synapse Aktionspotenziale mit hoher Frequenz an, überlagern sich in der Postsynapse die noch nicht abgeklungenen PSPs zu einem Membranpotenzial mit größerer Amplitude. Eine erregende Synapse erzeugt dann ein stärker positives EPSP, eine hemmende Synapse ein stärker negatives IPSP. Diese Addition vorangegangener Potenzialänderungen wird als zeitliche Summation bezeichnet.

Werden an einem Neuron gleichzeitig mehrere Synapsen erregt, können sich die entstandenen PSPs überlagern. Die Potenzialänderungen breiten sich als elektrischer Strom in der Membran aus und beeinflussen sich gegenseitig. Sind die zusammentreffenden PSPs alle erregend, wird das EPSP positiver. Gleichzeitig vorhandene IPSPs vermindern das EPSP in einer Art Subtraktion. Dieser Effekt wird als räumliche Summation bezeichnet.

Da sich in der Membran der Dendriten und des Zellkörpers keine spannungsgesteuerten Natrium- und Kaliumionenkanäle befinden, kann sich hier kein Aktionspotenzial ausbilden. Nur die Membran am Axonhügel ist mit diesen spannungsabhängigen Ionenkanälen durchsetzt und in der Lage, ein Aktionspotenzial aufzubauen. Nach Verrechnung der EPSPs und IPSPs an der Nervenzellmembran muss das resultierende PSP noch so stark sein, dass die Auslöseschwelle zum AP überschritten werden kann.

> Um ein Aktionspotenzial auszulösen, muss die Verrechnung von EPSPs und IPSPs durch räumliche und zeitliche Summation ein Membranpotenzial ergeben, das die Membran des Axonhügels über den Schwellenwert depolarisiert.

Neuronale Informationsverarbeitung

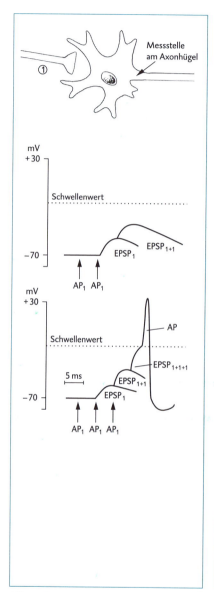

Abb. 76: Zeitliche Summation von EPSPs und Depolarisation am Axonhügel nach Eintreffen von APs in schneller Folge. Erst nach Eintreffen von drei APs in schneller Folge über das Axon (1) ist durch zeitliche Summation der EPSPs die Depolarisation der Membran des Axonhügels ausreichend, um ein neues AP aufzubauen.

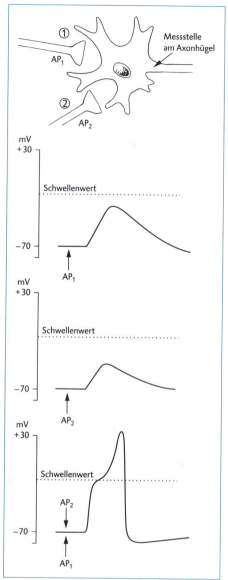

Abb. 77: Räumliche Summation bei erregenden Synapsen. Summation der EPSPs und Depolarisation am Axonhügel nach gleichzeitigem Eintreffen von je einem AP an einer Synapse. Bei gleichzeitigem Eintreffen von einem AP auf Axon (1) und einem AP auf Axon (2) ist durch räumliche Summation der EPSPs die Depolarisation der Membran des Axonhügels ausreichend, um ein neues AP aufzubauen.

7.3 Wirkung von Synapsengiften

Das indianische Pfeilgift **Curare** besetzt die Rezeptoren der postsynaptischen Membran von Synapsen der quergestreiften Muskulatur, die als Transmitter Acetylcholin benutzen. Wegen seiner dem Acetylcholin ähnlichen Molekülstruktur konkurriert Curare mit dem Transmitter um die Bindung an die Rezeptoren. Da die Ionenkanäle jedoch nicht von Curare geöffnet werden, unterbleibt die Erregungsübertragung. Es kommt zu Lähmungen der Skelettmuskulatur und zum Tod durch Atemlähmung (sog. **schlaffe Lähmungen**). Da die Bindung der Curaremoleküle an die Rezeptoren wieder gelöst werden kann, wird Curare bei Operationen (unter künstlicher Beatmung) verwendet, bei denen eine vollständige Entspannung bestimmter Muskelgruppen notwendig ist. Die Tätigkeit des Herzmuskels wird von Curare nicht beeinflusst.

Nicotin wirkt ähnlich wie Acetylcholin: Es verbindet sich mit den Rezeptoren der postsynaptischen Membran und die Ionenkanäle werden geöffnet. Nicotin wird aber von der Acetylcholinesterase nicht gespalten. Eine übermäßige Erregung der Muskulatur ist die Folge, da zur Wirkung des Acetylcholins die von Nicotin noch dazukommt. Zu starke und unregelmäßige Muskelkontraktionen bewirken Muskelzittern. In hohen Dosen aufgenommen (20–50 mg Nicotin durch Injektion oder über den Darm ins Blut), wären Krämpfe der Atemmuskulatur tödlich. In geringen Mengen wirkt Nicotin beruhigend und verdauungsanregend und führt zu einem Absinken der Hauttemperatur. Nicotin beeinflusst in ähnlicher Weise auch Synapsen des Parasympathicus (dies hat die Anregung der Darmmuskulatur sowie die Hemmung von Herz und Kreislauf zur Folge) und Sympathicus (verursacht Kontraktion von Blutgefäßen), in denen Acetylcholin als Transmitter wirkt.

Organische Phosphorsäureester, z. B. **Insektizide** wie E 605 oder Malathion, **Kampfgase** wie Tabun oder Sarin hemmen das Enzym Acetylcholinesterase. Die Ionenkanäle werden durch das länger vorhandene Acetylcholin immer wieder geöffnet. Es kommt zu einem übermäßigen Na^+-Einstrom und dadurch zu einer Übererregung, bis schließlich der Ioneneinstrom aufhört. Vergiftungen dieser Art führen zu starken Krämpfen und zum Tod durch Atemlähmung (sog. **starre Lähmung**).

Anaerobe Bakterien in verderbendem Fleisch erzeugen das **Botulinusgift**. Es hemmt die Ausschüttung von Acetylcholin aus den synaptischen Bläschen und unterbindet die Erregungsübertragung. Zum Tod durch Atemlähmung führen bereits 1 ng/kg Körpergewicht ($1 \text{ ng} = 1 \cdot 10^{-9} \text{g}$)!

7.4 Wirkung von Drogen und Medikamenten

Als **Drogen (Suchtmittel)** werden Stoffe bezeichnet, die „eine direkte Wirkung auf das zentrale Nervensystem besitzen und bei Zuführung einen als mangelhaft empfundenen Zustand mindern, zum Verschwinden bringen oder die einen subjektiv als angenehm empfundenen Zustand herbeiführen" (Definition nach WHO). Nach dieser Definition sind folgende Substanzen zu den Drogen zu zählen:

- Genussmittel wie Alkohol, Nicotin und Koffein
- Illegale Rauschgifte wie Cannabisprodukte (Haschisch, Marihuana), Halluzinogene (z. B. LSD), Opiate (Morphin, Heroin) und Kokain
- Aufputschmittel (Stimulanzien) wie Amphetamine, Ecstasy
- Arzneimittel wie Schmerz- und Schlafmittel, Neuroleptika
- Schnüffelstoffe wie Lösungsmittel oder Ether

Entstehung von physischer und psychischer Abhängigkeit

Wiederholter Drogenkonsum führt zuerst zur Entwicklung einer **Toleranz**: um eine gleichbleibende Drogenwirkung zu erhalten, muss die Dosis gesteigert werden. Schließlich entsteht eine **Abhängigkeit**. Ein Mensch ist drogenabhängig, wenn er einen seelischen Zustand zu erreichen sucht, den er nicht mehr aus sich selbst heraus, sondern nur durch Einnahme von Drogen erreichen kann. „Diesem Verlangen werden die Kräfte des Verstandes untergeordnet. Es beeinträchtigt die freie Entfaltung einer Persönlichkeit und zerstört die sozialen Bindungen und die sozialen Chancen eines Individuums." (K. WANKE, Deutsche Hauptstelle für Suchtfragen)

Bei **physisch (körperlich) abhängig** machenden Rauschdrogen (wie z. B. Alkohol, Nicotin, Heroin, bestimmten Schlafmitteln) treten nach dem Absetzen Entzugserscheinungen, wie z. B. Schweißausbrüche, Angst, Fieber, Tränenfluss, Muskelschmerzen, Blutdruckschwankungen, Appetitlosigkeit, Erbrechen u. Ä. auf. Die Zellen des Organismus gewöhnen sich allmählich an das Rauschmittel, es wird in den Zellstoffwechsel mit eingebaut. Wird die Droge dem Körper entzogen, kommt es zu den genannten Entzugserscheinungen.

Manche Rauschmittel wie z. B. LSD, Kokain und Haschisch führen nicht zur körperlichen Abhängigkeit. Es besteht jedoch beim Konsumenten ein starkes, manchmal auch unbezwingbares Verlangen zur weiteren Drogeneinnahme. In diesem Fall spricht man von **psychischer Abhängigkeit**.

Cannabis (Marihuana, Haschisch)

Marihuana sind die getrockneten Blätter und Blüten der weiblichen Pflanze des indischen Hanfs. Haschisch ist das Harz dieser Pflanzen. Der Unterschied zwischen Marihuana und Haschisch ist nur quantitativer Art. Der in der indischen Hanfpflanze enthaltene Wirkstoff THC (Tetrahydrocannabinol) ist im Haschisch fünf- bis siebenmal stärker konzentriert als im Marihuana.

Im Gegensatz zum Alkohol hält sich das THC im Organismus sehr lange, seine Halbwertszeit – das ist die Zeit, in der die Hälfte der konsumierten Droge abgebaut wird – beträgt 7–10 Tage. Dies hat zur Folge, dass es selbst bei einmaligem Haschischgenuss zu einem „flash back", zu einem erneuten Rückfall in den Rauschzustand, kommt, ohne dass weiterer Haschgenuss notwendig ist. Die große Halbwertszeit des THC erklärt auch die Beobachtung, dass Haschischkonsumenten bei längerem Genuss oft immer geringere Mengen benötigen, um in euphorische Stimmung zu kommen. Allerdings wird bei chronischem Missbrauch die Dosis ebenfalls gesteigert.

THC besetzt Rezeptoren bestimmter zentraler Synapsen des **Belohnungssystems des Gehirns**. Dieses System signalisiert, ob eine Situation angenehm (belohnend) oder unangenehm (bestrafend) ist. Unter natürlichen Bedingungen wird das Belohnungssystem aktiviert, wenn Verhaltensweisen ausgeführt werden, die das Überleben eines Individuums (z. B. Nahrungsaufnahme) oder die Arterhaltung (z. B. Sexualverhalten) sichern. THC imitiert einen der natürlichen Transmitter dieses Systems und erzeugt viele zusätzliche Impulse. Dadurch kommt es nicht nur zur Steigerung der sinnlichen Wahrnehmungen (vor allem der Farben und Töne), Entspannung und euphorischen Rauschzuständen, sondern nach längerem Haschischgenuss auch zu Störungen des Denk- und Konzentrationsvermögens. Unter dem Einfluss von Haschisch erhöhen sich Reaktionszeiten und Risikobereitschaft, sodass sein Konsument verkehrsuntüchtig wird. Bei höherer Dosierung können Desorientiertheit sowie akustische und optische Halluzinationen mit Angstgefühlen auftreten. Dauerkonsum von Haschisch führt zu einem Nachlassen der intellektuellen Fähigkeiten und vor allem der Gedächtnisleistung. Leistungsbereitschaft in Schule bzw. Beruf und Urteilsfähigkeit gehen ebenfalls zurück. Physische Abhängigkeit tritt bei Haschisch und Marihuana nicht auf.

LSD (Lysergsäurediethylamid)

LSD gehört zu der Gruppe der Halluzinogene. Grundstoff ist ein Lysergsäurealkaloid, das im Mutterkornpilz enthalten ist. LSD wirkt bereits in Dosierungen von 0,1 mg ($1 \cdot 10^{-4}$ Gramm). Der Wirkstoff, der in der entsprechenden

Konzentration in Flüssigkeit gelöst ist, wird auf ein Trägermaterial (Zucker-würfel, saugfähiges Papier, Filz) getropft.

LSD ähnelt in seiner Molekülstruktur dem Transmitter **Serotonin**, der in Sy-napsen der Stammhirnbereiche vorkommt, die für die Filterung und Bewer-tung der Sinneseindrücke zuständig sind. Deshalb treten bei einem LSD-Rausch meistens intensive optische Visionen auf. Auch das Gehör und der Tastsinn reagieren unter LSD-Einwirkung wesentlich stärker und es kommt zu starken Verzerrungen des Zeitempfindens. Eine Überdosis kann zu psychose-ähnlichen Zuständen führen. Weil nach LSD-Einnahme viele unbewusste Konflikte, Probleme und Kindheitserlebnisse, die oft aufgrund unangenehmer Empfindungen verdrängt wurden, wieder bewusst werden, entstehen in zahl-reichen Fällen sog. Horror-Trips, die bis zu Todesgefühlen reichen können. Auch bei LSD-Einnahme kann es nach längerem Absetzen der Droge zu einem *flash back* bzw. Echorausch kommen. Physische Abhängigkeit tritt bei LSD nicht auf.

Kokain

Reines Kokain wird aus den Blättern des Coca-Strauches gewonnen. Es wird geschnupft oder gespritzt und ist, neben Morphium und Heroin, eines der ge-fährlichsten Rauschgifte. Obwohl es nach dem Absetzen selten zu körperli-chen Entzugserscheinungen kommt, führt Kokainkonsum zu einer starken psychischen Abhängigkeit. Nach dem Absetzen fällt der Kokainkonsument in tiefe Depressionen, er kann auch nicht mehr konzentriert arbeiten.

Kokain wirkt ebenfalls auf das Belohnungssystem des Gehirns. Durch Kokain wird die Freisetzung des Transmitters **Dopamin** vermehrt und zusätzlich der Rücktransport des Dopamins in die Endknöpfchen gehemmt. Das Beloh-nungssystem wird aktiviert, ohne dass ein körperliches Bedürfnis befriedigt wurde. Das Gehirn spiegelt äußerstes Wohlbehagen vor, auch wenn der Kör-per schon nahe am Verfall ist. Kokain hebt kurzzeitig das Selbstbewusstsein, beseitigt Ermüdung und verdrängt das Hungergefühl.

Bei länger andauerndem Gebrauch kommt es oft zu Eindrücken von Verfol-gungswahn sowie aggressiven Gewalttätigkeiten. Längerer Gebrauch von Ko-kain führt auch unweigerlich zu irreparablen Zerstörungen des Nervensys-tems, eine Überdosis zum Tod durch Lähmung des Atemzentrums. Häufig stirbt ein Langzeitkonsument an körperlicher Entkräftung.

Ecstasy

Viel zu lange galt die Designerdroge Ecstasy als Glückspille, die einen Rausch ohne Reue verhieß. Die Droge aus der Gruppe der Aufputschmittel führt zu übersteigerter Sinneswahrnehmung und körperlicher Aktivität, gleichzeitig werden wichtige Schutzmechanismen wie Müdigkeit, Durst oder Hunger unterdrückt, was zu Hitzschlag, Kreislaufkollaps und Herzversagen führen kann. Der Wirkstoff MDMA, ein Amphetaminderivat, verstärkt ähnlich wie LSD die Wirkung des Transmitters **Serotonin** und zusätzlich die **Dopaminwirkung** (vgl. Kokain). Bei Ecstasy besteht die Gefahr, stark psychisch abhängig zu werden, und durch die ungewisse und unkontrollierte Zusammensetzung (z. B. Beimengung von LSD, Heroin) ein hohes Risiko, auch physisch abhängig zu werden oder eine Überdosis einzunehmen.

Als Folgen eines Langzeitkonsums werden immer häufiger Gedächtnisstörungen, Wahnvorstellungen und Depressionen sowie eine Abnahme der Zahl funktionsfähiger Gehirnzellen festgestellt.

Heroin

Heroin gehört zur Gruppe der **Opiate** und somit zu den Drogen mit dem höchsten Suchtpotenzial. Es ist ein Abkömmling des Morphiums (Morphinderivat). Da viele Leute auch legal, in Form von verordneten Medikamenten, mit Opiaten in Berührung kamen und zahlreiche Patienten dadurch süchtig wurden, forschte man nach einem ähnlichen Wirkstoff, der nicht wie das Opium süchtig macht. Bei dieser Suche entdeckten Chemiker einen Abkömmling des Morphins, indem sie Morphin mit Essigsäure reagieren ließen. Dabei entstand Heroin, das das Morphin in der Wirkung weit übertraf. Leider übertrifft es das Morphin nicht nur in seiner Wirksamkeit, sondern auch in seiner Gefährlichkeit. Es ist das gefährlichste Rauschgift überhaupt, da es für einen Heroinsüchtigen fast kein Zurück mehr aus der körperlichen Abhängigkeit gibt. In manchen Fällen genügt schon der erste „Schuss", um vom Heroin abhängig zu werden. Nach vier bis fünf Spritzen ist praktisch jeder Heroinkonsument stark psychisch und physisch abhängig.

Angriffspunkte und neurophysiologische Wirkung von Opiaten im Organismus

Anfang der siebziger Jahre entdeckte man spezielle Rezeptoren für Opiate in den Membranen bestimmter Nervenzellen, vor allem im Gehirn (limbisches System) und im Rückenmark. Bei Einnahme von Opiaten können sich diese an die erwähnten Rezeptoren anlagern und somit die Funktion des Enzyms Adenylatcyclase blockieren. Dieses Enzym bewirkt normalerweise die Umwandlung von ATP in zyklisches Adenosinmonophosphat cAMP, das auf viele Stoffwechselreaktionen stimulierend wirkt. Wird eine bestimmte Menge an Enzymen durch Opiate blockiert, sinkt die cAMP-Konzentration so stark ab, dass die Nervenzelle nicht mehr in der Lage ist, Erregung weiterzuleiten. Auf diesem Wirkmechanismus beruht wahrscheinlich die schmerzstillende Wirkung von Opiaten durch Hemmung von schmerzleitenden Neuronen des Rückenmarks.

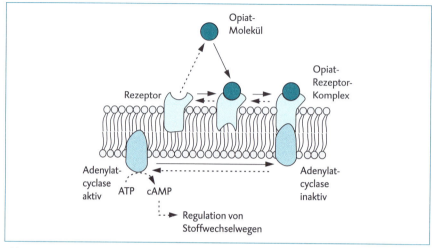

Abb. 78: Wirkung von Opiaten auf spezielle Rezeptoren

Viele Menschen betreiben das Bungee-Springen, weil sie während des Sturzes aus großer Höhe und kurz danach eine Art von Rauschgefühl erleben. Schwerstverletzte berichten, dass sie erst einige Zeit nach dem Unfall die starken Schmerzen ihrer Verletzung gespürt haben. Aufgrund solcher und ähnlicher Beobachtungen nahm man an, dass es auch körpereigene Drogen geben müsse, die in bestimmten Situationen die vorhandenen Rezeptoren besetzen und eine ähnliche Wirkung wie die Opiate zeigen.

Gegen Ende der siebziger Jahre wurden tatsächlich solche körpereigenen „Drogen" entdeckt. Aufgrund ihrer morphinähnlichen Wirkung bezeichnete man sie als endogene Morphine (abgekürzt: **Endorphine**). Bei den Endorphinen handelt es sich um Überträgerstoffe an Synapsen (Neurotransmitter), die natürlicherweise von den Opiatrezeptoren gebunden werden. Dies erklärt die Schmerzunempfindlichkeit nach Unfallsituationen, in denen das Unfallopfer unter Schock steht. Opiatrezeptoren befinden sich auch an verschiedenen Stellen des Belohnungssystems. Die in angenehmen oder Extremsituationen ausgeschütteten Endorphine erzeugen so Euphorie und Rausch. Die Endorphine werden schon kurz nach dem Besetzen der Rezeptoren durch spezielle Enzyme abgebaut. Aus diesem Grund machen sie, im Gegensatz zu den Opiaten, auch körperlich nicht abhängig bzw. süchtig. Die Opiate besetzen dagegen über einen längeren Zeitraum die Rezeptoren und blockieren somit das Enzym Adenylatcyclase, was zum Absinken des cAMP-Spiegels führt. Der Organismus sucht dies durch eine vermehrte Produktion von Adenylatcyclase auszugleichen. Es erfolgt eine Steigerung der Produktion von cAMP und damit ein Nachlassen der euphorisierenden Wirkung. Erneute Opiatzufuhr blockiert wiederum das Enzym usw. Um die ursprüngliche euphorisierende Wirkung zu erzeugen, müssen dem Körper mehr Opiate zugeführt werden, es kommt zur Toleranzbildung. Wird nun dem Körper plötzlich kein Opiat mehr zugeführt, steigt der cAMP-Spiegel sehr schnell an, und der Organismus reagiert mit schweren Entzugserscheinungen wie Schweißausbrüchen, Muskelkrämpfen, Schüttelfrost, Schlaflosigkeit, Übelkeit, Erbrechen, Durchfall u. a.

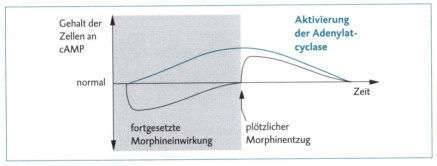

Abb. 79: Reaktion des Körpers bei Morphinentzug

Zusammenfassung

- Eine Schaltstelle zwischen einer Nervenzelle und einer Muskelfaser wird als neuromuskuläre Synapse bezeichnet.
- In neuromuskulären Synapsen wird die Erregung durch einen Transmitter, also chemisch übertragen.
- Im Endknöpfchen der Nervenzelle ankommende Aktionspotenziale bewirken die Ausschüttung des Transmitters in den synaptischen Spalt.
- Die Transmittermoleküle binden an Rezeptoren der subsynaptischen Membran der Muskelfaser. Dadurch werden Permeabilitätsänderungen dieser Membran ausgelöst, die zu Änderungen des Membranpotenzials führen.
- Erregende Synapsen erzeugen eine Depolarisation der postsynaptischen Membran (EPSP), hemmende Synapsen eine Hyperpolarisation (IPSP).

140 Neuronale Informationsverarbeitung

- Wird eine Synapse durch Aktionspotenziale mit hoher Frequenz erregt, können sich die kurz nacheinander entstehenden PSPs überlagern (zeitliche Summation).
- Durch räumliche Summation werden die PSPs gleichzeitig erregter Synapsen an einem Neuron verrechnet.
- Gifte und Drogen können die synaptische Übertragung beeinflussen.
- Synapsengifte greifen an der präsynaptischen Membran an, verbinden sich mit den Rezeptoren der postsynaptischen Membran oder beeinflussen das Enzym Acetylcholinesterase.
- Drogen sind psychoaktive Stoffe, die als Rauschmittel missbraucht zur Sucht, also zu einer psychischen und/oder physischen Abhängigkeit führen.
- Die Drogenwirkstoffe verändern die chemische Informationsübertragung in den Synapsen.
- Die Drogenwirkstoffe besetzen bestimmte Rezeptoren in zentralen Synapsen des Gehirns und verstärken die Wirkung der natürlichen Neurotransmitter.
- Viele Suchtstoffe aktivieren das Belohnungssystem des Gehirns.
- Opiate wirken schmerzhemmend, da sie die Erregungsübertragung in den Synapsen der Schmerzfasern unterdrücken.

Aufgaben

107 Das Schädlingsbekämpfungsmittel E 605 hemmt die Acetylcholinesterase. Erläutern Sie, welche Auswirkungen (kurz- und langfristig) Sie bei einer Vergiftung mit E 605 auf die Erregungsübertragung an der neuromuskulären Synapse erwarten.

108 Der Saft der Tollkirsche führt u. a. auch zur Erweiterung der Pupillen. Dieser Effekt wurde in früheren Zeiten von Frauen genutzt, die sich Tollkirschensaft in die Augen tropften, um sie geheimnisvoll dunkel erscheinen zu lassen. Der wissenschaftliche Name der Tollkirsche *Atropa belladonna* spielt darauf an. Das im Tollkirschensaft enthaltene Atropin wirkt auf Synapsen, die als Transmitter Acetylcholin besitzen.
Entwickeln Sie eine Hypothese, die die Pupillenerweiterung durch Atropin erklärt.
Hinweis: Die Öffnungsweite der Pupillen wird durch zwei Muskeln reguliert: Die Kontraktion des Speichenmuskels (Radialmuskel) der Iris vergrößert die Pupille, die Kontraktion des Ringmuskels der Iris verkleinert sie. In den neuromuskulären Synapsen des Speichenmuskels kommt als Transmitter Noradrenalin vor, in den Synapsen des Ringmuskels Acetylcholin.

Neuronale Informationsverarbeitung 141

109 Die Erreger des Wundstarrkrampfes (Tetanusbakterien) bilden das Tetanustoxin. Dieses Gift verhindert die Freisetzung von Transmittern aus den synaptischen Bläschen von hemmenden Synapsen. Erklären Sie, welche Folgen dadurch auftreten.

110 Beschreiben und erklären Sie die Wirkung von Kokain im Gehirn und die Auswirkungen auf die Körperfunktionen.

111 Erklären Sie, warum Endorphine im Gegensatz zu Opiaten nicht süchtig machen.

112 In der Drogentherapie werden Medikamente eingesetzt, deren Moleküle eine ähnliche Struktur aufweisen wie der Drogenwirkstoff. Medikamente, die auch die gleiche Wirkung haben, werden als Agonisten bezeichnet.
a Beschreiben Sie kurz, wie der Opiat-Agonist Methadon im Gehirn wirkt.
b Methadon als Substitutionsdroge wirkt schwächer als Heroin, hat jedoch eine längere Verweildauer im Gehirn. Beurteilen Sie, welche Vorteile eine Verabreichung von Methadon an Heroinabhängige durch einen Arzt haben könnte.

142 / Neuronale Informationsverarbeitung

8 Erkrankungen des menschlichen Nervensystems

Das Zentralnervensytem des Menschen (Gehirn und Rückenmark) dient der Informationsverarbeitung und Steuerung der Körperfunktionen. Das periphere Nervensystem gliedert sich in die afferenten Nerven, die Nervenerregungen von den Sinnesorganen zum Zentralnervensystem transportieren, und in die efferenten Nerven, die Nervenimpulse zu den ausführenden Organen wie Muskeln und Drüsen tragen.

An drei Beispielen sollen die Auswirkungen von Erkrankungen des Nervensystems aufgezeigt werden.

8.1 Multiple Sklerose (MS)

Diese relativ häufige neurologische Erkrankung (1 von 1 000 Mitteleuropäern) tritt überwiegend bei Frauen auf. Häufig treten die ersten Symptome wie Kribbeln und Taubheitsgefühle in den Gliedmaßen zwischen dem 20. und 40. Lebensjahr auf. Später kommen Ausfallserscheinungen im sensorischen Bereich, Muskelschwäche, Sprach- und Persönlichkeitsstörungen dazu. Eine Heilung ist bis heute nicht möglich.

Bei der MS werden die Myelinscheiden der Neuronen im ZNS von Immunzellen des eigenen Körpers angegriffen **(Autoimmunreaktion)**. Diese Angriffe verlaufen in Schüben und verursachen heftige Entzündungen. Mit der Zeit sterben die Schwannschen Zellen ab und mit ihnen die Neuronen. Dadurch wird die Erregungsleitung im Nervensystem immer stärker eingeschränkt. Als Ursache der Autoimmunreaktion werden erbliche Faktoren und/oder Virusinfektionen angesehen.

8.2 Parkinson-Syndrom

Bei der Parkinson-Krankheit (Schüttellähmung) ist die Steuerung von Körperbewegungen durch das Gehirn gestört. Im späten Stadium der Erkrankung sind ein Zittern vor allem der Hände, Schwierigkeiten beim Ausführen willkürlicher Bewegungen, ein schleppender Gang, stark angespannte Skelettmuskeln und ein starrer Gesichtsausdruck typisch.

Die Ursache der Parkinson-Erkrankung ist vermutlich das Absterben von bestimmten Neuronen des Großhirns (in den Basalganglien), die den Transmitter **Dopamin** herstellen. Dadurch wird das Abrufen der Bewegungsprogramme, die in den Basalganglien niedergelegt sind, gestört. Durch Verabreichung

Neuronale Informationsverarbeitung ✦ 143

einer chemischen Vorstufe des Dopamins können viele Symptome der Parkinson-Erkrankung behandelt werden; eine Heilung ist jedoch nicht möglich.

8.3 Alzheimer-Krankheit

Von der Alzheimer-Krankheit, die meist erst nach dem 50. Lebensjahr auftritt, sind in Deutschland schätzungsweise fast eine Million Menschen betroffen. Die Krankheit führt über Jahre hinweg zum Verlust der geistigen Fähigkeiten und des Gedächtnisses, zu schwerwiegenden Verhaltensänderungen und zuletzt zum Versagen der Körperfunktionen.

Im Gehirn verstorbener Alzheimer-Patienten lassen sich in und um die Nervenzellen Ablagerungen bestimmter unlöslicher Proteine in großer Menge nachweisen, die **Amyloid-Plaques**. Sie führen dazu, dass der Stoffwechsel der Neuronen entgleist, die Verknüpfungen zwischen Nervenzellen gestört werden und Neuronen absterben. Als Ursache dieser Erkrankung werden vor allem genetische Faktoren angesehen.

9 Lernen und Gedächtnis auf neuronaler Ebene

Anatomische Voraussetzung für jede Art von Lernen ist der Besitz eines Gedächtnisses, in dem Erfahrungen gespeichert und bei Bedarf wieder abgerufen werden können.

9.1 Gedächtnis als Leistung des Gehirns

Die Untersuchungen zu Gedächtnisleistungen führten zu mehrstufigen Modellen der Gedächtnisfunktion, die z. B. nach der Speicherdauer gegliedert sind. In der Informatik wird als Maßeinheit der Informationen das bit verwendet. Ein bit entspricht einer Entscheidung zwischen 0 und 1 (Binärcode).

Die Flut von Reizen, die unsere Sinne erreicht, entspricht einem Informationsgehalt von mehreren Milliarden bit pro Sekunde. Die Informationen werden im **sensorischen Gedächtnis** (Ultrakurzzeitgedächtnis) für weniger als eine Sekunde gespeichert. In dieser kurzen Zeitspanne erfolgt ein Vergleich mit vorhandenen Gedächtnisinhalten und eine individuelle Auswahl von Informationen. Der größte Teil der Informationen wird nicht bewusst wahrgenommen, z. B. gewohnte Geräusche und Gerüche. Nur etwa 15–20 bit/s erreichen die Großhirnrinde, werden uns bewusst und können bis 25 s lang abgerufen werden. Wegen der kurzen Speicherdauer wird dieser Speicher als **Kurzzeitgedächtnis** bezeichnet. Seine maximale Speicherkapazität liegt bei etwa 160 bit. Wir benutzen den Kurzzeitspeicher beispielsweise, um uns eine Telefonnummer aus dem Telefonbuch so lange zu merken, bis wir sie gewählt haben. Danach wird die Nummer vergessen.

Durch Wiederholen und Üben (z. B. von Vokabeln) oder bei entsprechender Motivationslage werden Informationen ins **Mittelzeitgedächtnis** überführt, das eine längere Speicherdauer von Minuten bis zu einigen Tagen aufweist. Die Speichergeschwindigkeit ist geringer (0,1–1 bit/s); die Speicherkapazität beträgt ca. 1 000 bis 10 000 bit. Da die Aufnahmefähigkeit begrenzt ist, werden gespeicherte Informationen durch neue verdrängt, also vergessen.

Nur ein sehr geringer Anteil der Gesamtinformation erreicht das **Langzeitgedächtnis** mit einer Speicherdauer von vielen Jahren. Bei Lernstoff wie Vokabeln gelingt dies nur durch häufiges Üben. Die Speichergeschwindigkeit liegt bei 0,03–0,1 bit/s, die Speicherkapazität bei mehreren Milliarden bit.

Neuronale Informationsverarbeitung | 145

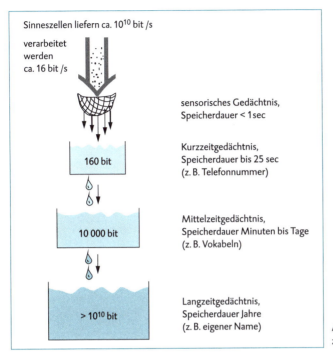

Abb. 80: Stufen-Modell zum Gedächtnis

9.2 Lernen durch Langzeitpotenzierung

Die Langzeitpotenzierung ist einer der Mechanismen, die für das kognitive Lernen (bewusstes Lernen, bei dem die Lerninhalte sprachlich wiedergegeben werden) bedeutsam sind. Bei all diesen Lernvorgängen ändert sich auf neuronaler Ebene die Aktivität der Synapsen:

- Wird das präsynaptische Axon schwach gereizt, kommen nur wenige Aktionspotenziale in der Synapse an und erzeugen im postsynaptischen Neuron nur ein kleines EPSP. Wird das Axon mehrfach so stark gereizt, dass Aktionspotenziale mit hoher Frequenz die Synapse erreichen, erhöht sich das EPSP jedes Mal entsprechend. Erfolgt danach eine Reizung in der ursprünglichen geringen Stärke, fällt das EPSP viel höher aus.
- Werden zwei Neurone, die mit dem gleichen Neuron Synapsen bilden, mehrmals gleichzeitig gereizt, ist das resultierende EPSP im postsynaptischen Neuron höher als der Wert, der bei Summation der einzelnen Potenziale zu erwarten wäre. Wird das postsynaptische Neuron danach nur über eine der beiden Synapsen (mit gleicher Intensität wie im ersten Schritt) erregt, fällt das EPSP in der Postsynapse ebenfalls stärker aus.

Diese Effekte können über Stunden oder Tage anhalten. Die Versuche zeigen, dass eine intensive Benutzung von Synapsen ihre Wirksamkeit erhöht. Damit eine Anpassung der Neuronen an neue Reize stets möglich ist, gibt es auch einen entgegengerichteten Mechanismus, die Langzeitdepression. Wird eine Synapse nur selten benutzt, sinkt die Erregbarkeit der postsynaptischen Zelle.

Verhaltensbiologie

Anfang September beginnt in Mitteleuropa die Brunftzeit des Rothirschs (Cervus elaphus). Bei den beeindruckenden Brunftkämpfen der männlichen Tiere um das Paarungsrecht handelt es sich um Kommentkämpfe, die einer stark ritualisierten Verhaltenssequenz folgen: Zunächst kommt es zwischen zwei Rivalen zu einem Rufduell (Röhren). Dann schreiten die Tiere aufeinander zu, wobei ihre Körperhaltung angespannt ist und sich ihre Bewegungen verlangsamen, sobald sie sich in Sichtweite zueinander befinden. Es folgt das sogenannte Parallellaufen, bei dem sich die Hirsche die Breitseite zeigen. Erst wenn sich nach diesen Imponier- und Drohphasen keiner der Konkurrenten unterlegen fühlt, kommt es zum Geweihkampf. Die Tiere verhaken dabei ihre Geweihe ineinander und messen ihre Kräfte, indem sie sich in den Boden stemmen und den Gegner wegzuschieben versuchen. Der Kampf endet damit, dass sich der Unterlegene – im Foto oben wahrscheinlich das jüngere Tier mit dem kleineren Geweih (links) – abwendet und flieht. Der Sieger wirft seinen Kopf ruckartig in die Höhe und stößt den sogenannten Sprenggruf aus.

10 Genetisch bedingte Verhaltensweisen

10.1 Methoden und Fragestellungen der Verhaltensforschung

Eines der sechs Kennzeichen des Lebens ist neben Wachstum, Bewegung, Stoffwechsel, Fortpflanzung und dem zellulären Aufbau die **Reizbarkeit**, d. h. die Fähigkeit der Organismen auf Reize zu reagieren.

Beispiele

- Eine Schnecke zieht den Fühler ein, wenn man ihn kurz berührt.
- Ein Regenwurm versucht wieder in die Erde zu kriechen, wenn er von Lichtstrahlen getroffen wird.
- Jeder Mensch zuckt „automatisch" zurück, wenn er mit der Hand eine heiße Herdplatte berührt.
- Auch Pflanzen zeigen Reaktionen auf Reize, z. B. das Schließen der Blüten bei Nacht oder die Klappbewegungen der Blätter einer gereizten Mimose.

Das letzte Beispiel zeigt, dass auch Pflanzen eigentlich in den Bereich der Verhaltensforschung einbezogen werden müssten. Vor allem im Bereich der Einzeller ist eine Grenzziehung zwischen Tier und Pflanze problematisch, weil es nicht nur Tiere mit Geißeln gibt, sondern auch einzellige Algen, die sich mithilfe von Geißeln auf das Licht (als Reiz) zubewegen können. Im Bereich der höher entwickelten Pflanzen ist eine Abgrenzung leichter möglich, da Pflanzen und Tiere einen grundsätzlich verschiedenen Bauplan aufweisen. So besitzen Pflanzen kein Nervensystem. Bei ihnen findet daher auch keine Erregungsleitung, sondern nur eine Reizleitung statt, und die Bewegungen kommen nicht durch Muskelkontraktionen zustande, sondern aufgrund von Turgordruckunterschieden in speziellen Zellen.

Vor allem wegen dieser prinzipiellen Unterschiede von Pflanzen und Tieren in den anatomischen Strukturen und den physiologischen Vorgängen wird der Begriff „Verhalten" auf Tiere und den Menschen bezogen. Zum Verhalten tierischer Organismen zählen neben den eingangs beschriebenen Bewegungen auch Gebärden, Lautäußerungen, Duftabsonderungen infolge äußerer Reize sowie Aktionen aufgrund eines inneren Antriebs.

> Unter **Verhalten** versteht man alle äußerlich wahrnehmbaren Aktionen und Reaktionen eines tierischen Lebewesens.

Um das Verhalten eines Tieres oder des Menschen zu verstehen, muss es zuerst genau beobachtet und beschrieben werden.

> Ein Katalog aller beobachtbaren Verhaltensweisen einer Tierart wird als **Ethogramm** bezeichnet.

Zur Untersuchung einzelner Verhaltensaspekte und zur Überprüfung von Hypothesen führen die Verhaltensforscher häufig Freiland- und Laborversuche mit Tieren durch (Attrappenversuche, Lernexperimente), setzen moderne technische Hilfsmittel ein (tragbare Funksender, Radar) oder wenden molekularbiologische Untersuchungen an (genetischer Fingerabdruck, biochemische Analysen von Pheromonen oder Hormonen). Erst dann lässt sich die Frage nach dem Warum einer Verhaltensweise beantworten.

Beispiel

Warum quakt ein Frosch?

Diese – wie es scheint – einfache Frage kann auf ganz unterschiedliche Weise beantwortet werden:

- Ein Frosch quakt, weil im Frühjahr die Konzentration bestimmter Hormone im Körper eines männlichen Frosches ansteigt. Darauf reagieren Nervenzellen, die die Schallblasen steuern.
- Ein Frosch quakt, weil es ihm angeboren ist. Seine Gene steuern die Entwicklung der körperlichen Strukturen, die Voraussetzung für die Lauterzeugung und das Instinktverhalten sind.

Diese Antworten beziehen sich auf die **Mechanismen des Verhaltens** hinsichtlich der Steuerung und Entwicklung. Diese Mechanismen werden auch als **proximate Wirkursachen** bezeichnet.

Andere Antworten auf dieselbe Frage können auf die **Funktion des Verhaltens**, also auf die **ultimaten Zweckursachen**, eingehen:

Beispiel

Warum quakt ein Frosch?

- Ein Frosch quakt, um ein fortpflanzungsbereites Weibchen anzulocken und andere Männchen von sich fernzuhalten.
- Ein Frosch quakt, um bei der Fortpflanzung erfolgreicher zu sein.
- Ein Frosch quakt, weil es sich im Laufe der Evolution als Selektionsvorteil erwiesen hat.

150   Verhaltensbiologie

10.2 Unbedingte Reflexe

Reflexe sind die einfachsten Formen von Verhalten infolge eines bestimmten Reizes. Ein Reflex läuft auf den gleichen auslösenden Reiz hin unter gleichen Bedingungen immer in derselben Form ab, auch wenn er wiederholt nacheinander ausgelöst wird. Die Reaktion erfolgt schnell und „automatisch", z. B. wenn beim versehentlichen Berühren einer heißen Herdplatte die Hand blitzschnell zurückgezogen wird. Das Bewusstsein und der Wille sind nicht beteiligt. Reflexartiges Verhalten ist immer dann sinnvoll, wenn es in einer Gefahrensituation eher nachteilig wäre, lange zu überlegen und abzuwägen.

> Bei einem **Reflex** erfolgt auf einen bestimmten auslösenden Reiz hin unter gleichen Bedingungen immer dieselbe Reaktion. Die **Reaktion** ist schnell, unbewusst, unwillkürlich und beliebig oft wiederholbar.

Die Bedeutung von Reflexen liegt vor allem in ihrer **Schutzfunktion** für das Lebewesen.

Beispiele

Die bereits dem Säugling angeborenen Reflexe dienen zum Überleben in den ersten Lebenswochen und -monaten. Neugeborene können saugen und schlucken, ohne dies lernen zu müssen, da diese Reflexe für ihre Ernährung lebenswichtig sind. Da ihre Hirnrinde noch nicht so weit ausgebildet ist, um Lernvorgänge zu bewältigen, übernehmen Stammhirn und Rückenmark die Steuerung von Reflexen.

Pupillenreflex beim Menschen ⇒ Schützt das Auge vor zu starkem Lichteinfall.

Lidschlussreflex beim Menschen, bei Annäherung eines Gegenstandes an das Auge wird das Lid geschlossen. ⇒ Schützt vor Verletzungen des Auges.

Kniesehnenreflex beim Menschen, beim Schlag auf die Sehne unterhalb der Kniescheibe schnellt der Unterschenkel unwillkürlich nach vorne. ⇒ Schützt beim Stolpern vor dem Hinfallen, da der Unterschenkel vorschnellt und somit das Gleichgewicht besser gehalten werden kann.

Husten- und Niesreflex beim Menschen ⇒ Befördert eingedrungene Fremdkörper aus der Luftröhre und Nase.

Totstellreflex von Insekten ⇒ Schützt vor weiteren Angriffen.

Jeder Reflex verläuft nach einem starren Reiz-Reaktions-Schema, dem sog. **Reflexbogen**, der als Blockschaltbild dargestellt werden kann.

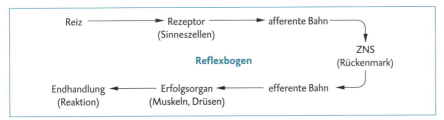

Abb. 81: Schematische Darstellung eines Reflexbogens

Der Reiz wird von den Sinneszellen der Sinnesorgane aufgenommen und in Erregung, d. h. in schwache elektrische Ströme, umgewandelt. Die Erregung wird über **afferente Bahnen**, die zum Zentralnervensystem (ZNS) *hinführen*, weitergeleitet. Bei einem Reflex erfolgt diese Leitung nur bis zum Rückenmark (bei einer normalen Reiz-Reaktions-Kette erfolgt sie bis zum Gehirn). Dort wird von der afferenten Bahn auf die **efferente Bahn**, die vom Rückenmark *wegführt,* umgeschaltet.

> **Afferente sensorische Nervenfasern** führen zum Rückenmark bzw. zum Gehirn hin.
> **Efferente motorische Nervenfasern** führen vom Rückenmark oder vom Gehirn weg.

Erfolgt die Umschaltung von der afferenten auf die efferente Bahn nur über eine einzige Synapse, wird der betreffende Reflexbogen als **monosynaptisch** bezeichnet. Die Reflexzeit ist sehr kurz. Die efferente Erregung erreicht schließlich das Erfolgsorgan (meistens Muskeln), das die vom Rückenmark kommenden Befehle ausführt (Endhandlung).

Beispiel

Kniesehnenreflex (Patellarsehnenreflex)
Beim Schlag auf die Patellarsehne (Kniesehne) werden die Muskelspindeln des Streckmuskels gedehnt. In den Muskelspindeln befinden sich Rezeptoren, die die Dehnung registrieren. Dort wird der Reiz in Erregung umgewandelt und anschließend über eine afferente sensorische Nervenfaser bis in die graue Substanz des Rückenmarks geleitet. Die Umschaltung erfolgt in der Synapse mit einem Motoneuron (motorische Nervenzelle). Über die efferente motorische Nervenfaser läuft die Erregung dann zum Streckmuskel zurück, der sich daraufhin kontrahiert und den Unterschenkel vorschnellen lässt.

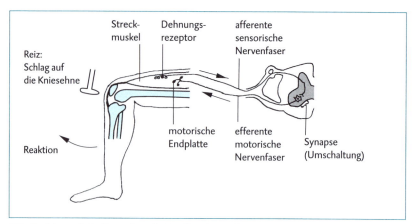

Abb. 82: Schematische Darstellung des Patellarsehnenreflexes

Bei den Reflexen unterscheidet man bezüglich der Lage von Rezeptor und Effektor zwei verschiedene Arten. Beim **Eigenreflex** liegen Rezeptor und Erfolgsorgan in demselben Organ, wie z. B. beim Patellarsehnenreflex. Beim **Fremdreflex** dagegen befinden sie sich in verschiedenen Organen. Bei Fremdreflexen ist im ZNS mindestens ein Interneuron zwischen Afferenz und Efferenz geschaltet. Solche Reflexe sind **polysynaptisch** und besitzen eine etwas längere Reflexzeit.

Beispiel

Beim **Niesreflex** befinden sich die Rezeptoren in der Nasenschleimhaut. Die Erfolgsorgane sind in diesem Fall die Zwischenrippen- und die Zwerchfellmuskeln, die sich kontrahieren und dadurch den starken Luftstrom beim Niesen erzeugen.

10.3 Instinkthandlungen

Außer den Reflexen, also den einfachen Reaktionen, die nach Auftreten eines bestimmten Reizes schnell ablaufen, gibt es bei Mensch und Tier noch weitere „angeborene" (erbkoordinierte) Verhaltensweisen. Unter bestimmten Bedingungen kann man bei Tieren auf einen Reiz hin stets die gleichen wiederkehrenden komplexeren Verhaltensmuster beobachten.

Verhaltensweisen, die unter gleichen Bedingungen immer wieder in der gleichen starren Form ablaufen, bezeichnet man als **Erbkoordinationen** oder **Instinkthandlungen**.

Verhaltensbiologie 153

spiele

Entnimmt man einem Gelege von Gänseeiern ein Ei und legt es neben das Nest, so kann man stets die gleiche wiederkehrende Verhaltensweise der brütenden Gans beobachten. Die Gans greift mit ihrem Schnabel von oben um das Ei und rollt es mit der Schnabelunterseite schiebend wieder zurück ins Nest. Selbst wenn man der Gans das Ei während dieses Ablaufs wegnimmt, setzt sie ihre Verhaltensweise unbeirrt fort.

Jungvögel im Nest sperren fast immer beim Anflug der Eltern auf das Nest ihre Schnäbel weit auf und lösen dadurch das Füttern durch die Eltern aus.

Phasen einer Instinkthandlung

Der Ablauf einer Instinkthandlung lässt sich in verschiedene Phasen einteilen, die immer wieder in der gleichen starren Form nacheinander ablaufen: Appetenz, Taxis, Endhandlung. Wird diese Handlungskette einmal durch einen entsprechenden Reiz ausgelöst, lässt sich der Handlungsablauf nicht mehr unterbrechen.

> Die Instinkthandlung ist eine angeborene Verhaltensweise, die sich aus ungerichtetem **Appetenzverhalten, Taxis und Endhandlung** zusammensetzt.

Anhand des Beutefangverhaltens einer Kröte lässt sich der zeitliche Ablauf einer solchen Instinkthandlung gut beschreiben.

eispiel

- Eine hungrige Kröte verhält sich in einem Terrarium anders als eine gesättigte. Sie ist unruhiger und läuft öfter im Terrarium hin und her. Wegen des Hungers hat sie eine andere Grundstimmung als ihr Artgenosse. Sie ist auf der Suche nach Nahrung, während die satte Kröte ruhig in einer Ecke des Terrariums sitzt. Dieses ungerichtete Suchverhalten der hungrigen Kröte bezeichnet man als **ungerichtete Appetenz**.
- Kommt z. B. ein Mehlwurm in das Blickfeld der Kröte, so wendet sie sich ihm ruckartig zu, sodass sie ihn mit beiden Augen fixieren kann. Diese Orientierung der Kröte auf den auslösenden Reiz hin bezeichnet man als **Taxis** (Orientierungsbewegung, gerichtetes Suchen).
- Schließlich schnellt ihre Zunge blitzartig vor. Die Kröte ergreift damit die Insektenlarve, führt sie in den Mund und verschluckt sie. Danach putzt sie sich mit einem Vorderbein die Schnauze. Dieser starre Handlungsablauf stellt die **Endhandlung** dar.

| Appetenz | Taxis | Endhandlung |

Abb. 83: Appetenz, Taxis und Endhandlung beim Beutefangverhalten der Kröte

Prinzip der doppelten Quantifizierung

Aus Beobachtungsexperimenten konnte man schließen, dass ein Reiz allein nicht zur Auslösung der Endhandlung ausreicht. Außer einem äußeren Reiz ist auch immer die innere Bereitschaft oder Motivation nötig, um eine Instinkthandlung herbeizuführen.

> Zur **Auslösung einer Instinkthandlung** tragen in der Regel zwei Faktoren bei, die von außen kommenden **Reize** und die **innere Bereitschaft** (oder Motivation, Handlungsbereitschaft, Antrieb).

Nur wenn Reiz und innere Bereitschaft zusammenwirken und damit einen bestimmten Schwellenwert an Erregung liefern, kann die Endhandlung ausgelöst werden. Ist der äußere Reiz schwach und die innere Bereitschaft gering, erfolgt keine Reaktion. Selbst ein starker äußerer Reiz kann ohne Motivation ebenfalls keine Endhandlung auslösen. Nur wenn innere Bereitschaft und äußerer Reiz zusammen die Erregungsschwelle überschreiten, läuft die starre Endhandlung ab. Dieses Zusammenwirken der beiden Faktoren Reiz und innere Bereitschaft bezeichnet man als **doppelte Quantifizierung**. Danach haben große Motivation und geringer Reiz dieselbe auslösende Wirkung bezüglich der Endhandlung (Reaktion) wie geringe Motivation und großer Reiz.

> Nach dem **Prinzip der doppelten Quantifizierung** beeinflussen zwei Größen die Intensität der Reaktion: Qualität und Quantität des äußeren Reizes und die Stärke der inneren Bereitschaft.

Verhaltensbiologie 155

Veränderung der Handlungsbereitschaft
Die **innere Bereitschaft** eines Tieres hängt von verschiedenen Faktoren ab.

spiele

Für die Auslösung des Fressverhaltens ist z. B. ein **niedriger Glucose-wert** des Blutes und ein geringer **Füllungszustand des Magens** nötig. Wenn eine satte Kröte den Mehlwurm erblickt, rührt sie sich nicht, sondern bleibt ruhig in ihrer Ecke sitzen.

Das Sexual- und Balzverhalten eines Tieres wird in erster Linie von der Konzentration der **Sexualhormone** im Organismus bestimmt. Unter natürlichen Bedingungen steigt der Sexualhormonspiegel im Frühjahr jeweils stark an. Injiziert man den Versuchstieren außerhalb dieser Jahreszeit Sexualhormone, so reagieren sie auch mit typischem Balzverhalten.

Biologische Rhythmen wie z. B. der Tag-Nacht-Rhythmus können ebenfalls die Stärke der Motivation beeinflussen.

Eine motivationssteigernde Wirkung kann auch von einem nicht erreichbaren Rivalen oder Beutetier ausgehen.

Die **erfolgreich ausgeführte Endhandlung** senkt in vielen Fällen die innere Bereitschaft, sodass der äußere Reiz bei der nächsten Auslösung stärker sein muss. Wird die Endhandlung mehrmals ausgeführt, reicht die Motivation nicht mehr aus, um weitere Instinkthandlungen auszulösen.

eispiel

Nach der Paarung sinkt die Bereitschaft zum Balzen oder die Fressbereitschaft nach der Nahrungsaufnahme.

Reaktionsauslösende Reize – Schlüsselreize
Der Reiz, der zur Auslösung einer Endhandlung führen kann, muss bestimmte Voraussetzungen erfüllen. Ähnlich wie bei einem Schloss, das sich nur mit einem bestimmten Schlüssel aufsperren lässt, kann eine bestimmte Instinkthandlung nur durch einen passenden **Schlüsselreiz** ausgelöst werden. Nur wenn Schlüssel und Schloss zusammenpassen, lässt sich der Schließmechanismus des Schlosses in Bewegung setzen.

> Reize, die die Voraussetzungen erfüllen, ein bestimmtes Instinktverhalten auszulösen, bezeichnet man als **Schlüsselreize**.

Beispiel

Eine hungrige Kröte wendet sich zwar einem dargebotenen Mehlwurm zu, nicht aber einem Steinchen, das man in das Terrarium legt.

Ein Schlüsselreiz setzt den Antrieb für eine bestimmte Verhaltensweise in Gang und ermöglicht so die erbkoordinierte Endhandlung. Schlüsselreize, die als Signale im Dienst der Verständigung zwischen Tieren (Kommunikation) wirken, bezeichnet man als **Auslöser**. In der Natur sind dies meist auffällige Körpermerkmale, Farben oder Bewegungen eines Tiers, die bei einem Artgenossen eine Instinkthandlung auslösen.

Beispiel

Der rote Fleck am Schnabel von Silbermöwen löst eine Pickreaktion der Jungtiere aus, die auf diese Weise um Futter bei den Eltern betteln.

Neben Schlüsselreizen aus dem optischen Bereich spielen auch noch akustische und chemische Schlüsselreize eine wichtige Rolle.

Beispiele

Das Brutpflegeverhalten einer Glucke wird nur durch akustische Schlüsselreize beeinflusst, wie das folgende Experiment beweist: Stülpt man über ein Küken eine schalldichte Glasglocke, so pickt die Glucke ruhig weiter, obwohl sie die verzweifelten Versuche des Kükens, sich aus der Glocke zu befreien, optisch deutlich wahrnehmen kann. Nimmt sie jedoch den Angstruf des Kükens wahr, ohne dass sie dieses sieht, versucht sie sofort, dem Küken zu helfen.

Seidenspinnermännchen reagieren auf geringste Mengen des von den Weibchen abgegebenen „Sexuallockstoffs" Bombykol. Auf diese Weise finden sie über mehrere Kilometer Entfernung sicher den Weg zum Weibchen, um dieses zu begatten.

Schlüsselreize sind meist keine einfachen, sondern kompliziert zusammengesetzte Reizmuster. Um herauszufinden, welche Teilreize besonders wirksam sind, bedient sich die Verhaltensforschung sog. **Attrappenversuche**. Dabei werden dem Tier nicht natürliche Reize, sondern künstliche, nachgemachte Reizbilder geboten, die den natürlichen Reizen mehr oder weniger stark ähneln. Durch Abwandlung der jeweiligen Reizmuster und genaue quantitative Auswertung der daraufhin erfolgenden Verhaltensweisen kann die Stärke der jeweiligen Teilreize ermittelt werden. Viele der klassischen Attrappenversuche wurden von dem Verhaltensforscher N. Tinbergen durchgeführt.

Attrappen sind mehr oder weniger genaue Nachbildungen der auslösenden Reizsituation, deren Einzelmerkmale variiert werden können.

Die Bedeutung einzelner Teilreize, die das Aggressionsverhalten von Stichlingsmännchen beeinflussen, fand TINBERGEN durch einen Zufall. In mehreren Aquarien, die am Fenster standen, hielt er balzbereite Stichlingsmännchen. Immer wenn das rote niederländische Postauto am Fenster vorbeifuhr, schwammen alle Stichlingsmännchen sofort kampfbereit zur Fensterseite des Aquariums. Durch weitere Experimente mit Attrappen konnte er den Schlüsselreiz für das Auslösen des Kampfverhaltens der Stichlingsmännchen bestimmen: die rote Unterseite einer fischähnlichen Attrappe, die sich bewegen muss.

Eine hungrige Kröte reagiert nicht nur auf einen dargebotenen Wurm mit gerichtetem Suchen (Taxis), sondern auch auf kleine Attrappen aus Papier, die sich bewegen. Dabei spielen Größe, Gestalt und Position des Papiers im Raum für die Auslösung der zielgerichteten Wendebewegung der Kröte eine entscheidende Rolle.

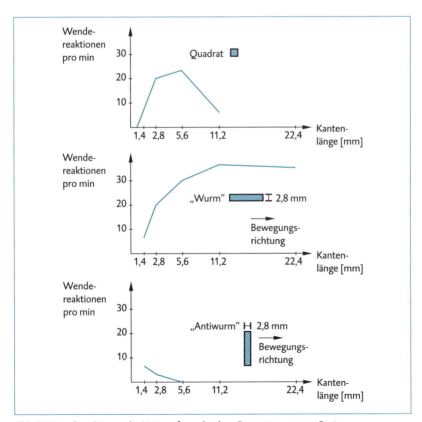

Abb. 84: Wendereaktionen der Kröte auf verschiedene Beuteattrappen aus Papier

Kleine, sich bewegende Quadrate, Rechtecke oder Kreise aus Papier lösen eine Instinkthandlung etwa in gleichem Maße aus. Ab einer bestimmten Größe (Kantenlänge ca. 2 cm) verlieren die Quadrate aber ihre Wirkung, während schmale Rechtecke gleicher Länge (Kantenlängenverhältnis ca. 4 : 1) die Wendereaktionen hervorrufen („Wurm"). Eine senkrecht stehende rechteckige Attrappe gleicher Form und Größe löst dagegen Abwendung aus („Antiwurm"). Die Kröte ist also in der Lage, die räumliche Anordnung der Attrappenmerkmale zu erfassen (Gestaltwahrnehmung). Wichtig ist auch die Art der Bewegung der Attrappe. Steigert man die Geschwindigkeit, reagiert das Tier immer weniger und schließlich überhaupt nicht mehr. Bei hoher Geschwindigkeit der Attrappe ergreift die Kröte sogar die Flucht. Gleiches gilt, wenn man den Papierstreifen nicht seitlich, sondern auf das Tier selbst zubewegt.

Reizsummenregel und übernormale Reize

Oftmals kann dasselbe Verhalten durch verschiedene Schlüsselreize ausgelöst werden. Dabei ist festzustellen, dass die Reaktion auf eine Kombination solcher Schlüsselreize gegenüber derjenigen auf einen einzelnen Reiz verstärkt ist. Da man in Einzelfällen die Reaktionsstärke der einzelnen Reize einfach zusammenrechnen kann, wird diese Erscheinung **Reizsummation** genannt.

Beispiel

Kleinkindern im Alter von 2 bis 3 Monaten zeigte man die Gesichtsattrappe A sowie die Teilattrappen B, C und D. Dabei wurden die Wendereaktionen mit dem Kopf auf die vorbeibewegte Attrappe gezählt. Die Gesichtsattrappe A rief genauso viele Wendereaktionen hervor wie die Attrappen B, C und D zusammen.

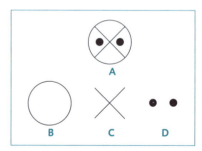

Abb. 85: Gesichts- und Teilattrappen

Bei den meisten Versuchen zeigt sich jedoch, dass Schlüsselreize, die für sich allein eine Reaktion auslösen können, in Kombination die Reaktionsstärke zwar deutlich, aber nicht additiv erhöhen.

Reizsummenregel: Gleichzeitig auftretende Schlüsselreize können sich wechselseitig beeinflussen und führen meist zu einer Erhöhung der Reaktionsstärke verglichen mit einem einzelnen auslösenden Reiz.

Mit der Reizsummenregel kann auch das Auftreten von übernormalen oder **überoptimalen Schlüsselreizen** erklärt werden. Solche Reize lösen eine bestimmte Verhaltensweise wirksamer aus als der „eigentliche" Schlüsselreiz.

Beispiel
Ein junger Kuckuck wird von seinen Pflegeeltern immer vor dem eigenen Nachwuchs gefüttert. Sein Schnabel ist kräftiger und der Rachen auffälliger gefärbt. Er löst das Fütterungsverhalten der Altvögel stärker und häufiger aus als die kleineren und weniger auffällig gefärbten Schnäbel der anderen Jungen.

Filtermechanismen

Jedes Lebewesen ist täglich unzähligen Reizen ausgesetzt, die von den Sinnesorganen wahrgenommen werden. Aber nur wenige dieser Reize, die Schlüsselreize, führen zum Auslösen einer bestimmten Verhaltensweise. Es muss daher eine Struktur im Organismus geben, die aus der Fülle der angebotenen Reize nur diese ausfiltert und durchlässt, die die jeweilige Verhaltensweise auslösen. Eine solche Struktur kann nur im Zentralnervensystem (ZNS) vorliegen. In der Modellvorstellung des Ablaufs einer durch Schlüsselreize ausgelösten Endhandlung muss es daher eine Art von **neurosensorischem Filter** geben, der diese Aufgabe erfüllt. Man nennt ihn auch angeborenen Auslösemechanismus (AAM). Neben dem AAM gibt es bei einigen Verhaltensweisen auch Auslösemechanismen, die das Tier sich nur durch Lernen erworben hat. In diesem Fall spricht man vom EAM, dem erworbenen (erlernten) Auslösemechanismus.

Beispiel
Der EAM eines Fisches „erkennt" die Merkmale des Schlüsselreizes „rotes Hütchen" für Futter, da der Fisch gelernt hat, dass sich in dem roten Hütchen Futter befindet.

Wird der AAM durch Erfahrung erweitert, bezeichnet man ihn als EAAM (durch Erfahrung erweiterter angeborener Auslösemechanismus).

Beispiel
Eine hungrige Kröte schnappt zunächst nach allen kleinen, sich bewegenden Gegenständen und lernt später genießbare von ungenießbaren Beutetieren zu unterscheiden.

Da der Auslösemechanismus nicht nur den Schlüsselreiz herausfiltern, sondern auch verschiedene Teilreize verknüpfen und miteinander vergleichen muss, kommt als zugrunde liegende anatomische Struktur nur das Zentralnervensystem infrage. Wahrscheinlich handelt es sich bei dem AAM um bestimmte angeborene Nervenverschaltungen und -verknüpfungen im Gehirn.

10.4 Nachweis erbbedingten Verhaltens

Ob eine Verhaltensweise angeboren ist oder nicht, lässt sich in der Verhaltensforschung auf verschiedene Weise überprüfen.

Beobachtungen von Tieren unter natürlichen Bedingungen

Jede Verhaltensweise, die ein Tier schon kurz nach seiner Geburt ausführt,
muss angeboren sein, da ihm die Möglichkeit des Lernens und der Erfahrung
fehlt. So sind alle Reflexe, die ein Tier kurz nach der Geburt zeigt, erbkoordiniert. Auch viele Verhaltensweisen, die erst viel später nach der Geburt auftreten, sind erbkoordiniert. Zeigen alle Individuen einer Art dasselbe Verhalten,
so ist dies ein Hinweis auf Erbkoordination. Tritt die Verhaltensweise immer in
derselben starren Form auf und kann sie von Anfang an perfekt durchgeführt
werden, so sind dies ebenfalls Hinweise auf angeborenes Verhalten.

Beispiele
- Vogeljunge sperren den Schnabel auf, wenn sich die Eltern dem Nest
  nähern.
- Hühnerküken geben Laute von sich, noch bevor sie aus dem Ei schlüp-
  fen.
- Kreuzspinnen besitzen schon kurz nach dem Schlüpfen die Fähigkeit,
  ein Netz zu bauen, das genauso kunstvoll ist wie die späteren.
- Bei allen Stechmücken läuft der Stech- und Saugvorgang gleich ab.

Kreuzungsexperimente

In seltenen Fällen gelingt es auch, durch Kreuzungsexperimente die Erbkoordination eines bestimmten Verhaltens zu beweisen: Normalerweise sind Tiere
zweier verschiedener Arten nicht miteinander kreuzbar. Aber in Ausnahmefällen ist dies doch möglich.

Beispiel
Der Fasan biegt beim Krähen seinen Kopf weit nach oben, während das
Haushuhn ihn leicht nach unten neigt. Kreuzt man nun Fasan und Haushuhn, so zeigen die sterilen Nachkommen beim Krähen eine Kopfstel-
lung, die in etwa in der Mitte zwischen der des Fasans und der des Haushuhns liegt.

Isolationsversuche

Näheren Aufschluss über den Anteil der Vererbung an einem Verhalten erhält
man nur durch Isolationsversuche, bei denen Jungtieren gezielt die Möglichkeit des Lernens von den Eltern vorenthalten wird. Derartige Experimente, bei

denen Tiere isoliert, d. h. unter Erfahrungsentzug aufwachsen, bezeichnet man als **Kaspar-Hauser-Versuche**. Sie stellen in der Ethologie eine wichtige Untersuchungsmethode dar, um angeborenes von erworbenem (erlerntem) Verhalten zu unterscheiden. Der Name „Kaspar-Hauser-Versuch" geht auf ein Findelkind im 19. Jahrhundert zurück, das angeblich in einem dunklen Verließ und fast ohne Kontakt zu Menschen aufwuchs.

> Im **Kaspar-Hauser-Versuch** werden Versuchstiere unter spezifischem Erfahrungsentzug in einer veränderten Umwelt ohne Kontakt mit Artgenossen aufgezogen. Wenn trotz möglicher Beeinträchtigungen eine Verhaltensweise bei Erfahrungsentzug auftritt, ist dies ein sicherer Beweis dafür, dass das Verhalten **angeboren** sein muss.

Beispiele

Ob das Flugvermögen eines Vogels angeboren ist oder nicht, lässt sich mithilfe eines relativ einfachen Experiments nachweisen: Gleich nach dem Schlüpfen aus dem Ei werden zwei Taubenjunge aus dem Nest entfernt und getrennt voneinander in einem Käfig gehalten. Um zu verhindern, dass diese Tauben ihre Flügel bewegen können, werden diese an den Körper fixiert. Alle Taubenjungen erhalten dasselbe Futter und werden auch sonst unter den gleichen Bedingungen aufgezogen. Kurz nachdem die gemeinsam aufgezogenen Tauben flügge sind, entlässt man auch die eingesperrten Tauben aus dem Käfig. Es zeigt sich, dass die isoliert gehaltenen Tauben genauso gut fliegen können wie ihre Geschwister.

I. EIBL-EIBESFELDT untersuchte auf ähnliche Weise, ob die Fähigkeit eines Eichhörnchens, Nüsse zu vergraben, angeboren oder erlernt ist. Im Herbst sucht sich ein Eichhörnchen eine bestimmte auffällige Stelle und beginnt mit den Pfoten ein Loch zu scharren. Die Nuss wird in die Bodenvertiefung hineingelegt, mit der Schnauze festgedrückt und anschließend wird das Loch mit den Vorderpfoten wieder zugescharrt. Der Verhaltensforscher isolierte Eichhörnchen gleich nach der Geburt und ließ sie in einem Käfig mit festem Boden aufwachsen. Als Futter bekamen sie nur Brei. Im Herbst ließ er diese Eichhörnchen frei und bot ihnen als Nahrung Nüsse an. Obwohl diese Eichhörnchen, im Gegensatz zu ihren frei lebenden Artgenossen, keinerlei Erfahrung mit dem Verscharren von Nüssen machen konnten, verhielten sie sich genauso wie ihre Artgenossen, die im Freiland aufwuchsen. Damit war der Beweis erbracht, dass das Nüssevergraben eine angeborene Verhaltensweise ist.

162 Verhaltensbiologie

Kritiker wenden gegen derartige Experimente ein, dass der Erfahrungsentzug an sich schon das Verhalten eines Tieres verändert, sodass keine allgemeingültigen Aussagen aus solchen Versuchen gewonnen werden können. Tatsächlich zeigen Tiere, die z. B. in völliger Dunkelheit aufwachsen, allgemeine Verhaltensstörungen. Daher muss man bei diesen Experimenten dafür Sorge tragen, solche Störungen des Allgemeinverhaltens zu vermeiden. Dies geschieht, indem man dem Tier nur die Reize vorenthält, die zur untersuchten Reaktion voraussichtlich nötig sind.

Bleibt bei isoliert aufgewachsenen Tieren eine Verhaltensweise aus, so darf nicht der voreilige Schluss gezogen werden, dass diese Verhaltensweise nicht angeboren ist. Es könnte sein, dass das erwartete Verhalten aufgrund der Gefangenschaft nicht auftritt. Gerade bei Tieren, die in der Natur in sozialen Verbänden leben, kann eine totale Isolierung zu Störungen in der Entwicklung führen. Vor allem Affen zeigen völlig andere, meist apathische Verhaltensweisen, wenn sie isoliert aufwachsen (siehe S. 174). Die Isolierung in einer frühen Lebensphase kann sich so weit auswirken, dass diese Tiere auch im späteren Leben deutliche Verhaltensstörungen zeigen.

Hinweise auf erbbedingte Verhaltensanteile beim Menschen

Auch im Bereich des menschlichen Verhaltens findet man eine Reihe von erbkoordinierten Reaktionen. Anders als bei Tieren sind aber Kaspar-Hauser-Versuche beim Menschen aus ethischen Gründen nicht durchführbar.

Beispiel
Der Überlieferung nach hat Kaiser Friedrich II. im 13. Jahrhundert versucht herauszufinden, welche Sprache dem Menschen angeboren ist. Den Pflegerinnen war bei diesem Versuch verboten, mit den Säuglingen zu sprechen und eine soziale Bindung aufzubauen. Sie durften ihnen nur Nahrung geben und für die notwendige Körperpflege sorgen. Die meisten der Säuglinge sollen gestorben sein, noch bevor sie überhaupt anfingen zu sprechen. Heute wissen wir, dass totaler Erfahrungsentzug bei Babys zu schweren psychischen Störungen und sogar zum Tod führen kann.

Es liegt auf der Hand, dass die Methoden der Tierethologie nicht einfach auf den Menschen übertragbar sind. Daher muss man in der Humanethologie andere Verfahren anwenden, um erbbedingtes Verhalten beim Menschen zu erforschen.

Beobachtung an Neugeborenen: Schon ein Neugeborenes muss einige lebensnotwendige Verhaltensweisen beherrschen.

Beispiele

Wird einem Neugeborenen die Mutterbrust angeboten, sucht es durch Hin- und Herpendeln des Kopfes nach der Brustwarze. Sobald es die Brustwarze zwischen den Lippen fühlt, beginnt es mit (erb)koordinierten Saugbewegungen. Zunächst handelt es sich um ein Pumpsaugen, nach einigen Wochen geht dieses dann in ein Lecksaugen über. Das Heraussaugen der Milch geschieht zunächst durch Absenken des Unterkiefers, sodass ein Unterdruck entsteht. Nach 3–4 Monaten wird die Milch durch „melkende Bewegungen" der Zunge, die die Brustwarze gegen den Gaumen presst, herausgedrückt.

Ein Neugeborenes kann sofort nach der Geburt schreien und weinen, um in „Notsituationen" die Mutter herbeirufen zu können.

Neben den bereits beschriebenen Reflexen (siehe S. 150 ff.) ist beim Menschen speziell der **Greifreflex** zu erwähnen. Säuglinge zeigen gleich nach der Geburt dasselbe Verhalten wie Affenbabys. Berührt man ihre Handfläche oder Fußsohle, so krümmen sich die Finger bzw. Zehen. Dieser sog. Greifreflex ist für Traglinge typisch. Affenbabys krallen sich schon kurz nach der Geburt im Fell der Mutter fest. Auch ein Menschenbaby klammert sich z. B. an einen dargebotenen Strick und ist in der Lage, sein Körpergewicht für einige Sekunden zu tragen.

Beobachtung von blind und taubblind geborenen Kindern: Blind geborene Kinder zeigen die charakteristische menschliche Mimik. Sie reagieren auf Lob wie Sehende mit Lächeln, Kopfsenken, Erröten usw. Taubblind Geborene leben in einer Welt ohne optische und akustische Reize. Der einzige Kontakt zu ihrer Umwelt läuft über den Tast- und den Geruchssinn. Sie sind von Natur aus „isoliert", können daher nicht durch Nachahmung lernen und sind deshalb für Untersuchungen über angeborenes oder erlerntes Verhalten beim Menschen gut geeignet. Taubblind Geborene zeigen die gleichen Reflexe wie alle anderen Neugeborenen (s. o.). Sie können schreien und haben dieselbe Mimik beim Weinen. Wenn sie sich freuen, lächeln oder lachen sie. Sie zeigen Wut und Zorn (Aufstampfen des Fußes, Zornfalten auf der Stirn) und verärgertes Verhalten (Stirnrunzeln, Schürzen der Lippen). Bei sehr großem Ärger werfen sie, wie ihre nicht taubblinden Altersgenossen, den Kopf zurück und beißen die Zähne zusammen.

Beispiel Die Bildfolge zeigt die Reaktion eines elfjährigen, blind geborenen Jungen auf die Frage nach seiner Freundin: Er verbarg sein Gesicht mit den Händen und bat, nicht gefilmt zu werden. Sein Verhalten trägt die typischen Kennzeichen von Verlegenheit, obwohl er die Mimik und Gestik anderer Menschen nie beobachten konnte.

Abb. 86: Mimik und Gestik eines blind geborenen Jungen

Homologe Verhaltensweisen in verschiedenen Kulturen: Wenn zwei Verhaltensweisen auf dieselbe Erbinformation in der DNA zurückzuführen sind, spricht man von **homologem Verhalten**. Der schon erwähnte Greifreflex von Affen- und Menschenbabys stellt eine solche homologe Verhaltensweise dar, ebenso das Schmollgesicht von Schimpanse und Mensch. Weitere homologe Verhaltensweisen zwischen Mensch und Menschenaffen sind: Entblößen der Eckzähne als Drohgebärde; gleiche Mimik bei Lachen, Weinen und Angst.

Auch unter den verschiedenen Menschengruppen und Kulturen gibt es in bestimmten Verhaltensweisen eine auffällige Übereinstimmung. Nach EIBL-EIBESFELDT sind menschliche Verhaltensweisen angeboren, wenn sie sich bis ins Detail in verschiedenen Kulturen gleichen.

Beispiel Gewisse mimische Äußerungen sind über kulturelle Grenzen hinweg gültig. Gezeigt sind einander entsprechende Gesichtsausdrücke einer Amerikanerin und eines Ureinwohners Neuguineas.

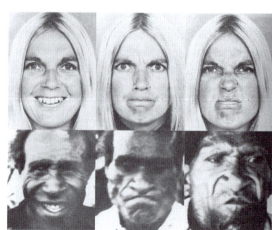

Abb. 87: Gesichtsausdrücke von links nach rechts: Freude, Verärgerung, Ekel

Weitere Beispiele für solche Verhaltensweisen sind:

- Der fast überall vorkommende „Augengruß" des Menschen, bei dem die Augenbrauen hochgezogen werden.
- Das Flirtverhalten: Es ist auf der ganzen Welt weitgehend ähnlich und zeigt sehr viele Übereinstimmungen in einzelnen Details, wie z. B. Blickkontakt aufnehmen, lachen oder lächeln, Kopf und Lider senken.
- Unterwürfiges Verhalten wie z. B. die Begrüßung ranghöherer Personen. In allen Kulturen macht sich der Untergebene kleiner, sei es durch Kopfnicken, durch Bücken oder durch Hinknien.
- Menschen, die Triumph ausdrücken, reißen in fast allen Kulturen die Arme hoch.
- Bei zornigem Verhalten stampfen Menschen aus den verschiedensten Kulturkreisen mit den Füßen auf den Boden.

Zusammenfassung

- Unter dem Begriff „**Verhalten**" werden alle beobachtbaren Lebensäußerungen agierender und reagierender Art von Tieren und Menschen zusammengefasst.
- **Reflexe** sind schnelle und gleichförmig ablaufende, angeborene Reaktionen, die nicht dem Willen unterworfen sind. Sie können jederzeit und mehrfach nacheinander ausgelöst werden.
- Die meisten Reflexe sind **Schutzreaktionen**.
- Einem Reflex liegt eine einfache neuronale Verschaltung zugrunde, der **Reflexbogen**.
- **Instinkthandlungen** sind gleichförmig ablaufende Verhaltensweisen, die jedoch nur dann von einem Reiz ausgelöst werden können, wenn eine innere Handlungsbereitschaft dafür vorliegt.
- Der eine Instinkthandlung auslösende Reiz wird **Schlüsselreiz** genannt oder **Auslöser**, wenn er von einem anderen Lebewesen ausgeht und der Kommunikation dient.
- Zur Analyse der auslösenden Reizkombination (Reizmuster) werden **Attrappen** eingesetzt.
- Der neurosensorische Mechanismus, der ein bestimmtes Reizmuster identifizieren kann und die Reaktion auslöst, wird als **angeborener Auslösemechanismus (AAM)** bezeichnet.
- Eine typische Instinkthandlung setzt sich aus **Appetenzverhalten, Taxis und Endhandlung** zusammen.
- Die Intensität einer Instinkthandlung wird von zwei Größen bestimmt: von der Stärke des Reizes und der Handlungsbereitschaft (**Prinzip der doppelten Quantifizierung**).

166 / Verhaltensbiologie

- **Angeborenes Verhalten** kann durch Beobachtung unter natürlichen Bedingungen, Kreuzungsexperimente, Isolationsversuche, Kulturenvergleich oder Attrappenversuche nachgewiesen werden.
- Verhaltensweisen, die trotz spezifischem Erfahrungsentzug **(Kaspar-Hauser-Versuche)** auftreten, sind angeboren.

Aufgaben

113 Geben Sie an, welche Aussagen richtig sind. Reflexe
  a sind Handlungen, die durch blitzschnelles bewusstes Abwägen einer Situation im Großhirn entstehen.
  b erkennt man daran, dass sie ohne Anlass spontan auftreten.
  c sind Verhaltensweisen, die nur auf einen äußeren Reiz hin als Reaktion erfolgen.
  d laufen immer genau gleich, ohne jede Variation ab.
  e werden durch einen entsprechenden Reiz nicht immer ausgelöst, sondern nur dann, wenn eine innere Handlungsbereitschaft vorhanden ist.
  f werden über einfache Neuronenverschaltungen, die Reflexbögen, gesteuert.

114 Skizzieren Sie den schematischen Ablauf eines monosynaptischen Reflexbogens.

115 Geben Sie an, welche Bedeutung den Reflexen im Verhalten des Menschen zukommt. Nennen Sie zwei konkrete Beispiele dafür.

116 In der Ethologie unterscheidet man zwei Arten von Reflexen. Nennen und charakterisieren Sie beide und geben Sie jeweils ein Beispiel an.

117 Stellen Sie die wesentlichen Unterschiede zwischen einem Reflex und einer Instinkthandlung zusammen.

118 Sie haben in einer Gaststätte gegessen, fühlen sich satt und lassen sogar etwas von Ihrem Essen zurückgehen. An den Nachbartischen in der Gaststätte werden weiterhin gut aussehende Speisen aufgetischt. Nach kurzer Zeit haben Sie auch wieder „Hunger". Das hätten Sie nicht, wenn Sie nicht in der Gaststätte sitzen geblieben wären.
Erklären Sie die Tatsache, dass Sie nach kurzer Zeit wieder etwas essen können, mithilfe von ethologischen Fachausdrücken.

119 Amseljunge reagieren auf das Erscheinen der Elterntiere am Nest mit dem Sperren, dem weiten Öffnen des innen auffällig gefärbten Schnabels. Attrappenversuche zeigten, dass das Sperren sowohl durch eine leichte Erschütterung des Nests, wie sie beim Landen der Altvögel auftritt, als auch durch das Erscheinen einer einfachen Vogelattrappe ausgelöst werden kann. Frisch geschlüpfte, noch blinde Junge sperren senkrecht nach oben. Ältere Jungen, die ihre Augen gerade geöffnet haben, reagieren zwar auf den optischen Reiz der Attrappe, die Sperrreaktion weist aber weiterhin nach oben. Erst einige Tage später sperren sie die Attrappe direkt an.

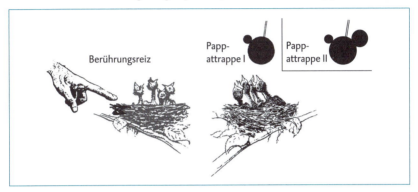

a Erklären Sie, welche Schlüsselreize bei der Auslösung des Sperrens wirksam sein können.

b Bei Verwendung von Attrappe II richtet sich das Sperren der Jungvögel wie bei Attrappe I nach links oben. (Die Größenverhältnisse und die Anordnung der zwei bzw. drei Scheiben der Attrappe I bzw. II sind korrekt wiedergegeben.) Begründen Sie, welche weitere Komponente des Reizmusters hier nachgewiesen wird.

120 Der heimische Rückenschwimmer lebt hauptsächlich von Kleininsekten, die auf die Wasseroberfläche fallen. Erzeugt man mit einem für den Rückenschwimmer unsichtbaren Vibrator Wasserwellen, so schwimmt er bis auf wenige Zentimeter an die erregte Wasserstelle heran. Bietet man dort zusätzlich ein Korkstückchen an, so ergreift er dieses, hält es aber nicht fest. Verwendet man statt des Korkens einen kleinen Wattebausch, so wird dieser ergriffen und festgehalten, aber nicht mit dem Stechrüssel angestochen. Tränkt man den Wattebausch mit Fleischextrakt, so sticht der Rückenschwimmer hinein.

Stellen Sie tabellarisch zusammen, welche Attrappenreize jeweils zur Auslösung der beschriebenen Instinkthandlungen führen.

121 Definieren Sie den ethologischen Begriff „Schlüsselreiz", geben Sie ein selbst gewähltes Beispiel dafür an und erklären Sie, wie man einen bestimmten Schlüsselreiz experimentell ermitteln kann.

122 Erläutern Sie, wann der Verhaltensforscher von einem Auslöser spricht und wie dieser von einem Lebewesen erkannt wird.

123 Erklären Sie kurz folgende Verhaltensweise aus der Sicht des Ethologen: Eine von Büchsenfutter bereits gesättigte Katze jagt noch Mäuse und tötet diese, sie frisst sie jedoch nicht mehr.

124 Die leuchtend gefärbte Innenseite der Schnäbel von Singvogeljungen löst bei den Elterntieren das Fütterverhalten aus. Werden die Jungen jedoch künstlich gefüttert, werfen sie die Alten bald aus dem Nest.
Deuten Sie dieses Verhalten aus ethologischer Sicht.

125 Nahmen Säuglinge eine bestimmte Menge Nahrung innerhalb von 20 Minuten auf, schliefen sie danach befriedigt ein. Hatten die Sauger jedoch eine zu große Öffnung, waren die Babys zwar nach 5 Minuten satt, blieben aber dennoch unruhig. Sie führten auch ohne Fläschchen weitere Saugbewegungen aus und begannen zu schreien. Gab man ihnen die leere Flasche, so sogen sie weitere 10 bis 15 Minuten daran und zeigten sich erst dann befriedigt.
Interpretieren Sie diese Verhaltensbeobachtungen.

126 Einem isoliert aufgezogenen Stichlingsmännchen setzt man einen Spiegel ins Aquarium. Nach einiger Zeit beginnt es, sein Spiegelbild zu bekämpfen.
   a Geben Sie an, um welche Art von Versuch es sich hierbei handelt.
   b Erläutern Sie, welche Schlussfolgerungen ein Ethologe aus diesem Verhalten ziehen kann.

127 Erläutern Sie, welche Bedeutung taubblind geborene Kinder für die Erforschung der menschlichen Verhaltensbiologie haben. Nennen Sie einige Verhaltensweisen, die an taubblinden Kindern untersucht wurden.

128 Beschreiben Sie zwei Fakten, die gegen eine Lernhypothese der Gestik und Mimik beim Menschen sprechen.

129 Erläutern Sie einen experimentellen Befund aus der Genetik, der für die Existenz von angeborenen Verhaltensweisen spricht.

Verhaltensbiologie 169

130 Einem jungen, isoliert und nur mit Flaschennahrung aufgezogenen Hund wird zum ersten Mal ein Fleischknochen vorgesetzt. Nach kurzer Zeit beginnt er zu fressen, nach einiger Zeit stellt der junge Hund das Fressen ein. Werten Sie dieses Verhalten nach ethologischen Gesichtspunkten aus.

131 Nennen Sie die Möglichkeiten, die die Ethologie nutzt, um angeborenes Können und Erkennen beim Menschen nachzuweisen.
Geben Sie jeweils in Stichpunkten ein konkretes Beispiel an.

11 Erweiterung einfacher Verhaltensweisen durch Lerneinflüsse

Lernen bedeutet generell die Erweiterung von Verhaltensweisen durch neue Verhaltenselemente, d. h., das Verhaltensrepertoire wird durch Erfahrung ergänzt und damit die Chance vergrößert, sich an neue Situationen anzupassen. Durch Lernen wird also die Überlebenschance von Tieren und Menschen erhöht.

Anatomische Voraussetzung für jede Art von Lernen ist der Besitz eines **Gedächtnisses**, in dem Erfahrungen gespeichert und bei Bedarf wieder abgerufen werden können. Man nimmt an, dass bei jedem Lernvorgang neue Nervenverknüpfungen stattfinden und der Lernprozess auf diese Weise im Gedächtnis gespeichert wird.

Bei den Lernprozessen unterscheidet man das obligatorische und das fakultative Lernen. **Obligatorisches Lernen** ist lebensnotwendig, also unverzichtbar für das Überleben und die Fortpflanzung eines Lebewesens.

Beispiel

Der Gesang von Singvögeln besteht aus einer erblichen Komponente, die bei allen Individuen einer Art gleich ist, und aus zusätzlich erworbenen Anteilen. Dies lässt sich mithilfe von Klangspektrogrammen (grafische Aufzeichnung des Gesangs) dokumentieren. Die nicht erbkoordinierten Gesangsabschnitte werden durch Nachahmung der Eltern oder anderer Artgenossen erlernt und an die eigenen Nachkommen weitergegeben (Traditionsbildung, siehe S. 171). Diese Abschnitte stellen sozusagen den „Dialekt" einer Vogelpopulation in einem bestimmten Gebiet dar. Im Experiment konnte man einer Mönchsgrasmücke aus Hessen mithilfe von Tonaufzeichnungen den „Dialekt" einer Mönchsgrasmücke aus Teneriffa beibringen. Sie war dann jedoch nicht mehr in der Lage, mit ihren heimischen Artgenossen zu kommunizieren und Geschlechtspartner anzulocken.

Dieser Versuch zeigt, dass das Erlernen des lokalen artspezifischen Gesangs für die Fortpflanzung der Mönchsgrasmücke unabdingbar und damit obligatorisch ist.

Verhaltensbiologie 171

Das **fakultative Lernen** ist „freiwillig" (optional), d. h., es führt zu einem nicht unbedingt nötigen Erwerb von Erfahrungen. Allerdings erleichtern diese Erfahrungen das Leben eines Tieres und machen es angenehmer.

Beispiel

Forscher fütterten bestimmte Makaken, die in der Nähe des Meeres leben, regelmäßig mit Süßkartoffeln (Bataten), die sie ihnen in den Sand warfen. Ein Makakenweibchen machte durch Zufall die Erfahrung, dass Bataten, die sie im Meerwasser gewaschen hatte, sowohl vom Sand gesäubert waren als auch wegen des Salzes besser schmeckten. Das Weibchen trug die Bataten nun regelmäßig zum Strand und warf sie vor der Mahlzeit ins Wasser. Andere Mitglieder der Makakenpopulation ahmten dieses Verhalten nach. Heute wäscht ein Großteil der Makaken die Bataten im Meer (Weitergabe durch **Traditionsbildung**). Der beschriebene Lernvorgang ist für die Makaken nicht lebensnotwendig, er erleichtert ihnen aber das Leben und ist daher fakultativ (freiwillig).

Obligatorische Lernvorgänge sind für das Überleben eines Individuums notwendig. **Fakultative Lernvorgänge** sind nicht lebensnotwendig, aber vorteilhaft und nützlich.

11.1 Prägung

Unter Prägung versteht man einen speziellen obligatorischen Lernprozess, der nur in einer sehr kurzen Zeitspanne in der Jugendzeit **(sensible Phase)** möglich ist. Die durch Prägung erworbenen Lerninhalte werden, im Gegensatz zu anderen Lernformen, dauerhaft gespeichert. Prägung ist daher **irreversibel**, das Gelernte kann nicht mehr verändert oder rückgängig gemacht werden. Bei jeder Form von Prägung erfolgt in der sensiblen Phase eine **Objektfixierung**. Die Prägungsinhalte werden mit einem angeborenen Verhalten verknüpft und bilden somit zeitlebens einen Schlüsselreiz, der ein bestimmtes Verhalten auslöst.

Bei der **Prägung** werden dauerhaft die Merkmale eines Objekts gelernt, auf das ein bestimmtes angeborenes Verhalten gerichtet wird. Der Lernvorgang der Prägung erfolgt sehr schnell und findet nur in einer engen, zeitlich begrenzten, der sog. **sensiblen Phase** statt. Eine erfolgte Prägung ist irreversibel, d. h. nicht mehr rückgängig zu machen.

172 / Verhaltensbiologie

Die beiden wichtigsten Formen der Prägung sind die **Nachfolgeprägung** und die **sexuelle Prägung**. Daneben spielen in der Entwicklung der Tiere auch noch die Nahrungsprägung und die Ortsprägung eine – wenn auch weniger wichtige – Rolle.

Beispiele

Nahrungsprägung: Beutegreifer werden auf bestimmte Beutetiere geprägt, z. B. lernen Iltisse noch vor dem Verlassen des Nestes den Geruch ihrer späteren Beutetiere kennen.

Ortsprägung: Zugvögel und bestimmte Fische (z. B. Lachs, Aal), die große Wanderungen zurücklegen, sind auf den Ort ihrer Kindheit geprägt, sodass sie wieder dorthin zurückfinden.

Nachfolgeprägung

Konrad LORENZ entdeckte die Nachfolgeprägung schon in den 1930er-Jahren. Er beobachtete, dass junge Graugänse, die in seiner Gegenwart geschlüpft waren, ihm überall hin folgten. Dabei waren die Gänse nicht auf den Forscher als Menschen fixiert, sondern auf seine Stiefel. Trug ein anderer Mensch diese Stiefel, so folgten die Gänse auch ihm.

Gänse- und Entenküken folgen jedem Objekt, das sich in einem eng begrenzten Zeitraum (wenige Stunden) nach dem Schlüpfen in ihrer Nähe befindet, rhythmische Laute von sich gibt und sich bewegt **(Nachfolgeprägung)**.

Die Nachfolgeprägung beruht auf einem AAM, der auf rhythmische, einsilbige Laute anspricht und eine Kontaktaufnahme des Kükens mit der Mutter auslöst. Die wahrgenommene Bewegung löst beim Küken das Nachlaufen aus. Während der sensiblen Phase (bei Entenjungen 13.–16. Stunde) lernt das Küken die individuellen Merkmale der Mutter. Der AAM wird durch Erfahrung zum EAAM (durch Erfahrung erweiterter AAM). Dieser obligatorische Lernvorgang dient unter natürlichen Bedingungen dazu, das Neugeborene auf ein **bestimmtes Mutterbild** zu fixieren. Von der Mutter kommen Schutz und Betreuung, eine unabdingbare Voraussetzung für die gesunde Entwicklung jedes Jungtiers. Dies ist besonders für Nestflüchter von Bedeutung, die schon kurz nach der Geburt bzw. dem Schlüpfen laufen können und in ihrem eigenen Interesse stets einen engen Kontakt zur Mutter halten müssen. Die Nachfolgeprägung erlischt mit Beginn der Geschlechtsreife.

Experimentell kann ein Gänse- oder Entenküken praktisch auf alle Gegenstände geprägt werden. Dass die Nachfolgereaktion auch von anderen Objekten ausgelöst werden kann, die Laute von sich geben, größer als das Junge sind und sich bewegen, zeigt, dass der Reizfilter des AAM sehr grob ist.

Beispiel: In einer speziellen Vorrichtung, dem sog. Prägungskarussell, konnten Graugans- und Entenküken sogar auf einen Fußball geprägt werden, der sich im Kreis bewegte und durch einen eingebauten Lautsprecher Töne von sich gab.

Abb. 88: Prägekarussell

Sexuelle Prägung

Bei der sexuellen Prägung werden die Jungtiere auf ihre späteren **Sexualpartner** als Objekte fixiert. Die Jungtiere werden auf **arttypische** Merkmale des künftigen Sexualpartners geprägt, und zwar meistens nur die männlichen Jungen. Unter natürlichen Bedingungen pflanzen sich nah verwandte Individuen nicht miteinander fort und eine Paarung findet ausschließlich mit Artgenossen statt, da die Tiere in der sensiblen Phase nur mit ihren Artgenossen Kontakt haben. Im Experiment kann man den späteren Sexualpartner aber während der sensiblen Phase „umprägen".

Beispiel: Zieht man junge Hähne nur in Gesellschaft von Enten auf, so versuchen sie später, sich nur mit Enten zu paaren. Gleichzeitig anwesende Artgenossinnen üben keinen sexuellen Reiz auf sie aus.

Für die sexuelle Prägung ist, im Gegensatz zur Nachfolgeprägung, kennzeichnend, dass sie zu einem Zeitpunkt erfolgt, zu dem die Jungtiere noch gar nicht zu sexuellen Handlungen bereit sind (**zeitliche Diskrepanz** zwischen Prägung und entsprechender Handlung).

Mutter-Kind-Bindung als prägungsähnliche Fixierung

Eine Prägung im Sinn der Nachfolgeprägung bei Tieren mit einer kurzen sensiblen Phase gibt es beim Menschen nicht. Der Mensch durchläuft vor allem im Säuglingsalter Phasen der Entwicklung, die denen der Primaten sehr ähnlich sind. Beide brauchen in der ersten Phase nach der Geburt Zuwendung und Schutz, sodass ein Gefühl der Geborgenheit aufkommt, und ein Angebot an Entwicklungsreizen sowie eine Bindung an eine bestimmte **Bezugsperson**, meist die Mutter. Menschenbabys reagieren ab dem zweiten Monat auf alle Personen mit einem Lächeln. Später (mit etwa 6 Monaten) wird dieses Lächeln nur bei den eigenen Eltern eingesetzt. Gegenüber anderen Personen beginnen sie zu „fremdeln".

Kann eine persönliche Bindung in Form der Mutter-Kind-Beziehung nicht aufgebaut werden, so kommt es sowohl bei Primaten als auch beim Menschen zu Störungen in der Entwicklung und der Reifung.

Beispiele

Jane van LAWICK-GOODALL berichtet in ihrem Buch „Wilde Schimpansen" von einem Schimpansenbaby, dessen Mutter getötet wurde und das daraufhin vor Kummer starb.

Das Forscherehepaar HARLOW experimentierte mit Rhesusaffen, die nur mit Ersatzmüttern aus Drahtgestellen aufwuchsen, die mit einer Milchflasche versehen bzw. mit einem weichen Stoff überzogen waren. Die Rhesusäffchen hielten die meiste Zeit Körperkontakt mit der „Stoffmutter" und flüchteten sofort zu ihr, wenn sie erschreckt wurden. Nur zur Nahrungsaufnahme suchten sie die „Drahtmutter"

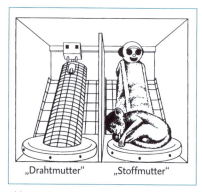

Abb. 89: Versuchsansatz mit Rhesusaffen

auf. Bei den untersuchten Tieren traten gesundheitliche Probleme und schwerwiegende Verhaltensstörungen auf: Sie spielten wenig, hatten kaum Kontakt zu Artgenossen und waren später sexuell gehemmt.

Der Psychologe René SPITZ führte zu Beginn der 1950er-Jahre zahlreiche Untersuchungen an im Waisenhaus aufgewachsenen Kindern durch. Sie zeigten apathisches Verhalten oder oft eintönige, immer wiederkehrende Bewegungen. Sie hatten außerdem häufig Schlafstörungen, waren geistig und in ihrer gesamten körperlichen Entwicklung zurückgeblieben. Ursa-

Verhaltensbiologie 175

che hierfür war die fehlende Mutter-Kind-Beziehung, die zu den häufig wechselnden Betreuungspersonen nicht aufgebaut werden konnte. Derartige aufgrund der fehlenden Mutter-Kind-Bindung auftretende Verhaltensstörungen bezeichnet man als **Hospitalismus**.

11.2 Modifikation einer Erbkoordination durch Erfahrung

Viele Tiere besitzen ein angeborenes Grundrepertoire an Verhaltensweisen, das durch Lernvorgänge erweitert wird.

Eichhörnchen erkennen Nüsse und beginnen sofort sie zu benagen, wenn sie welche finden. Das Nagen selbst ist angeboren, nicht aber die Fähigkeit, die Nuss auf einfache und schnelle Weise zu öffnen. Das Eichhörnchen probiert aber so lange herum, bis ihm dies gelingt. Von Mal zu Mal lernt es das richtige Verfahren besser, bis es schließlich die Nuss schnell und mit möglichst geringem Energieaufwand öffnen kann.

Da erbbedingte Verhaltensweisen mit erlernten Verhaltensanteilen zusammenwirken, spricht man von **Instinkt-Dressur-Verschränkung**.

11.3 Reizbedingte Konditionierung

Unter reizbedingter bzw. **klassischer Konditionierung** versteht man einen Lernvorgang, bei dem ursprünglich neutrale bzw. indifferente Reize durch entsprechende Versuchsanordnungen zu bedingten Reizen und damit zu neuen Verhaltensauslösern werden.

Die historischen Versuche der klassischen Konditionierung wurden von dem Russen PAWLOW mit Hunden durchgeführt. Er stellte fest, dass Hunde beim Anblick einer Wurst Speichel absondern. Kurz bevor er dem Hund die Wurst darbot, ließ er eine Glocke ertönen. Nach einiger Zeit reagierte der Hund auch auf den Glockenton allein mit Speichelfluss. Aus historischen Gründen wird dieser Versuch der klassischen Konditionierung auch heute noch manchmal unter der Bezeichnung „bedingter Reflex" geführt, obwohl es sich dabei streng genommen um eine bedingte Appetenz handelt.

176 | Verhaltensbiologie

Bei der **reizbedingten (klassischen) Konditionierung** wird ein ursprünglich neutraler Reiz, der gleichzeitig mit dem unbedingten Reiz auftritt, zu einem bedingten, ebenfalls die betreffende Reaktion auslösenden Reiz. Man unterscheidet

- den **bedingten Reflex:** Der bedingte Reiz löst einen Reflex aus.
- die **bedingte Appetenz:** Der bedingte Reiz löst ein bedingtes Appetenzverhalten aus, wenn darauf eine gute Erfahrung (Befriedigung eines Antriebs) erfolgt.
- die **bedingte Aversion:** Der bedingte Reiz löst ein Vermeidungsverhalten aus, um einer schlechten Erfahrung zu entgehen.

Bedingter Reflex

Ein bedingter Reflex entsteht aus einem „normalen", unbedingten Reflex durch die Verknüpfung einer im Organismus auf einen unbedingten Reiz hin ablaufenden Reaktion mit einem neuen, ursprünglich neutralen (keine Reaktion auslösenden) Reiz. Anschließend tritt als Folge des nun bedingten, verhaltensauslösenden Reizes dieselbe Reaktion als bedingter Reflex auf.

Beispiel

Nähert man dem Auge einer Versuchsperson schnell einen Gegenstand, so schließt die Versuchsperson blitzartig das Augenlid, auch wenn das Auge oder die Haut gar nicht berührt wird. Diesen Vorgang bezeichnet man als unbedingten Reflex, weil die Reaktion auf einen natürlichen, den Reflex normalerweise auslösenden Reiz (unbedingter Reiz) erfolgt.

Auf ein normales Klingelzeichen hin wird die Versuchsperson überhaupt nicht reagieren, der Ton der Klingel ist somit ein neutraler Reiz in Bezug auf den Auslösemechanismus des Lidschlusses.

Lässt man nun einige Male kurz vor dem unbedingten Reiz die Klingel ertönen, so reagiert die Versuchsperson nach einiger Zeit schon auf den Glockenton allein mit dem Schließen des Augenlids. Der ursprünglich neutrale Reiz „Glockenton" ist somit zum auslösenden oder bedingten Reiz geworden, der unbedingte Reflex zum bedingten.

Durch die Verknüpfung eines unbedingten Reizes, der eine bestimmte angeborene Reflexhandlung auslöst, und eines neutralen Reizes entsteht ein bedingter Reflex. Der **bedingte Reflex** wird also durch einen Reiz ausgelöst, der erst durch Erfahrung mit der Reflexhandlung verknüpft wurde **(bedingter Reiz)**.

Für das Entstehen eines bedingten Reflexes ist es von großer Wichtigkeit, dass die Zeitdauer zwischen dem neutralen Reiz (z. B. Glockenton) und dem natürlichen (unbedingten) Reiz nicht zu lang ist. Man bezeichnet die enge zeitliche Darbietung von neutralem und unbedingtem Reiz als **Kontiguität**.

Verhaltensbiologie 177

Beispiel

Lässt man z. B. die Glocke länger als 1,5 Sekunden vor dem natürlichen Reiz ertönen, reagiert die Versuchsperson später nicht auf den Glockenton als auslösenden Reiz.

Wird nach Darbietung des bedingten Reizes einige Male der unbedingte Reiz nicht angeboten, so wird das bedingte Verhalten nicht mehr ausgeführt. Diesen Effekt bezeichnet man in der Fachsprache als **Extinktion** (Auslöschung).
Außerdem lässt sich nicht jeder Reflex konditionieren. So hat man z. B. vergeblich versucht, den unbedingten Kniesehnenreflex experimentell in einen bedingten Reflex umzuwandeln.

Bedingte Appetenz

Bei der bedingten Appetenz handelt es sich um **Lernen aus guter Erfahrung**. Aufgrund dieser guten Erfahrung wird eine Reizsituation aufgesucht, die eine „Belohnung" verspricht. Das normale Appetenzverhalten zeigt sich in einem ungerichteten Suchen, das die Wahrscheinlichkeit zum Auffinden eines auslösenden Reizes erhöht. Bei der bedingten Appetenz löst ein ursprünglich neutraler Reiz das gezielte Aufsuchen eines Ortes aus, also ein **bedingtes Appetenzverhalten**, an dem die Wahrscheinlichkeit der Auslösung der Endhandlung größer ist.

Beispiele

In einem Aquarium wird das Futter der Fische immer in dieselbe Ecke gestreut. Haben die Fische Hunger (hohe Motivation), so suchen sie nach einiger Zeit grundsätzlich nur diese Ecke des Aquariums auf, um dort ihr Futter zu bekommen. Der neutrale Reiz „bestimmte Aquariumsecke" ist zum bedingten (erfahrungsbedingten) Reiz für die Auslösung des Appetenzverhaltens geworden.
Bietet man den Fischen das Futter z. B. immer nur in einem blauen Hütchen an, so schwimmen sie nach einiger Zeit nur auf ein blaues Hütchen zu, alle anders gefärbten Hütchen lösen kein Suchverhalten nach Nahrung aus. Der ursprünglich neutrale Reiz „blaue Farbe" ist zu einem bedingten, d. h. das Appetenzverhalten auslösenden, Reiz geworden.

Die **bedingte Appetenz** ist eine durch Lernen gebildete Verknüpfung zwischen einem während einer Antriebsbefriedigung wahrgenommenen neutralen Reiz und dem entsprechenden **Appetenzverhalten**. Der ursprünglich neutrale Reiz wird dadurch zum **bedingten Reiz**, der die Befriedigung des zum Appetenzverhalten gehörigen Antriebs ankündigt. Zum Erkennen des bedingten Reizes hat sich ein EAM (erworbener oder erlernter Auslösemechanismus) gebildet.

178 / Verhaltensbiologie

Im Gegensatz zum bedingten Reflex spielt bei der bedingten Appetenz auch der Antrieb oder die innere Bereitschaft (siehe doppelte Quantifizierung, S. 154) eine Rolle. Ein Reflex wird dagegen unabhängig von der inneren Bereitschaft eines Lebewesens ausgelöst. Bei den klassischen Versuchen von PAWLOW handelt es sich daher um eine bedingte Appetenz: Zur Auslösung der Endhandlung (Speichelfluss) ist auch die innere Bereitschaft (Hunger) wichtig.

Beispiel

Bei einem Hund, der keinerlei Hunger verspürt, kann man auch mit dem besten angebotenen Fleischbrocken keinen Speichelfluss auslösen. Normalerweise würde der Hund, wenn er Hunger verspürt, unruhig nach einer Futterquelle suchen (Appetenzverhalten). Da er sich aber bei dem Experiment nicht bewegen konnte, zeigte sich sein Appetenzverhalten ausschließlich im größeren Speichelfluss. PAWLOW nahm fälschlich an, dass die Absonderung von Speichel eine reflektorische Handlung sei.

Folgt auf das ausgeführte bedingte Appetenzverhalten keine gute Erfahrung, zeigt das Versuchstier die bedingte Appetenz immer seltener und schließlich nicht mehr. Es kam also zu einer **Extinktion** (Auslöschung), die man mit einem Lösen der neuronalen Verknüpfungen, die während des Lernvorgangs entstanden sind, erklären kann.

Bedingte Aversion

Aversion heißt so viel wie Abneigung. Nicht nur positive Erfahrungen können bestimmte Verhaltensweisen auslösen, sondern auch negative. Wird ein neutraler Reiz in einem solchen Fall zum **bedingten, das Meideverhalten auslösenden Reiz**, so spricht man von bedingter Aversion. Die ursprünglich neutrale Reizsituation wurde mit **negativen Erfahrungen** verknüpft und wird daher künftig gemieden.

Beispiele

Ratten meiden normalerweise den beleuchteten Teil eines Käfigs und bevorzugen das Dunkel. Eine Laborratte meidet aber den dunklen Käfigteil, wenn sie dort mehrmals einen schwachen Stromschlag erhalten hat.

Ein Pferd weigert sich plötzlich, an einer bestimmten Stelle seinen Weg fortzusetzen, weil es dort einmal von einem Hund angegriffen wurde.

> Die **bedingte Aversion** ist ein **erlerntes Vermeidungsverhalten** auf vorher neutrale (oder positiv wirkende) Reize hin. Eine bedingte Aversion, also die Verknüpfung zwischen bedingtem Reiz und Flucht- oder Abwehrverhalten, wird im Unterschied zur bedingten Appetenz häufig bereits durch eine einmalige negative Erfahrung geschaffen.

Allerdings kann auch hier eine **Extinktion** erfolgen, d. h. das Auslöschen von erlerntem Verhalten. Wenn über einen längeren Zeitraum der ursprüngliche, unbedingte, das Meideverhalten auslösende Reiz nicht mehr auftaucht, so verliert auch der bedingte Reiz allmählich seine das Meideverhalten auslösende Wirkung.

11.4 Verhaltensbedingte Konditionierung

Bei der verhaltensbedingten Konditionierung steht im Gegensatz zur reizbedingten Konditionierung zu Beginn des Lernprozesses nicht der auslösende Reiz oder das Reizmuster, sondern das Verhalten des Tieres. Eine zufällig ausgeführte Verhaltensweise führt zur Befriedigung einer bestimmten Motivation. Diese nun **bedingte Handlung** wird mit dem entsprechenden Antrieb gekoppelt. Derartige Lernprozesse nennt man auch **instrumentelle** oder **operante Konditionierung**.

Mit der reizbedingten Konditionierung hat die verhaltensbedingte Konditionierung gemeinsam, dass die Lernprozesse von Belohnung oder Bestrafung abhängen und dass das Lernverhalten durch während des Lernvorgangs hergestellte neue Nervenverbindungen im Gedächtnis gespeichert wird.

> Die **verhaltensbedingte (instrumentelle, operante) Konditionierung** wird im Gegensatz zur reizbedingten (klassischen) Konditionierung durch eine Verhaltensweise des Lebewesens (und nicht durch ein Reizmuster) ausgelöst. Durch die instrumentelle Konditionierung können vor allem neue Bewegungsweisen erlernt oder auch alte abgebaut werden, je nachdem ob eine Belohnung **(bedingte Aktion)** oder eine Bestrafung **(bedingte Hemmung)** erfolgt.

Bedingte Aktion

Bei einer bedingten Aktion wird eine zufällig ausgeführte Bewegung so mit einer daraufhin erfahrenen Belohnung verknüpft, dass die Bewegung dann gezielt zur Erreichung der Belohnung eingesetzt wird. Bei der Entstehung einer bedingten Aktion erfolgt eine neuronale Verknüpfung zwischen der ausgeführten Bewegung und der darauf folgenden Belohnung. Da die Belohnung sich positiv und verstärkend auf den Lernprozess auswirkt, bezeichnet man sie auch als **positiven Verstärker**. Im Gegensatz zur bedingten Appetenz steht hier nicht ein Reiz, sondern die Bewegung als erlernte Verhaltensweise im Vordergrund.

180 | Verhaltensbiologie

> Folgt auf ein spontanes oder experimentell ausgelöstes **Verhalten** einmal oder mehrmals eine **Belohnung**, so verknüpft sich der durch die Belohnung befriedigte Antrieb mit der betreffenden Aktion. In der Lernphase erfolgt dabei die Antriebsbefriedigung ungezielt auf die Verhaltensweise hin, während anschließend ein bestehender Antrieb gezielt die **bedingte Aktion** auslöst.

Beispiele

Mancher Zuschauer im Zirkus stellt sich die Frage: „Wie ist es möglich, Tieren komplizierte Dressuren beizubringen, wie man sie z. B. im Zirkus erlebt?" Eine Taube soll z. B. in einer Vorführung eine Pirouette drehen. Der Dompteur geht bei der Dressur dieser Aktion folgendermaßen vor: Er beobachtet die Taube, während sie ihre natürlichen Bewegungen ausführt. Jedes Mal, wenn die Taube sich etwas dreht, bekommt sie eine Belohnung. Um die innere Bereitschaft in Bezug auf die Belohnung zu steigern, sollte sie dabei möglichst hungrig sein. Nach mehreren Belohnungen stellt die Taube eine Verbindung zwischen dem Drehen und der Belohnung her. Die Drehbewegung tritt dadurch immer häufiger auf, bis die Taube sich schließlich einmal ganz um ihre Achse dreht.

Ähnlich verhält es sich, wenn ein Hund „Pfotegeben" lernen soll. Immer, wenn er die Pfote etwas bewegt oder sie vom Boden entfernt, erhält er eine Belohnung, und sei es nur durch Streicheln oder Lob. Allmählich erkennt er den Zusammenhang zwischen Pfoteheben und dem freundlichen Verhalten des Menschen und zeigt das gewünschte Verhalten.

Der Verhaltensforscher Burrhus F. SKINNER entwarf eine Vorrichtung, mit deren Hilfe bedingte Aktionen bei Tieren relativ schnell ausgelöst werden können, die sog. **Skinner-Box**. Sie besteht aus einem kleinen Käfig mit einem Futterautomaten. Immer wenn das Versuchstier einen bestimmten Hebel drückt, erhält es automatisch eine Futterpille.

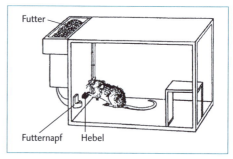
Abb. 90: Skinner-Box

Zunächst scheinen die Belohnungen in Form des Futters für das Versuchstier zufällig zu erfolgen. Doch nach einiger Zeit erkennt es den Zusammenhang zwischen Hebeldrücken und Futtergabe. Erfolgt über einen längeren Zeitraum auf die bedingte Aktion keine Belohnung, so kommt es auch bei dieser Verhaltensweise allmählich zur **Extinktion**, d. h., die bedingte Aktion erlischt.

Verhaltensbiologie 181

Bedingte Hemmung

Nicht nur positive Erfahrungen können Verhaltensweisen beeinflussen, sondern auch negative. Ähnlich wie bei der bedingten Aversion kann eine **negative Erfahrung** eine Handlung blockieren. Anders als bei der bedingten Aversion verknüpft sich aber bei dieser bedingten Hemmung die negative Erfahrung mit keinem Sinneseindruck, sondern mit einem eigenen Verhalten.

> **Bedingte Hemmung** liegt dann vor, wenn eine Verhaltensweise aufgrund negativer Erfahrung nach eben diesem Verhalten **unterbunden** wird.

Beispiel

Um einem Hund das Zerren an der Leine abzugewöhnen, benutzt man häufig ein Stachelhalsband. Es ist an der Innenseite mit Metallspitzen versehen, die beim Zerren an der Leine in die Haut des Hundes drücken. Der Schmerz, der beim Zerren ausgelöst wird, veranlasst den Hund, die ungewünschte Verhaltensweise zu unterlassen. Der Hund verknüpft in diesem Fall das Verhalten „Zerren an der Leine" mit Schmerz (unangenehme Erfahrung).

Zusammenfassung

- **Lernvorgänge** sind Prozesse, die bei Tier und Mensch zu dauerhaften Verhaltensänderungen führen.

- **Obligatorisches Lernen** ist lebensnotwendig; **fakultatives Lernen** ist „nur" vorteilhaft und nützlich.

- Durch **Prägung** erwerben Tiere in einer frühen und zeitlich begrenzten sensiblen Phase lebenswichtige Kenntnisse.

- Bei der **reizbedingten (klassischen) Konditionierung** wird ein bestimmtes Verhalten auf einen zuvor neutralen Reiz hin ausgeführt. Der neutrale Reiz wird zum **bedingten Reiz**.

- Bei der **verhaltensbedingten (operanten) Konditionierung** wird ein neues Verhalten erlernt. Ein vorher zufällig ausgeführtes Verhalten wird zum **bedingten Verhalten**.

- Zum Erlernen einer **bedingten Appetenz** und einer **bedingten Aktion** ist eine positive Erfahrung erforderlich.

- Das Erlernen einer **bedingten Aversion** und einer **bedingten Hemmung** erfolgt aufgrund schlechter Erfahrung.

182 | Verhaltensbiologie

Aufgaben

132 Erklären Sie, was man unter einem bedingten und einem unbedingten Reflex versteht. Geben Sie je ein Beispiel an.

133 Erklären Sie den Begriff „Extinktion" im Kontext des Lernverhaltens. Geben Sie ein selbst gewähltes Beispiel an.

134 Definieren Sie den Begriff Prägung. Vergleichen Sie die sexuelle Prägung mit der Nachfolgeprägung bei Enten.

135 Vergleichen Sie den Verlauf der Extinktion bei einem Hund, der beim Erlernen des Pfötchengebens unregelmäßig mit Futter belohnt wurde, mit der bei einem Hund, der bei jedem Pfötchengeben belohnt wurde. Begründen Sie Ihre Antwort.

136 Stellen Sie tabellarisch die Merkmale der klassischen Konditionierung beim PAWLOW'schen Hund und die der Konditionierung des Lidschlussreflexes auf Luftzug gegenüber.

137 Begründen Sie jeweils kurz, ob die folgenden Beispiele der klassischen oder instrumentellen Konditionierung zuzuordnen sind:
a   Männchenmachen des Hundes beim Futterbetteln
b   Hochsteigen des Hengstes im Zirkus beim Heben der Peitsche des Dompteurs

138 Bei einer Zirkusvorstellung dreht sich ein Bär dauernd im Kreis. Nennen Sie zwei Möglichkeiten, wie man Ihrer Meinung nach einem Bären ein solches Verhalten wieder abgewöhnen kann.

139 Legen Sie kurz die wesentlichen Unterschiede und Gemeinsamkeiten der bedingten Appetenz und der bedingten Aktion dar.

140 Sie möchten Ihrem Hund das Pfötchengeben beibringen. Erläutern Sie, welche Lernmethode am schnellsten zum Erfolg führt, und beschreiben Sie, wie Sie dabei vorgehen müssen.

12 Individuum und soziale Gruppe

Viele Tiere leben individuell, d. h., sie gehen allein dem Nahrungserwerb nach und verteidigen sich allein. Nur zur Paarungszeit suchen sie sich einen Geschlechtspartner, mit dem sie aber nur selten über längere Zeit zusammenbleiben. Bei anderen Tierarten kommt es mitunter zu größeren Ansammlungen von Artgenossen, ohne dass sich die Individuen gegenseitig kennen oder eine soziale Beziehung zueinander haben. In seltenen Fällen leben Tiere in geordneten **Sozialverbänden** (Sozietäten) zusammen und zeigen ein ausgeprägtes Sozialverhalten, das durch gemeinschaftliches Handeln, die **Kooperation**, gekennzeichnet ist.

Bei tierischen Sozialverbänden leben nur Individuen derselben Art zusammen. Durch das Zusammenleben auf engem Raum wird die Suche nach einem Geschlechtspartner erleichtert. Ein anderer Vorteil der Sozialverbände ergibt sich durch die häufig anzutreffende Arbeitsteilung. Während ein Teil der Gruppe sich z. B. um die Aufzucht der Jungen kümmert, übernehmen andere Individuen den Schutz des Verbandes oder jagen nach Beute. Häufig kennen sich die Tiere untereinander, ziehen ihre Jungen gemeinsam auf und wehren sich gemeinsam gegen Feinde. Die Jungtiere fühlen sich in diesem Verband sicher und reagieren hilflos und ängstlich, wenn sie von ihrer Gruppe getrennt werden. Meist findet in derartigen Verbänden auch **Kommunikation** statt, d. h., es besteht die Möglichkeit, sich auf einfache Weise miteinander zu verständigen. So stoßen Tiere, die sich von der Gruppe entfernt haben, Angst- und Hilferufe aus, die Gruppenmitglieder antworten darauf und die Gruppe findet wieder zusammen. Ein weiterer Vorteil von Sozialverbänden liegt in der Möglichkeit der **Traditionsbildung**, d. h. in der Weitergabe bestimmter erlernter bzw. erworbener Verhaltensweisen (siehe S. 171).

Da Artgenossen abiotische und biotische Umweltfaktoren in gleicher Weise beanspruchen, da sie ähnliche Bedürfnisse an ihre Umwelt stellen, entsteht zwischen ihnen aber auch **Konkurrenz** (v. a. um Nahrung und Geschlechtspartner). Dieser Nachteil wird allerdings durch die beschriebenen Vorteile mehr als aufgewogen.

184 / Verhaltensbiologie

Beim Zusammenleben der Tiere unterscheidet man folgende unterschiedliche Formen sozialer Zusammenschlüsse:

- **Aggregation:** Lockere Ansammlung von Individuen einer oder verschiedener Arten, oft aufgrund bestimmter örtlicher Gegebenheiten.

Beispiele   Überwinterungsgesellschaften von Fledermäusen oder Insekten

- **Anonymer, offener Verband:** Die Mitglieder kennen sich nicht, tauschen aber untereinander Signale aus (z. B. Warnschreie, Schreckstoffe). Tiere können jederzeit den Verband verlassen oder neu hinzukommen.

Beispiele   Brutkolonien von Vögeln, Fischschwärme

- **Anonymer, geschlossener Verband:** Die Mitglieder kennen sich zwar nicht persönlich, besitzen aber alle ein gemeinsames Merkmal, an dem sie als Gruppenmitglieder erkannt werden können, z. B. einen gemeinsamen Nest- oder Sippengeruch.

Beispiele   Bienen- oder Ameisenstaaten, Mäuse- oder Rattensippen

- **Individualisierter Verband:** Die Mitglieder bilden eine enge Gemeinschaft und kennen sich persönlich, da sie sich Aussehen, Geruch und Stimme der einzelnen Individuen einprägen.

Beispiele   Wolfsrudel, Hühnerschar, Schimpansengemeinschaft
Die höchste Organisationsstufe eines individualisierten Verbands sind Familien (Eltern/Kinder) und monogame Dauerehen, wie man sie von Graugänsen, Kolkraben, Papageien und Walen kennt. Eine Sonderform der monogamen Ehe findet man beim Storch. Immer das gleiche Storchenpaar bewohnt ein bestimmtes Nest in einer sog. monogamen Ortsehe. Storchenmännchen und -weibchen kehren jedes Jahr wieder in dasselbe Nest zurück. Wird aber das Storchenweibchen von einer anderen Störchin vertrieben, so akzeptiert das Männchen auch die neue Störchin als Gefährtin.

> Die **Vorteile sozialer Zusammenschlüsse** bestehen in erster Linie in einem verbesserten **Schutz vor Feinden** (gegenseitige Warnung vor und Hilfe bei der Abwehr von Feinden) und in der **Erleichterung des persönlichen Lebens** (problemlose Partnersuche, Arbeitsteilung in der Jungenaufzucht und beim Nahrungserwerb).

12.1 Kooperation

Beispiele für Kooperation
- **Nahrungserwerb**

Wölfe, Löwen, Schakale, aber auch Lachmöwen sind bei gemeinschaftlicher Jagd erfolgreicher als bei der Einzeljagd.

Lachmöwen (siehe Abb. 91) erbeuten bei der Jagd zu sechst etwa doppelt so viele Fische pro Tier als allein.
Wölfe und Löwen sind nur im Rudel in der Lage, Beutetiere (z. B. Elch, Hirsch bzw. Gnu, Zebra) zu erlegen, die wesentlich größer und schwerer sind als sie selbst.

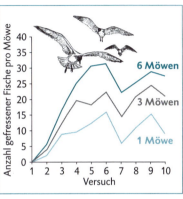

Abb. 91: Jagderfolg nach Gruppengröße

- **Schutz und Verteidigung**

Murmeltiere in den Alpen und Belding-Ziesel im Bergland im Westen der USA: Einzelne Tiere, die eine Gefahr bemerkt haben, stoßen charakteristische Rufe aus (siehe Abb. 92), woraufhin die Gruppenmitglieder blitzschnell im Bau verschwinden bzw. in Deckung gehen.

Im Fischschwarm sind die Mitglieder besser geschützt als einzeln lebende Fische. Um ein Tier zu erbeuten, muss sich der Räuber auf dieses konzentrieren. Bei einem Fischschwarm ist ihm das nicht möglich. Die vielen durcheinanderschwimmenden Fische lenken ihn ab (Konfusions- oder Verwirrungseffekt). Wenn ein Räuber versucht, aus einem Schwarm heraus einen Fisch zu erbeuten, so drängt er Randfische ab, um sie dann außerhalb des Schwarms zu fangen.

Abb. 92: Ein Belding-Ziesel, das den stakkatoartigen Warnruf ausstößt

Droht Herdentieren wie Rindern Gefahr, ohne dass die Tiere wissen, woher der Räuber kommt, streben sie dichter zusammen (siehe Abb. 93, A) und reduzieren dadurch die Größe ihrer individuellen Gefahrenzone (B). Die Gefahrenzonen sind mit punktierten Linien dargestellt. Sie werden gebildet, indem man die Abstände zwischen den Rindern jeweils halbiert. Moschusochsen bilden einen sog. Verteidigungsring um die Jungtiere und wenden ihre Köpfe verteidigungsbereit den Angreifern zu.

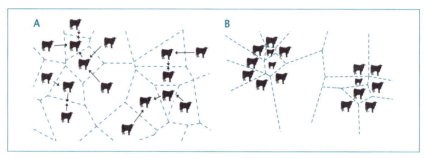

Abb. 93: Bildung einer geschlossenen Herde bei Gefahr

- **Fortpflanzung**

Beispiele

Eintagsfliegen, die ihre Larvenzeit am Grund von Gewässern verbringen, versammeln sich als Adulte in riesigen Schwärmen zum „Hochzeitsflug". Dadurch steigt die Chance, in der kurzen verbleibenden Lebenszeit einen Geschlechtspartner zur Paarung zu finden.

Brüten und Aufzucht der Jungen in Vogelkolonien schützt wirksam vor Nesträubern und erhöht dadurch den Fortpflanzungserfolg. Bei Möwen wurde auch gemeinschaftliche Feindabwehr beobachtet.

Kosten-Nutzen-Analyse und Optimalitätsmodell

Der wohl wichtigste Vorteil des Zusammenlebens in einer Gruppe ist die größere Sicherheit vor Feinden, der wahrscheinlich größte Nachteil die innerartliche Konkurrenz um Nahrung und Wohnraum, da die Artgenossen die gleichen Ansprüche haben. Alle Vorteile, die ein Tier aus einem bestimmten Verhalten zieht, werden als **Nutzen** zusammengefasst. Ihm werden die **Kosten**, die sich aus den Nachteilen des Verhaltens ergeben, gegenübergestellt und in einer **Kosten-Nutzen-Analyse** verglichen und ausgewertet. Mithilfe mathematischer Ansätze wurden quantitative Modelle entwickelt (Optimalitätsmodell), mit denen sich die größtmögliche Differenz zwischen Kosten und Nutzen ermitteln lässt. Solche Kosten-Nutzen-Analysen basieren auf der Annahme, dass sich in der Evolution die Verhaltensweisen durchsetzen konnten, bei denen der Nutzen größer ist als die Kosten. Individuen mit „kostengünstigem" Verhalten haben einen höheren Fortpflanzungserfolg und damit einen Evolutionsvorteil.

Gelegegröße bei Singvögeln: Aus Untersuchungen an Kohlmeisen ergab sich, dass das durchschnittliche Gewicht der Jungvögel mit zunehmender Anzahl der Jungtiere pro Nest zurückgeht. Die Überlebensrate der Jungvögel ist umso höher, je größer ihr Gewicht ist. Der Nutzen, hier die Anzahl der überlebenden Jungen, ist bei einer mittleren Gelegegröße am größten. Die Reproduktionskosten, also alle Stoffwechselleistungen, die die Elterntiere aufbringen müssen, um das Überleben der Nachkommen zu sichern, steigen linear mit der Gelegegröße. Die größtmögliche Differenz zwischen Kosten und Nutzen liegt bei einer mittleren Gelegegröße (bei Kohlmeisen 8–9 Eier/Gelege).

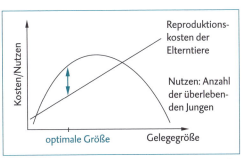

Abb. 94: Optimalitätsmodell am Beispiel der Gelegegröße

Altruistisches Verhalten und HAMILTON-Regel

Einen wichtigen Schritt bei der Erforschung des Sozialverhaltens stellt die Erkenntnis dar, dass nicht nur der Körperbau sondern auch die Verhaltensweisen von Mensch und Tier einer stammesgeschichtlichen Entwicklung unterworfen sind (Soziobiologie). Geht man von der Evolutionslehre DARWINs aus, so führt die Selektion zu einer besseren Angepasstheit und damit zu besseren Überlebenschancen dieser Individuen. Vertreter der klassischen Ethologie waren der Ansicht, dass durch die Selektion die sozialen Verhaltensweisen begünstigt werden, die dem Wohl der Gruppe nützen und damit der Arterhaltung dienen **(Gruppenselektion)**. Eine Gruppe, in der einige Angehörige bereit sind, ihre eigenen Interessen (z. B. in Bezug auf die Fortpflanzung) für das Wohl der Gruppe zurückzustellen, wird demnach größere Überlebenschancen haben. Ein solches gemeinnütziges, selbstloses Verhalten wird als **altruistisches Verhalten** bezeichnet.

Beispiele	Ein Präriehund warnt seine Artgenossen durch Schreie, sobald sich dem Rudel ein Kojote nähert. Durch sein Schreien ist zwar die Wahrscheinlichkeit größer, dass er selbst von dem Kojoten angegriffen, verletzt oder gar getötet wird, er erhöht aber gleichzeitig die Überlebenschancen seiner Rudelgenossen.
	Bei manchen Vogelarten kann man beobachten, dass Weibchen, die sich nicht selbst fortpflanzen, bei der Aufzucht und Betreuung der Jungen von Verwandten helfen und so die Sterberate derer Nachkommen verringern.

Wenn altruistisches Verhalten zu persönlichen Nachteilen (geringe Lebenserwartung und damit weniger Nachkommen) oder zum Verzicht auf die eigene Fortpflanzung führt, stellt sich die Frage, wie und in welchem Umfang die Gene, die dieses Verhalten bedingen, in die nächsten Generationen gelangen. Die eigennützigen Individuen müssten die selbstlosen mit der Zeit verdrängen. Soziobiologen gehen heute deshalb von der **Individualselektion** aus. Sie setzen voraus, dass die Selektion am Individuum ansetzt (wie ursprünglich von DARWIN angenommen). Der zentrale Gedanke ist, dass jedes Individuum durch sein Verhalten versucht, seine Gene möglichst erfolgreich weiterzugeben **(Egoismus der Gene)**. Altruistisches Verhalten muss also im Zusammenhang mit den Verwandtschaftsverhältnissen in der jeweiligen Gruppe betrachtet werden. Durch altruistisches Verhalten wird die Chance erhöht, dass ein Teil der eigenen Gene zumindest über nahe Verwandte (die ja zu einem gewissen Prozentsatz dieselben Gene besitzen) erfolgreicher an die nächste Generation weitergegeben werden.

Der englische Biologie William D. HAMILTON veröffentlichte 1964 sein Modell der **Verwandtenselektion**. Der Verwandtschaftsgrad zweier Individuen wird darin durch den Verwandtschaftskoeffizienten r angegeben. Er ist ein Maß für den Anteil gemeinsamer Gene. Bei sexueller Fortpflanzung stammen 50 % der Gene eines diploiden Individuums von der Mutter, die anderen 50 % vom Vater. $\Rightarrow$ Zwischen Eltern und Kindern beträgt r = 0,5. Bei Vollgeschwistern liegt der Anteil gemeinsamer Gene im Durchschnitt ebenfalls bei 50 %, bei Großeltern und Enkeln bei 25 % (r = 0,25).

Nach diesem Modell setzen sich in der Evolution nicht die Verhaltensweisen durch, die dem Individuum direkt einen Vorteil verschaffen, sondern die die **Fitness** des Individuums verbessern.

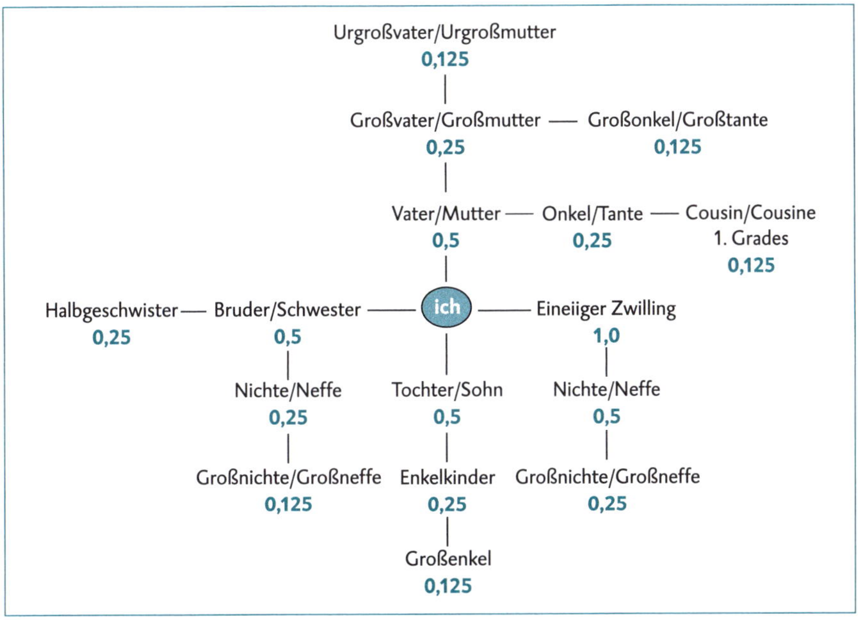

Abb. 95: Verwandtschaftsgrade beim Menschen, angegeben als Verwandtschaftskoeffizient (r) in Relation zur eigenen Person („ich").

> **Fitness** ist die Fähigkeit eines Individuums, zu überleben und seine Gene an die nächste Generation weiterzugeben. Je größer der genetische Beitrag eines Individuums zur nächsten Generation ist, umso größer ist seine Fitness (Lebenszeit-Fortpflanzungserfolg).

Durch die eigene Fortpflanzung kann ein Individuum seine Fitness unmittelbar erhöhen (**direkte Fitness**). Wenn ein Individuum Verwandte bei der Fortpflanzung und Aufzucht der Nachkommen unterstützt, sorgt es indirekt dafür, dass seine Gene in den nachfolgenden Generationen häufiger vorkommen (**indirekte Fitness**). Direkte und indirekte Fitness ergeben zusammen die **Gesamtfitness**. Altruistisches Verhalten ist also umso wahrscheinlicher, je enger die Verwandtschaft ist. Dieser Zusammenhang lässt sich mit der HAMILTON-**Formel** beschreiben.

> **HAMILTON-Formel: $K < r \cdot N$**
> (K = Kosten: Fitnessverlust, N = Nutzen: Fitnessgewinn, r = Verwandtschaftsgrad)

Beispiel: Verringert sich die Nachkommenzahl eines Individuums durch altruistisches Verhalten um 1, verzichtet es auf einen direkten Fitnessgewinn: r · N = 0,5 · 1 = 0,5. Damit sich der Verzicht auf mehr eigene Nachkommen lohnt, müssen folglich mindestens drei Nachkommen von Geschwistern dieses Individuums (Nichten, Neffen) zusätzlich überleben: r · N = 0,25 · 3 = 0,75.

Wenn die Gesamtfitness eines Individuums durch altruistisches Verhalten erhöht wird, kann es sich als Selektionsvorteil in der Evolution durchsetzen. Dieses Verhalten wird über Generationen weitervererbt und die überwiegende Mehrzahl der Artgenossen zeigt dann die Verhaltensweise. Solche genetisch bedingten Verhaltensweisen, die den Arterhalt sichern, werden als **evolutionsstabile Strategien (ESS)** bezeichnet.

Helfergesellschaften

Beispiel

Graufischer bewohnen die Uferzonen großer Flüsse und Seen in Ostafrika. Sie bilden Brutkolonien und nisten in Höhlen in Steilwänden in der Nähe z. B. des Victoriasees. In den Kolonien gibt es fast doppelt so viele erwachsene Männchen als Weibchen. Viele Weibchen werden beim Brüten in den Höhlen z. B. von Schlangen gefressen. Ein Teil der überzähligen Männchen hilft verwandten Paaren als **Bruthelfer** bei der Aufzucht ihrer Jungen. Die Helfer sind überwiegend erwachsene Nachkommen des Brutpaares. So erhöht sich die Zahl der flügge gewordenen Jungen

Abb. 96: Graufischer

eines Elternpaars pro Jahr am Victoriasee durch den Einsatz der Helfer durchschnittlich um 1,8. Dadurch steigt für die Elternvögel unmittelbar die direkte Fitness. Der Bruthelfer, der durch den Mangel an Weibchen in seinem 1. Fortpflanzungsjahr nicht zu einer eigenen Fortpflanzung mit direktem Fitnessgewinn kommen kann, erzielt jedoch einen indirekten Fitnessgewinn. Statt nichts zu tun, kann er einen Beitrag zur Weitergabe seiner Gene über die Aufzucht seiner Geschwister leisten.

Eusozialität

Das Zusammenleben in sog. Tierstaaten (Insekten: Honigbienen, Ameisen, Hummeln, Wespen, Termiten; Säugetiere: Nacktmulle) ist durch viele altruistische Verhaltensweisen gekennzeichnet. Fachsprachlich werden solche Arten als **eusozial** bezeichnet. Typische Kennzeichen sind:
- Kooperation bei der Brutpflege
- Kooperation bei der Nahrungsversorgung
- Zusammenleben mehrerer Generationen
- Vorkommen von fruchtbaren und unfruchtbaren Tieren

Honigbienen:

Mitglieder des Bienenstaats und ihre Aufgaben:

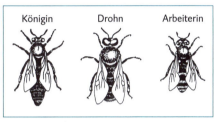

Abb. 97: Honigbienen

- 1 Königin, die Mutter aller Bienen eines Stocks: Ihre Aufgabe ist die Produktion und Ablage von Eiern. Auf dem Hochzeitsflug als Jungkönigin wird sie von mehreren Drohnen begattet und verfügt zeitlebens über einen Spermienvorrat.
- 500–1 000 Drohnen, männliche Bienen: Ihre einzige Aufgabe ist die Begattung einer Jungkönigin auf dem Hochzeitsflug.
- 30 000–60 000 Arbeiterinnen, kleine, unfruchtbare Weibchen: Die Ausbildung der Geschlechtsorgane wird durch Hormone der Königin unterdrückt.

Arbeitsteilung: Abhängig von ihrem Alter übernehmen sie verschiedene Aufgaben: 1.–20. Lebenstag: Stockbiene ⇒ Wabenzellen putzen, Larven füttern, Pollen und Nektar zu Honig verarbeiten, Waben bauen, Temperatur und Luftfeuchtigkeit regulieren, Dienst als Wächter.

20. Lebenstag bis zum Tod: Sammelbiene (Nektar, Pollen, Honigtau)

Verwandtschaftsgrade im Bienenstaat: Die weiblichen Tiere, die Königin und die Arbeiterinnen, entstehen aus befruchteten Eiern und sind diploid. Die männlichen Drohnen dagegen entstehen aus unbefruchteten Eiern und sind haploid (Haplodiploidie).

> Eine genetische Geschlechtsfestlegung, bei der Weibchen aus befruchteten Eiern hervorgehen und diploid sind und Männchen aus unbefruchteten Eiern entstehen und haploid sind, nennt man **Haplodiploidie**.

Daraus ergeben sich für die Arbeiterinnen, die alle Schwestern sind, besondere Verwandtschaftsverhältnisse (siehe Abb. 98). Sie erhalten von ihrer Mutter (Königin) und ihrem Vater (Drohn) je 50 % der Gene. Schwestern weisen durchschnittlich einen Anteil von 50 % gemeinsamer Gene auf (Verwandtschaftskoeffizient r = 0,5). Da jedoch die Keimzellen des haploiden Vaters identisch sind (keine Rekombination möglich), stimmen alle Schwestern bezüglich der väterlichen Gene überein (r = 1,0). Im Durchschnitt sind den Arbeiterinnen 75 % ihrer Gene gemeinsam (r = 0,75; siehe Abb. 99), d.h., sie sind miteinander enger verwandt als mit ihrer Mutter.

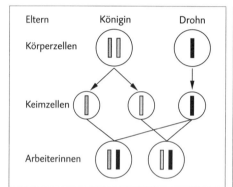

Abb. 98: Verwandtschaft bei Arbeiterinnen (ein Balken = ein haploider Chromosomensatz)

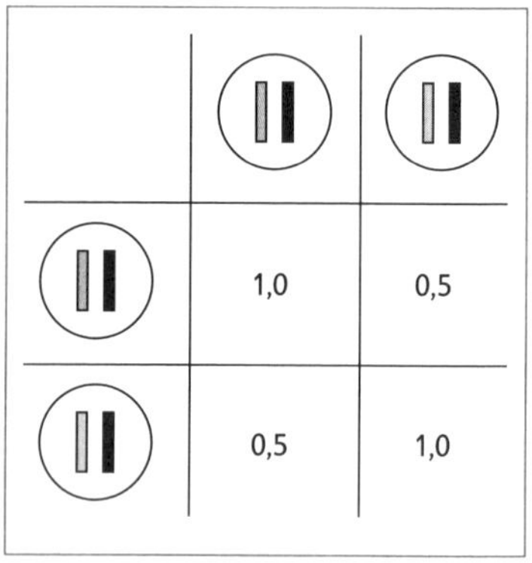

Abb. 99: Berechnung des Verwandtschaftskoeffizienten der Arbeiterinnen

Durch diese enge Verwandtschaft der Arbeiterinnen untereinander lohnt sich die Unterstützung der Königin, da immer mehr genetisch ähnliche Schwestern entstehen. Würde eine Arbeiterin zwei eigene Nachkommen haben, ergäbe sich entsprechend der HAMILTON-Regel: $r \cdot N = 0,5 \cdot 2 = 1,0$; bei zwei weiteren Schwestern ergibt sich: $r \cdot N = 0,75 \cdot 2 = 1,50$, also ein größerer Fitnessgewinn. (Allerdings beruhen diese Überlegungen darauf, dass die Königin nur Weibchen und keine Männchen produziert!)
Das altruistische Verhalten der unfruchtbaren Weibchen und der Zusammenhalt in einem Insektenstaat wird soziobiologisch mit dem höheren Verwandtschaftsgrad der Schwestern untereinander und dem sich daraus ergebenden Fitnessgewinn erklärt. Nicht geklärt ist jedoch, warum die Verhältnisse in einem Bienenstaat trotzdem stabil sind, wenn eine Königin von mehreren Drohnen begattet wird.

12.2 Kommunikation

Der Austausch von Nachrichten in Form von Signalen ist eine der wichtigsten Voraussetzungen für soziales Verhalten. Die Übertragung von Informationen (Nachrichtenübermittlung) zwischen Artgenossen bezeichnet man als **intra-spezifische** Kommunikation. Bei einer **interspezifischen** Kommunikation werden Signale zwischen Lebewesen verschiedener Arten übermittelt.

Beispiel

Die Alarmrufe einer Amsel beim Auftauchen eines Greifvogels warnen auch andere Singvögel in der Umgebung.

Beim Menschen spielen neben der verbalen Kommunikation auch die Gestik und Mimik als Übermittlung von nonverbalen Signalen eine wichtige Rolle.

Sender-Empfänger-Modell

Die Grundbegriffe dieses Modells stammen aus der Nachrichtentechnik. Ein Individuum, das Signale aussendet, um das Verhalten eines anderen Individuums zu beeinflussen, wird als **Sender** bezeichnet, das Individuum, dessen Verhalten sich ändern soll, als **Empfänger**. Die Signalübertragung erfolgt in den folgenden Schritten:

- Der Sender weist eine Motivation zur Kommunikation auf.
- Er erzeugt Signale, die vom Empfänger aufgenommen und verarbeitet werden können, Sender und Empfänger müssen also über denselben Signalcode verfügen (Codierung).
- Die Signale werden über einen bestimmten (Sinnes-)Kanal gesendet.
- Der Empfänger nimmt die Signale mit einem dafür geeigneten Sinnesorgan auf und entschlüsselt sie, d. h., er versteht sie (Decodierung).
- Der Empfänger zeigt (meistens) eine Verhaltensänderung.

Für eine erfolgreiche Kommunikation ist es wichtig, dass die Signalübertragung ohne Störung durch Umwelteinflüsse erfolgt sowie dass die Signale eindeutig und ohne Fehler deutbar sind.
Signale als Voraussetzung für Kommunikation können in unterschiedlicher Form weitergegeben werden: akustische, optische, taktile oder chemische Signale.

Akustische Signale

Unter akustischen Signalen sind alle Formen der Lautäußerung zusammengefasst, also sowohl die mittels der Stimme hervorgebrachten Rufe als auch alle anderen Geräusche im Dienste der Kommunikation.

Beispiele	Das dem Menschen am längsten bekannte Mittel tierischer Nachrichten-übermittlung sind sicherlich die Stimmen der Vögel. Auch die Wiederga-be von Vogellauten durch menschliche Wortbildungen (Uhu, Kibitz, Kuckuck) lässt sich historisch sehr weit zurückverfolgen. Bei den Lauten, die Vögel hervorbringen können, unterscheidet man Geräusche, Rufe und Gesänge. Zu den ersten gehört das Klappern des Storches, mit dem sich ein Storchenpaar am Nest begrüßt, aber auch fremde Artgenossen abwehrt. Dabei wird der Unterschnabel gegen den Oberschnabel geschla-gen. Rufe und Gesänge werden dagegen in Form von Lockrufen, Stimm-fühlungslauten, Warnrufen und Angstschreien mit den Stimmorganen hervorgebracht. Der „Gesang" der Vögel dient in erster Linie der Fort-pflanzung: Er soll sowohl die paarungsbereiten Weibchen anlocken als auch das besetzte Territorium markieren bzw. abgrenzen.

Auch im Leben von Delfinen spielen Lautäußerungen (Klickgeräusche, Knattertöne u. Ä.) im Rahmen der Verständigung untereinander eine wichtige Rolle.

Optische Signale

Optische Signale sind im gesamten Tierreich vielfältig verbreitet. Dazu gehö-ren Körpermerkmale wie Färbung, Größe oder Form von Körperteilen etc. ebenso wie die Körpersprache (Gestik und Mimik).

Beispiele	Die intensive Färbung der Brust von Echsenmännchen, das farbenpräch-tige Gefieder des Pfaus, die leuchtenden Muster auf den Flügeln von Schmetterlingen oder die Lichtsequenzen von Glühwürmchen sind deut-liche Beispiele optischer Signale.

Auch der rote Fleck am Schnabel von Möwen, die deutliche Signalfarbe von sperrenden Jungvögeln und die silbrige Farbe des Rückens eines männlichen Gorillas stehen im Dienste der optischen Signalübermitt-lung.

Eine sehr ausgeprägte optische Verständigungsmöglichkeit besitzen Hund und Wolf in der Körpersprache. Sie können Aggression, Angst und Unterwerfung allein durch Gestik und Mimik zum Ausdruck bringen. Die jeweilige Tendenz zu Angriff, Flucht oder Angst lässt sich an der Kopfhaltung, dem Nackenfell und der Ohrenstellung erkennen. Diese Stimmungsanzeichen sowie die Schwanzstellung unterscheiden nach au-ßen hin einen dominanten deutlich von einem untergeordneten Wolf.

Taktile Signale

Bei vielen sozial lebenden Tieren kommt eine Verständigung durch direkten Körperkontakt zustande. Durch Berühren und Betasten werden Informationen weitergegeben. Diese auch als **Kontaktkommunikation** bezeichnete Informationsübertragung ist besonders für das Sozialverhalten der Säugetiere sehr wichtig. Der Austausch taktiler Reize vermittelt allgemeine Informationen über die soziale Beziehung.

Beispiele

Bei der gegenseitigen Körperpflege der Affen werden u. a. Informationen über die Rangfolge ausgetauscht.

Taktile Signale haben im Bereich der Säugetiere oft beruhigende Funktion. Ein Jungtier findet Schutz durch den Hautkontakt mit der Mutter, Herdenangehörige bekräftigen den Zusammenhalt durch engen körperlichen Kontakt.

Ein weiteres Beispiel taktiler Kommunikation ist die Tragstarre bei Raubtierjungen. Der taktile Reiz des elterlichen Nackenbisses „sagt" dem Jungen, dass es in eine Tragstarre verfallen muss, um den Transport erst zu ermöglichen.

Chemische Signale

Die Kommunikation mithilfe chemischer Signale war in der Evolution wohl der erste erfolgreiche Versuch einer „Verständigung". Signalstoffe, die der chemischen Informationsübermittlung zwischen Artgenossen dienen, werden als **Pheromone** bezeichnet.

Beispiele

Zu den ersten Signalstoffen, die gefunden wurden, gehörte der Sexuallockstoff des Seidenspinners. Die Weibchen des Seidenspinners und anderer Nachtfalterarten können damit aus mehreren Kilometern Entfernung arteigene Männchen anlocken. Die Männchen besitzen dafür hochempfindliche Geruchsrezeptoren an ihren stark gefiederten Antennen.
Zu den chemischen Signalen zählt auch das Setzen von Duftmarken, die die Grenzen eines Reviers anzeigen (Urin, Kot, spezielle Drüsensekrete).
In verschiedenen Tiergruppen (z. B. bei den Elritzen) wurden auch sog. Alarmpheromone entdeckt. Wenn Gruppenmitglieder, z. B. durch einen Raubfisch, angegriffen und verletzt werden, geben sie aus speziellen Schleimzellen einen Schreckstoff ins Wasser ab, der die Artgenossen zur Fluchtreaktion veranlasst.

Ritualisierung

Im Verhalten mancher Tiere beobachtet man Erbkoordinationen, die im Laufe der Evolution ihre ursprüngliche Bedeutung verloren haben und nun im Dienste der Kommunikation stehen. Einen derartigen Vorgang, bei dem sich die Funktionsweise des einzelnen Verhaltens verändert und Signalcharakter bekommt, bezeichnet man als **Ritualisierung**. Vor allem im Balz- und Aggressionsverhalten treten ritualisierte Verhaltensweisen auf.

Jedes Tier besitzt gegenüber seinen Artgenossen eine gewisse **Individualdistanz**, d. h., zwischen zwei Tieren muss ein bestimmter Mindestabstand gewahrt bleiben, damit es nicht zu aggressiven Handlungen kommt. Bei der Balz und zur Paarung muss diese Individualdistanz überwunden werden. Im Laufe der Evolution haben sich daher Verhaltensweisen entwickelt, die die Individualdistanz abbauen.

Beispiel

Im Verlauf der Balz bei Albatrossen tauchen Schnabelfechten, -knabbern, -präsentieren, Putzen und Verbeugen auf. Diese Verhaltensweisen stammen aus unterschiedlichen Funktionskreisen des Verhaltens:

- Schnabelfechten: Aggressive Handlung im Kampf zweier Albatrosse
- Schnabelknabbern: Entspricht Futterbetteln aus Brutpflegeverhalten
- Das Schnabelpräsentieren ist eine Beschwichtigungsgeste.
- Putzen: Entstammt dem Bereich der Körperpflege.
- Verbeugung: Entspricht dem Zeigen des Nistplatzes.

Alle ritualisierten Verhaltensweisen treten in einer strengen Reihenfolge auf, aber keines dieser Verhaltenselemente löst die normalerweise auftretende Gegenreaktion aus. Das strenge Einhalten der Reihenfolge dient dazu, die Individualdistanz allmählich zu verringern, sodass sich die Geschlechtspartner schließlich paaren können. Die einzelnen Verhaltensweisen haben ihre ursprüngliche Funktion verloren. Sie stehen jetzt im Dienste der Kommunikation zwischen den Geschlechtspartnern und haben Signalwirkung. Charakteristisch für diese Verhaltensweisen ist die oft starke Vereinfachung und Überbetonung einiger spezieller Verhaltenselemente, während andere Verhaltensanteile wegfallen. Der Signalcharakter einer ritualisierten Verhaltensweise wird häufig durch Wiederholung und/oder auffällige Körpermerkmale verstärkt.

> Bei der **Ritualisierung** wird ein bestimmtes Verhaltenselement durch Bedeutungswechsel zu einem neuen, selbstständigen und unverwechselbaren **Verständigungsmittel** zwischen Artgenossen.

Eine weitere Ritualisierung aus dem Tierreich ist das sog. Drohgähnen bei Pavianmännchen. Normalerweise entblößen Pavianmännchen bei aggressiver Stimmung die Eckzähne. Beim Gähnen wird ebenfalls der Mund geöffnet und es werden die Zähne gezeigt. Im Laufe der Evolution hat sich bei den Pavianen auf das Gähnen ein AAM entwickelt, der Fluchtreaktion auslöste. Das Gähnen wurde zur ritualisierten Handlung und wird auch ohne Ermüdungserscheinung beim Pavian ausgelöst.

Auch der Mensch zeigt ritualisiertes Verhalten. Das bekannteste Beispiel ist der Kuss, der eine ritualisierte Mund-zu-Mund-Fütterung darstellt und im Dienste der Partnerfindung die Signalwirkung von Zuneigung und Zärtlichkeit erlangte.

Abb. 100: Der mütterliche Kuss als Zuneigungssignal gegenüber einem Kind

Abb. 101: Der romantische Kuss als Zuneigungssignal gegenüber dem Partner

Situations- und biotopabhängige Nutzung verschiedener Signale und Sinneskanäle

Anhand der dargestellten Bespiele einfacher Signale wird deutlich, dass sie in Abhängigkeit von der Situation oder dem Biotop, in dem sich Sender und Empfänger befinden, verwendet werden. Akustische und chemische Signale werden häufig dann eingesetzt, wenn eine große Reichweite notwendig ist oder Hindernisse durchdrungen werden müssen (dichter Wald), z. B. Balzgesänge oder Warnrufe der Vögel, Pheromone. Optische und taktile Signale überbrücken geringe Entfernungen bzw. eignen sich für den Nahbereich und lassen sich dadurch leicht lokalisieren, z. B. der Sperrrachen von Jungvögeln, Körperkontakt bei Herdentieren. Chemische Signale wirken relativ lang und auch ohne dass der Sender ständig präsent sein muss (Duftmarken), lassen sich aber in ihrer Stärke nicht so kurzfristig ändern wie beispielsweise akustische Signale.

Kosten und Nutzen der Kommunikation

Wie für die Kooperation, lassen sich Kosten-Nutzen-Analysen auch für die Entwicklung der Kommunikation in der Evolution heranziehen. Wenn die Signalisierung bzw. der Signalempfang für Sender bzw. Empfänger zu einer Erhöhung der Gesamtfitness führen, bringt das Kommunikationsverhalten einen Selektionsvorteil.

Beispiele

Viele Tiere stoßen Warnrufe aus, wenn sich ein Feind nähert. Bei Arten, die in Gruppen leben (z. B. Murmeltiere), können sich die Artgenossen in Sicherheit bringen und haben dadurch einen Überlebensvorteil (Nutzen). Für das Tier, das die anderen alarmiert, besteht jedoch ein hohes Risiko (Kosten) vom Beutegreifer entdeckt zu werden.

Amseln verfügen über unterschiedliche Warnrufe gegen Boden- und Luftfeinde. Der Alarmruf gegen einen Bodenfeind, z. B. eine Katze, ist gut zu lokalisieren. Die Amsel kann sich dem Angriff der Katze durch Auffliegen entziehen. Für Artgenossen der Amsel, aber auch andere Vögel gibt der lokalisierbare Warnruf zusätzlich den Hinweis, wo sich die Katze befindet, sodass sie erkennen können, in welche Richtung sie fliehen können.

In verschiedenen Tiergruppen haben sich Warnfärbungen entwickelt, z. B. gelb-schwarze Musterungen bei Wespe, Hornisse und Salamander, rot-schwarz bei Marienkäfer und der Korallenotter (breite rote und schwarze Ringe sind durch schmale weiße getrennt). Diese optischen Signale weisen die Angreifer auf die Wehrhaftigkeit, Ungenießbarkeit oder Giftigkeit des Trägers der Warntracht hin. Die Kosten der Warntracht bestehen einerseits in der Produktion der Stoffe zur Warnung und Abwehr; andererseits erhöht die auffällige Färbung das Risiko, vom Angreifer gesehen und getötet zu werden, wenn dieser die Gefährlichkeit seiner Beute noch nicht gelernt hat (bedingte Aversion, siehe S. 178). Offensichtlich überwiegt hier jedoch der Nutzen der besseren Feindabwehr.

Signalfälschung liegt vor, wenn es dem Sender durch die Abgabe eines Signals gelingt, den Empfänger zu täuschen:

- Der Sender täuscht den Empfänger dabei hinsichtlich seiner „Identität": Völlig harmlose Tiere ahmen das Aussehen und Verhalten wehrhafter oder giftiger Tiere nach **(Mimikry** oder **Scheinwarntracht)**. Voraussetzung für das Wirken der Mimikry ist eine geringe Anzahl von Nachahmern im Gegensatz zu den „Originalen", damit der Fressfeind die Gefährlichkeit der Warntracht lernen kann.

Beispiele Schwebfliegen ahmen in Färbung, Musterung und Fluggeräusch Wespen nach.
Der Hornissenschwärmer, ein Schmetterling, ahmt Hornissen nach (siehe S. 41).
Die ungiftige Königsnatter ähnelt der Korallenotter (rote und weiße Ringe sind durch schwarze Ringe getrennt).

- Der Sender täuscht den Empfänger hinsichtlich seiner „Absichten".

Beispiele Leuchtkäfer-Weibchen locken mit artspezifischen Lichtsignalen Männchen an. Bei bestimmten Leuchtkäferarten in Nordamerika können die Weibchen auch Lichtsignale aussenden, die denen einer anderen Art ähneln, um so artfremde Männchen anzulocken und diese aufzufressen.

Der Putzerlippfisch *Labroides dimidiatus* und große Fische wie Haie, Muränen und Riffbarsche leben in einer Putzsymbiose im Bereich tropischer Riffe. Die Putzerlippfische entfernen Parasiten von der Haut und Nahrungsreste aus dem Maul großer Fische

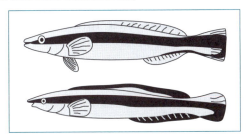

Abb. 102: Putzerlippfisch und Säbelzahnschleimfisch

ohne selbst gefressen zu werden. Säbelzahnschleimfische *(Aspidontus taeniatus)* ähneln den Putzerlippfischen in ihrer Gestalt und Färbung. Sie können sich deshalb großen Fischen nähern ohne angegriffen zu werden und beißen mit ihrem kräftigen Gebiss Gewebestücke aus deren Haut und Flossen, dann verschwinden sie sofort.

12.3 Konflikte – Aggressionsverhalten

Aggression umfasst in der Ethologie alle Verhaltensweisen des Angriffs oder der Verteidigung, die darauf zielen, den Gegner zu unterwerfen oder zu vertreiben. Nach dem Objekt, gegen das sich die Aggression richtet, unterscheidet man die innerartliche oder intraspezifische Aggression (Objekt: Artgenosse) von der zwischenartlichen oder interspezifischen Aggression (Objekt: Artfremder, z. B. Beute oder Beutegreifer). Die Motivation oder Handlungsbereitschaft zum Kämpfen ist die Aggressivität.

Intensitätsstufen der Aggression

Imponier- und Drohverhalten stellen die schwächste Form aggressiven Verhaltens dar. Es sind unvollständige Andeutungen eines Kampfes, durch Ritualisierung (siehe S. 196) entwickelten sie sich zu sozialen Signalen.

Beispiele

- Vergrößern des Körperumrisses durch Aufrichten des Fells (Hunde, Affen), Aufplustern (Hähne), Einstemmen der Arme (Mensch, Menschenaffen)
- Zeigen der Waffen durch Entblößen des Gebisses (Raubtiere), Senken des Geweihs (Hirsche), Drohen mit der Faust (Mensch)
- Laute und Farben als Warnsignale: Fauchen der Katze, roter Kehlsack beim Truthahn

Beim **Komment- oder Turnierkampf**, der nach festen Regeln (ritualisiert) erfolgt, messen die Gegner ihre Kräfte ohne Verletzungs- oder Tötungsabsicht. Die attackierten Körperteile sind relativ unempfindlich.

Beispiele

- Hunde und Wölfe beißen in den dichten Pelz des Nackens, nicht in die Kehle wie beim Schlagen der Beute.
- Steinböcke oder Antilopen schlagen nicht mit Hörnern oder Hufen zu, sondern stemmen sich im Kommentkampf mit der Stirn gegeneinander.
- Giftschlangen verwinden beim Rivalenkampf ihre Körper, beißen aber nicht.
- Mensch: Für den Umgang mit Waffen haben sich Regeln entwickelt, der Kampf wird häufig zum Turnier. Besonders stark ritualisierte Auseinandersetzungen sind sportliche Wettkämpfe wie Fingerhakeln oder Ringen.

Der Kommentkampf wird bei Tieren mit hoher Fluchtbereitschaft durch das Fliehen des Unterlegenen beendet (Ratten, Tauben). Verhindert dies z. B. der Käfig oder ein Zaun, so kann der Kampf in einen Beschädigungs- oder Ernstkampf übergehen, der mit dem Tod des unterlegenen Tiers endet. **Beschädigungskämpfe** verlaufen nicht nach festen Regeln, es werden Waffen und Techniken eingesetzt, die zum Tode des Gegners führen. Bei Ratten (anonym geschlossene Verbände) oder Löwen (individualisierte Verbände) werden z. B. Eindringlinge der gleichen Art sehr heftig und ohne Tötungshemmung attackiert, es kommt also nicht zum Kommentkampf.

Formen der Aggressionskontrolle

Im Laufe der Evolution haben sich Verhaltensweisen entwickelt, die verhindern sollen, dass ein Artgenosse im Kampf schwer verletzt oder getötet wird. Während eines lang dauernden Kampfes, der mit dem Verlust eines Gruppenmitglieds endet, ist die Gruppe durch Feinde angreifbarer. Danach ist sie außerdem zahlenmäßig geschwächt.

Beschwichtigungs- und Unterwerfungsgebärden (Demutsverhalten) treten bei sozial lebenden Arten auf, bei denen keine hohe Fluchtbereitschaft vorliegt (das Tier würde sich auch von der schützenden Gruppe entfernen) und sollen das Ende des Kampfes herbeiführen. Durch diese Gebärden werden die Auslöser für den Kampf entfernt.

Beispiele
- Verkleinern des Körperumrisses, Abwenden der Waffen.
- Beim Menschen wirken auch Lächeln, beschwichtigende Gesten (Verneigen) und angeborene Ausdrucksformen wie Weinen oder Wehklagen aggressionshemmend.

Auch ritualisierte Verhaltensweisen, die häufig aus dem Fortpflanzungsverhalten stammen, lösen beim Überlegenen eine **Tötungshemmung** aus.

Beispiele
- Wölfe und Hunde legen sich auf den Rücken: Aufforderung des Welpen zur Körperpflege (siehe Abb. 103).
- Ein unterlegener Wolf bettelt ritualisiert um Futter, indem er am Mundwinkel des Gegners leckt.
- Truthähne ducken sich wie eine paarungsbereite Henne.

Abb. 103: Unterwerfungsgebärde beim Hund

202 / Verhaltensbiologie

- Mensch: Bestimmte Signale, wie z. B. Weinen, wecken beim Angreifer Mitgefühl und führen zur Tötungshemmung. Soll sie z. B. im Krieg unterdrückt werden, ist eine besondere ideologische Beeinflussung notwendig.

Da bei der Begegnung von Artgenossen leicht Aggressionen entstehen können, haben sich beschwichtigende Verhaltensweisen entwickelt, die als **Begrüßungszeremonien** bezeichnet werden.

Beispiele
- Ein Hund legt sich bei der Begrüßung seines Herrn auf den Rücken oder springt an ihm hoch, um mit der Schnauze das Gesicht berühren zu können.
- Menschen und Menschenaffen küssen sich zur Begrüßung (ritualisierte Mund-zu-Mund-Fütterung).
- Mitbringen eines Begrüßungsgeschenks: Kormorane, Mensch.
- Beim Menschen: den Hut abnehmen, an die Mütze tippen, militärischer Gruß als erworbene Verhaltensweisen, die sich aus dem Helmlüften bzw. dem Visierhochklappen entwickelten.

Eine **Rangordnung** ist die hierarchische Reihenfolge der Tiere in einer Gruppe, in der sich die Individuen persönlich kennen (individualisierter Verband).

Durch Rangordnungskämpfe (Aggression im Rahmen der Gruppenhierarchie) lernt jedes Gruppenmitglied die Über- oder Unterlegenheit des jeweiligen Gegners kennen.

In der Zeit direkt nach einem Rangordnungskampf wird ein rangniederes ein ranghöheres Tier nicht mehr angreifen und ihm z. B. bei der Nahrungsaufnahme den Vortritt lassen. Dass es den dominierenden Rang des anderen anerkennt, bringt das unterlegene Tier durch seine Körperhaltung, durch Demutsgebärden (siehe S. 201) oder ritualisierte Verhaltensweisen (siehe S. 196) zum Ausdruck.

Bei vielen Tierarten zeichnet sich das ranghöchste Tier **(Alpha-Tier)** nicht nur durch Größe, Kraft und Kampfbereitschaft aus, es muss auch über Erfahrung und soziale Fähigkeiten verfügen, wie z. B. das Schließen von Freundschaften mit anderen Gruppen, Junge betreuen, Streit in der Gruppe schlichten, Rangniedere beschützen.

Die **Hackordnung der Hühner** stellt eine sog. **lineare Rangordnung** dar. Junghühner im Alter von ca. 7 Wochen legen durch Hacken und Picken ihre Rangordnung fest. Das ranghöchste Huhn (Alpha-Tier) hackt alle anderen Hühner, während das rangniedrigste Tier (Omega-Tier) von allen anderen gehackt wird, z. B. am Futterplatz oder an Ruheplätzen.

In einem **Wolfsrudel** legen die weiblichen und männlichen Tiere jeweils eine Rangordnung fest, die weitgehend nach dem Alter strukturiert ist **(gegliederte Rangordnung)**. Die Ranghöchsten bilden ein Paar und pflanzen sich bevorzugt fort. Zwischen ranghöheren Wölfen sind die Rangunterschiede deutlich ausgeprägt, zwischen rangniederen Wölfen weniger. Innerhalb von Gruppen gleichaltriger Wölfe (außer bei den Welpen) entwickelt sich eine Rangordnung im Kleinen (Klein-alpha). Zwischen Wölfen verschiedenen Geschlechts besteht kein Rangordnungsunterschied, wenn sie in der männlichen bzw. weiblichen Rangordnung auf der gleichen Stufe stehen.

Die biologische Bedeutung der Rangordnung liegt in einer **Stabilisierung der Gemeinschaft**. Dadurch, dass jedes Tier seine Position kennt und sich entsprechend verhält, werden kräftezehrende Kämpfe vermieden. Unter der Führung eines erfahrenen Leittiers erhöht sich die **Sicherheit** des Einzelnen und der Gruppe. Ranghohe Tiere mit positiven Eigenschaften haben bessere Fortpflanzungschancen, die die mit der Aufrechterhaltung der Rangposition verbundenen Kosten überwiegen.

Als **Territorialverhalten** bezeichnet man die Aggression zur Abgrenzung und Verteidigung eines Reviers. Reviere (Territorien) sind Gebiete, die von einem Individuum (z. B. Hamster), einem Paar (z. B. Rotkehlchen) oder einem Verband (z. B. Wolfsrudel) besetzt sind und gegen Artgenossen verteidigt werden. Je nach Funktion unterscheidet man **Wohn-, Jagd-, Balz- oder Brutreviere**. Bei vielen Säugetieren (z. B. Fuchs) umfasst das Revier alle Funktionsbereiche. Die Größe eines Reviers ist von Tierart zu Tierart verschieden, vor allem in Abhängigkeit von Art und Menge der benötigten Nahrung. Selbst innerhalb einer Art kann die Reviergröße schwanken, je nachdem wie ergiebig der Nahrungsraum ist. Zur Vermeidung ständiger Kämpfe an den **Reviergrenzen** werden Reviere markiert.

Duftmarken aus Harn (Wölfe, Bären) und aus speziellen Drüsensekreten (Wüstenrennmäuse, Marder), akustische Signale (Löwen, Spechte), optische Signale (Singvögel, Korallenfische)

Die biologische Bedeutung der Territorialität liegt in der Kontrolle der **Nach-kommenzahl**, der Regulation der **Bevölkerungsdichte** und der **Verbreitung** der betreffenden Art: Bei territorialen Tierarten pflanzen sich nur Revierinhaber fort, revierlose Artgenossen nicht. Bei gutem Nahrungsangebot werden mehrere kleine Reviere gebildet, in denen insgesamt mehr Jungtiere heranwachsen. Verschlechtert sich die Ernährungslage, vergrößern sich die Territorien und die Fortpflanzungsrate sinkt. Auf diese Weise reguliert sich die Bevölkerungsdichte in Abhängigkeit vom biotischen Faktor Nahrung. Theoretisch ist so eine gleichmäßige Verteilung der Tierart über den zur Verfügung stehenden Lebensraum zu erwarten. Sie wird jedoch meist nicht erreicht, da Nahrungs- und Brutplatzangebot regional schwanken. Außerdem führt der Kampf um Reviere dazu, dass das stärkere, im Sinne der Selektion besser angepasste Tier das beste Revier erhält und dadurch den größten Fortpflanzungserfolg erzielt und sein Erbgut bevorzugt weitergeben kann. Dieser Nutzen überwiegt den hohen Aufwand für die Revierverteidigung.

Wenn in einem bestimmten Gebiet eine Überbevölkerung eintritt, versuchen revierlose Artgenossen oder Teile einer Population neue Lebensräume zu besiedeln. Es kommt zur **Migration**. Eine andere Ursache für solche Wanderungsbewegungen kann eine jahreszeitlich- oder witterungsbedingte Nahrungsknappheit sein, die zu innerartlicher Aggression führen würde.

Beispiele

- Viele unserer heimischen Vogelarten (Störche, Schwalben, Graugänse) ziehen in wärmere Gegenden in Südeuropa oder Afrika.
- Gnus und Zebras wandern den Regenzeiten folgend zu neuen Weidegründen.
- Admiralfalter fliegen im Herbst über die Alpen in den Süden und kehren im Frühjahr wieder zurück.

Ein anderer Mechanismus der Regulation der Bevölkerungsdichte ist der **soziale Stress**. Er wurde bei Ratten, Mäusen, Kaninchen und Tupajas (Spitzhörnchen; eine eichhörnchenähnliche, territorial lebende niedere Affenart) beobachtet und untersucht: Durch die hohe Populationsdichte wird der Revierbesitz der Tiere (meist Männchen) auf ein Minimum eingeschränkt. Die Revierinhaber sind sehr häufig mit Rivalen konfrontiert und befinden sich fast dauernd in starker Erregung. Es kommt immer wieder zu kurzen, heftigen Kämpfen. Die so ausgelöste Aktivierung des sympathischen Nervensystems führt zur Ausschüttung von Stresshormonen. Deren Auswirkungen führen zu einer drastischen Reduktion der Bevölkerungsdichte, bis den überlebenden Tieren wieder Reviere der erforderlichen Größe zur Verfügung stehen.

Verhaltensbiologie 205

Beispiel

Bei Tupaja-Männchen wurden folgende Auswirkungen beobachtet:
- Dauerndes Sträuben der Schwanzhaare (als Zeichen der Erregung)
- Abnehmende Fruchtbarkeit (verringerte Spermienbildung, Rückbildung der Sexualorgane)
- Tod durch Nierenversagen als Folge von Bluthochdruck

Bei weiblichen Tupajas, die normalerweise aggressionslos nebeneinander leben, traten durch die Enge folgende Erscheinungen auf:
- Störung der Funktion der Milchdrüsen und der Säugefähigkeit
- Versiegen der Duftdrüsen zur Markierung der Jungen (unmarkierte Junge werden getötet)
- Erhöhte Jungensterblichkeit, mehr Fehlgeburten
- Abnehmende Fruchtbarkeit
- Resorption der Embryonen (sie werden in der Gebärmutter aufgelöst)

Proximate Ursachen aggressiver Verhaltensweisen

Als proximat werden die unmittelbaren, konkreten Ursachen bezeichnet. Wie bei anderen Verhaltensweisen lösen innere und äußere Faktoren aggressives Verhalten aus. Bei sehr vielen Tierarten ist die Aggressionsbereitschaft während der Fortpflanzungszeit erhöht.

Ursache dafür sind **hormonelle Veränderungen**. Im Experiment wurde Männchen verschiedener Fisch-, Vogel- und Säugetierarten das männliche Sexualhormon Testosteron injiziert, worauf sich deren Aggressionsbereitschaft steigerte und die Nahrungsaufnahme reduzierte. Dass die Entfernung der Testosteron produzierenden männlichen Keimdrüsen Tiere „friedfertiger" macht und sie dann auch mehr fressen, ist durch die Kastration von Nutztieren längst bekannt (Stier ⇒ Ochse, Hengst ⇒ Wallach, Hahn ⇒ Kapaun, Widder ⇒ Hammel).

Der innere **Versorgungszustand** und die **Verfügbarkeit von Ressourcen** beeinflussen ebenfalls die Aggressivität. Die in Hungerphasen stark erhöhte Fressbereitschaft sowie die innerartliche Konkurrenz um die knappe Nahrung führen zu einer Steigerung aggressiver Reaktionen.

Auch eine zu **hohe Populationsdichte** kann vermehrt Aggressionen auslösen. Im dichten Gedränge der Tiere wird zu häufig die Individualdistanz unterschritten, was auf Dauer intolerabel ist. Der wiederholte Anblick von Rivalen hat eine motivierende Reizwirkung und steigert so die Aggressionsbereitschaft.

Ultimate Ursachen aggressiver Verhaltensweisen

Bei der Frage nach den ultimaten Ursachen geht es um die Veränderung der Gesamtfitness eines Tieres durch ein bestimmtes Verhalten (Kosten-Nutzen-Analysen) und die Bedingungen, unter denen evolutionsstabile Strategien entstehen. Bei aggressiven Auseinandersetzungen (z. B. Rivalenkämpfen, Rangordnungskämpfen, Revierverteidigung) lassen sich bei Tieren einer Art unterschiedliche Strategien erkennen:

- Aggressive Kämpfer, die auch das Risiko von Verletzung eingehen, aber dann, wenn sie als Sieger aus der Auseinandersetzung hervorgehen, einen Nutzen in Form von Nahrung, Wohnraum und Geschlechtspartnern haben und ihren Fortpflanzungserfolg steigern können.
- Nachgiebige Kämpfer, die sich gegenüber einem Artgenossen zurückziehen, um Verletzungen zu vermeiden, aber damit auf den Nutzen verzichten, den ein Sieg mit sich bringen würde.

Mit der **Spieltheorie** aus der Mathematik lassen sich Kosten und Nutzen unterschiedlichen Strategien berechnen. John Maynard SMITH zeigte am Beispiel von Rivalenkämpfen auf, welches Verhaltensmuster den höchsten Nutzen erbringt und sich in der Evolution durchsetzen müsste.

Annahmen der **„Falken"- und „Tauben"-Strategie:**

In der betrachteten Tierart sind in Rivalenkämpfen zwei Verhaltensmuster genetisch festgelegt:

- „Falken" reagieren sehr aggressiv und riskant
- „Tauben" verhalten sich eher friedlich und scheuen das Risiko

Spieltheoretisches Schema:

- Sieger erhält 50 Punkte
- Verlierer erhält 0 Punkte
- Verletzung kostet Punkte: −100
- Imponieren und Drohen kostet Punkte: −10

1. Fall: Population nur aus „Tauben" bestehend: „Taube" gegen „Taube"
Annahmen: Beide „Tauben" drohen, Wahrscheinlichkeit zu gewinnen liegt bei 50 %.

Sieger	$50-10 =$	40 Punkte
Verlierer	$0-10 =$	−10 Punkte
		30 Punkte

$\Rightarrow$ Durchschnitt für beide: **15 Punkte**

2. Fall: Population nur aus „Falken" bestehend: „Falke" gegen „Falke"
Annahmen: Wahrscheinlichkeit zu gewinnen ist 50 %, Wahrscheinlichkeit verletzt zu werden ist 50 %.

Sieger   50 Punkte
Verlierer   0 – 100 Punkte
                   – 50 Punkte

⇒ Durchschnitt für beide: **–25 Punkte**

Nach diesen Berechnungen sollte man annehmen, dass die Strategie der „Tauben" in der Natur häufiger vorkommt als die der „Falken". Wenn in einer „Tauben"-Population jedoch durch Mutation „Falken" entstehen, ergibt sich folgende Berechnung:

3. Fall: „Falken" und „Tauben" in der Population: „Falke" gegen „Taube"
Annahmen: „Falken" siegen immer über „Tauben", „Tauben" geben sofort auf.

Sieger   50 Punkte
Verlierer   0 Punkte

„Falken" haben also in einer Population, die überwiegend aus „Tauben" besteht, einen Fitnessvorteil, solange sie sich nicht so stark vermehren, dass das Risiko, auf einen anderen „Falken" zu treffen, zu groß wird. Zwischen den beiden Strategien stellt sich ein stabiles Gleichgewicht ein bei einem Anteil an „Tauben" von 5/12 (0,42) und „Falken" von 7/12 (0,58). Bei diesem Verhältnis liegt eine **evolutionsstabile Strategie (ESS)** vor. Wenn eine der beiden Gruppen durch Mutation einen höheren Anteil erreicht, sinkt ihr Punktegewinn, sodass sich zum Schluss das ursprüngliche Verhältnis wieder einstellt.
Die **„Bourgeois"-Strategie** ist eine Erweiterung dieses Modells. Der „Bourgeois" (Bürger) wendet eine Doppelstrategie an: Ist er z. B. Revierbesitzer, wendet er die „Falken"-Strategie an, greift er einen Revierinhaber an, um in dessen Revier einzudringen, verhält er sich wie eine „Taube". In der Tab. 6 sind die Punktewerte für das Zusammentreffen von „Falke", „Taube" und „Bourgeois" zusammengestellt:

Angreifer	Gegner		
	„Falke"	„Taube"	„Bourgeois"
„Falke"	–25	+50	+12,5
„Taube"	0	+15	+7,5
„Bourgeois"	–12,5	+32,5	+25

Tab. 6: Punkteverteilung bei verschiedenen Strategie-Konstellationen

208 ⬦ Verhaltensbiologie

Annahmen:

- „Bourgeois" gegen „Falke" oder „Taube": In 50 % der Fälle Besitzer mit „Falken"-Strategie, in 50 % der Fälle Eindringling mit „Tauben"- Strategie
- „Bourgeois" gegen „Bourgeois": In 50 % der Fälle Besitzer, der gewinnt, in 50 % der Fälle Eindringling, der verliert; keine Kosten für Verletzungen und Drohen

In einer Population, die nur aus „Bourgeois" besteht, gewinnt bei Begegnungen jeder jeweils 25 Punkte. Tritt ein „Falke" als Angreifer in der Population auf (durch Mutation oder Zuwanderung), gewinnt er gegenüber dem „Bourgeois" 12,5 Punkte. Ist der Angreifer eine „Taube", gewinnt er bei der Auseinandersetzung mit einem „Bourgeois" 7,5 Punkte. Wenn sich Angreifer und Gegner als „Bourgeois" verhalten, liegt der Gewinn mit 25 Punkten am höchsten, weil ja immer einer der Besitzer ist und der andere der Angreifer, der aufgeben wird. Auch die „Bourgeois"-Strategie wäre eine evolutionsstabile Strategie unter der Voraussetzung, dass sich ein Tier in 7/12 der Fälle wie ein „Falke", also aggressiv, und in 5/12 der Fälle wie eine „Taube", also kooperativ, verhält. Grenzen des Modells: Die Spieltheorie liefert Erklärungsansätze dafür, wie Verhaltensweisen in der Evolution entstanden sein könnten, beschreibt aber kein in der Natur vorkommendes Verhalten exakt.

12.4 Sexualverhalten

Da sich die Fitness eines Individuums (siehe S. 37) im Fortpflanzungserfolg ausdrückt, ist das Sexualverhalten soziobiologisch von besonderem Interesse. Einerseits sind Artgenossen Konkurrenten, andererseits müssen sie bei der Fortpflanzung kooperieren, damit beide zu einer Steigerung ihrer Fitness kommen können.

Partnerfindung

Bei Tierarten, in denen keine Dauerehe vorkommt, müssen die Geschlechter erst einmal zusammenfinden. Dazu ist eine Grobsynchronisation erforderlich:

- Die **Fortpflanzungsbereitschaft** wird bei den meisten Tierarten (außer Primaten, Mensch und Haustiere) durch Hormone gesteuert, deren Produktion wiederum durch Umweltreize gesteuert wird. Bei Stichlingen setzt eine Wassertemperatur von mehr als 10–15 °C die Bildung von Sexualhormonen in Gang.

Verhaltensbiologie 209

- Durch **Wanderung zu Laich- oder Brutplätzen** wird die Chance erhöht, einen Geschlechtspartner zu finden (z. B. Krötenwanderung, Lachswanderung, Vogelzüge zu Brutrevieren)

Das Erkennen und Anlocken des arteigenen Geschlechtspartners erfolgt über Signale (siehe auch S. 193 ff.). Signale, die bei der Partnerwahl eine Rolle spielen und den Partner auch über die Qualitäten des Trägers informieren, werden als **Ornamente** bezeichnet:
- Akustische Ornamente: Balzgesänge bei Vögeln, Gequake der Frösche, Zirpen der Grillen u. a.
- Duftornamente (olfaktorische Ornamente): Sexualpheromone bei Schmetterlingen, Duftmarken bei Säugetieren u. a.
- Optische (visuelle) Ornamente: Körpergröße, „Waffen" (Geweihe etc.), Färbungen u. a. Die Gesamtheit der optischen Ornamente bezeichnet man als **Sexualtracht**, z. B. das Rad des Pfauenhahns oder das Gefieder des Paradiesvogelmännchens.

Partnerbindung
Hat schließlich ein fortpflanzungsbereites Paar zusammengefunden, sind folgende Probleme zu bewältigen:
- Identifizierung des Partners als Individuum der eigenen Art
- Überwindung der innerartlichen Aggression bei Unterschreiten der Individualdistanz
- Feinsynchronisation der Partner, um die Paarung zu vollziehen

Die Gesamtheit der Verhaltensweisen, die die genannten Probleme überwindet und zu einer sozialen Bindung zwischen den Geschlechtspartnern führt, ist das **Balzverhalten**.

Beispiel

Balzverhalten des Stichlings
Der rote Bauch des Männchens ist die Sexualtracht, an der das Weibchen ein fortpflanzungsbereites Männchen erkennt. Durch Präsentieren des dicken, mit Eiern gefüllten Bauchs wird die Laichbereitschaft des Weibchens deutlich. Der Zickzacktanz des Männchens wird als ritualisierte Verhaltensweise (siehe S. 196) gedeutet, die aus einem aggressiven Hinschwimmen zum Weibchen („Zick") und einem Rückzug („Zack") bzw. dem Hinweisen auf das Nest entstanden sein könnte. Das Schnauzentremolo dient der Feinsynchronisation vor der Eiablage und Besamung.

210 Verhaltensbiologie

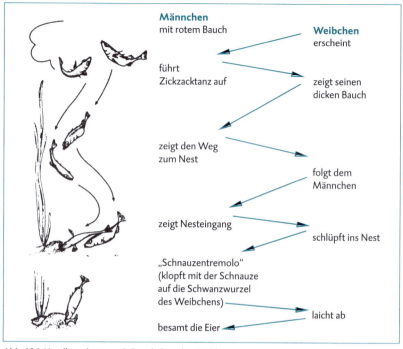

Abb. 104: Handlungskette im Balzverhalten des Stichlings

Die Abfolge der Instinkthandlungen ist jedoch keineswegs starr festgelegt wie oben dargestellt, sondern einzelne Handlungen können wiederholt oder übersprungen werden. Indem die Partner wechselseitig aufeinander reagieren, entsteht eine sog. Handlungskette.

Paarungssysteme

Die verschiedenen Paarungssysteme sind das Ergebnis der Fortpflanzungsstrategie der Individuen. Um sich einen Überblick über die unterschiedlichen sexuellen Beziehungen zwischen Artgenossen zu verschaffen, werden sie in folgende Kategorien eingeordnet:

Monogamie Ein Männchen und ein Weibchen bilden für einen oder mehrere Fortpflanzungszyklen ein Paar.
Beispiele: fast alle Vogelarten, einige Fisch- und Säugetierarten

Polygamie:	Beide Geschlechter paaren sich mit mehreren Partnern des anderen Geschlechts. Unterteilung in:	
• **Polyandrie**	Ein Weibchen verpaart sich mit mehreren Männchen und diese Männchen nur mit diesem einen Weibchen. *Beispiele:* Blatthühnchen, Zwergseidenäffchen	
• **Polygynie**	Ein Männchen verpaart sich mit mehreren Weibchen und diese Weibchen nur mit diesem einen Männchen. *Beispiele:* Hirsch, Hühnervögel, Gorilla, Mantelpavian	
• **Polygynandrie** (Promiskuität)	Sowohl Weibchen als auch Männchen paaren sich mehrmals mit verschiedenen Partnern. *Beispiele:* Schimpanse, Bonobo	

Kosten-Nutzen-Analysen und Fortpflanzungserfolg

- **Monogamie:** Die entscheidende Ursache dieser Fortpflanzungsstrategie ist die Möglichkeit und Notwendigkeit der gemeinsamen elterlichen Brutfürsorge. Partnerfindung und Balz müssen nur einmal durchgeführt werden. Durch den Einsatz beider Eltern können auch bei schwierigen ökologischen Bedingungen die Jungen durchgebracht werden. Der gute Fortpflanzungserfolg wird jedoch auf Männchen und Weibchen aufgeteilt.

- **Polyandrie:** Für ein Weibchen erhöht sich bei diesem Paarungssystem der Fortpflanzungserfolg im Vergleich zur Monogamie, da die Männchen normalerweise die Jungenaufzucht übernehmen. Durch Paarung mit mehreren Männchen erhöht sich die genetische Vielfalt der Nachkommen, was bei wechselnden ökologischen Bedingungen vorteilhaft sein kann.
Ein Männchen hat in diesem Paarungssystem einen geringeren Fortpflanzungserfolg, da es die erfolgreich aufgezogenen Nachkommen mit anderen Männchen teilt. Bei starkem Männchenüberschuss besteht immerhin eine Möglichkeit zur Fortpflanzung.

- **Polygynie:** In diesem Fortpflanzungssystem können die Männchen durch Paarung mit mehreren Weibchen ihren Fortpflanzungserfolg maximieren, vor allem wenn sie sich an der Aufzucht der Jungen nicht beteiligen müssen. Bei Arten mit Polygynie tritt ein starkes Konkurrenzverhalten unter den Männchen auf. Die Kosten für Verteidigung der Weibchen und des Reviers sowie mehrfache Balz sind hoch.

  Für die Weibchen wird der Fortpflanzungserfolg umso größer, je besser die Qualität des Territoriums und des Revierinhabers ist. Zum anderen reduziert er sich, wenn die Ressourcen mit anderen Weibchen geteilt werden müssen.

- **Polygynandrie:** Die Vorteile des promiskuitiven Paarungssystems für die Weibchen liegen darin, dass eine Befruchtung nach mehrfacher Paarung sehr wahrscheinlich ist und dass sie bei der Nahrungsbeschaffung und Aufzucht der Jungen von mehreren Männchen unterstützt werden können. Die nach Paarung mit verschiedenen Männchen im Körper des Weibchens eintretende Spermienkonkurrenz könnte zwar die genetische Vielfalt der Nachkommen erhöhen, wird aber durch verschiedene Mechanismen teilweise verhindert: Die Männchen (z. B. bei Schimpansen) produzieren sehr große Mengen an Spermien, um die Wahrscheinlichkeit zu erhöhen, dass ihre Gene an die Nachkommen weitergegeben werden. Bei bestimmten Libellenarten entfernt das Libellenmännchen das Sperma seines Vorgängers mit zwei löffelartigen Verlängerungen seines Begattungsorgans aus den Genitalien eines bereits begatteten Weibchens und legt anschließend sein Sperma ab.

Die Paarungssysteme können innerhalb einer Art variieren, sind also nicht genetisch festgelegt. Eine wichtige Rolle spielen dabei die ökologischen Bedingungen.

Beispiel

Heckenbraunellen
Monogame Paare zogen in einer Studie durchschnittlich 5 Junge auf.
Polyandrische Weibchen mit zwei Männchen konnten durchschnittlich 6,7 Junge aufziehen (3,4 Junge/Männchen).
Polygyne Männchen mit zwei Weibchen hatten durchschnittlich 7,6 Junge (3,8 Junge/Weibchen).

Infantizid

Schon bei über 50 Säugetierarten konnte man beobachten, dass unter bestimmten Umständen Nachkommen der eigenen Art getötet werden.

eispiel

Wird ein Löwenrudel (mehrere miteinander verwandte Weibchen mit Jungen unterschiedlichen Alters) von einem Löwenmännchen (manchmal auch mehrere) erobert, kann es zur Tötung der kleinen Jungtiere durch den neuen Rudelführer kommen.

Solche Fälle von Kindstötung widersprechen der Theorie der Arterhaltung und wurden früher als krankhaftes Verhalten oder Verhalten in Extremsituationen interpretiert. Das Verhalten des neuen Anführers lässt sich jedoch als Strategie, schnell zu seinem eigenen Fortpflanzungserfolg zu kommen, erklären:

- Kurze Zeit nach dem Tod der Jungen werden die Weibchen wieder empfängnisbereit und können von ihm begattet werden.
- Die Aufzucht der neuen Nachkommen ist ohne Konkurrenz älterer Geschwister besser gesichert.
- Nachkommen mit seinen Genen ersetzen die Nachkommen des Vorgängers schon nach kurzer Zeit.

Da sich für die Weibchen durch den Infantizid der Fortpflanzungserfolg erheblich verringert, haben sich Gegenstrategien entwickelt:

- Gemeinsame Verteidigung der Jungen durch die Weibchen
- Verschleierung der Vaterschaft durch Paarung mit anderen Männchen
- Reduktion der Kosten durch Absterben der Feten bei Weibchen, die bei der Übernahme der Gruppe bereits trächtig waren.

Zusammenfassung

- Zum **Sozialverhalten** werden alle Verhaltensweisen gerechnet, die sich auf Artgenossen beziehen.

- **Kooperation** in einer **sozialen Gruppe** hat oft Vorteile (z. B. Schutz vor Feinden), sie bringt aber auch Nachteile (z. B. Konkurrenz) mit sich.

- Nach dem **Optimalitätsmodell** ergibt sich der höchste Gewinn aus der größtmöglichen Differenz zwischen Kosten und Nutzen.

- Die Theorie der **Individualselektion** geht davon aus, dass jedes Individuum versucht, seine Gene möglichst erfolgreich an die nächste Generation weiterzugeben.

- **Altruistisches Verhalten**, bei dem ein Individuum zugunsten der Gruppe auf Vorteile verzichtet, lässt sich mit einer Erhöhung der Gesamtfitness (Lebenszeit-Fortpflanzungserfolg) dieses Individuums erklären.

- Altruistisches Verhalten ist umso wahrscheinlicher, je enger der Verwandtschaftsgrad ist.

- Mithilfe der HAMILTON-**Formel** ist die **Kosten-Nutzen-Analyse** altruistischen Verhaltens unter Berücksichtigung des Verwandtschaftsgrads möglich.

- Das Zusammenleben bei **eusozialen Arten** (z. B. Bienenstaat) ist durch viele altruistische Verhaltensweisen gekennzeichnet. Die Individuen sind besonders nah verwandt.

- Zwischen Artgenossen kann die Kommunikation über **akustische, optische, taktile oder chemische Signale** erfolgen.

- Bei der **Ritualisierung** wird ein Verhaltenselement durch Bedeutungswechsel zu einem neuen, selbstständigen und unverwechselbaren Verständigungsmittel unter Artgenossen.

- Von Imponieren und Drohen über Kommentkampf zu Beschädigungskampf nimmt die Intensität der **Aggression** zu. **Demutsverhalten** dient der Aggressionskontrolle.

- Durch Territorialverhalten, Rangordnungen und Migration wird die Häufigkeit innerartlicher Auseinandersetzungen verringert.

- Mit dem „Falken"-„Tauben"-Modell der **Spieltheorie** werden **Kosten-Nutzen-Analysen** des Aggressionsverhaltens erstellt.

- **Ornamente** spielen bei der Partnerfindung eine wichtige Rolle und sind ein Signal für die Fitness des Geschlechtspartners.

- In den verschiedenen **Paarungssystemen** wird ein maximaler Fortpflanzungserfolg angestrebt.

- Der **Infantizid** lässt den neuen Gruppenführer zu einem schnellen Fortpflanzungserfolg kommen; für die Weibchen vermindert sich dieser erheblich.

Verhaltensbiologie 215

gaben **141** Geben Sie in Stichworten vier Vorteile von sozialen Zusammenschlüssen von Tieren an.

142 Benennen und erläutern Sie das selbstlose, aufopfernde Verhalten von Gruppenmitgliedern in individualisierten Verbänden. Begründen Sie, warum dieses Verhalten in anonymen Verbänden nicht auftritt.

143 Der in Florida vorkommende Buschblauhäher lebt im Gestrüpp von Eichen. Die wenigen für ihn geeigneten Lebensräume liegen inselartig verstreut in für diese Vogelart unbewohnbaren Gebieten. Ein Vogelpaar mit seinen bis zu sechs Helfern beansprucht das ganze Jahr über ein Revier. Die Helfer sind meistens Nachkommen des brütenden Paars aus der vorangegangenen Brutsaison. Wenn beide Eltern überlebt haben, sind die Helfer und die neue Brut Vollgeschwister. Die meisten Nachkommen der Buschblauhäher unterstützen die Eltern bei der Aufzucht der Geschwister mehrere Jahre lang, bevor sie im Alter von 3–5 Jahren ein eigenes Revier übernehmen und brüten, obwohl sie mit einem Jahr fortpflanzungsfähig sind. Die durchschnittliche Anzahl aufgezogener Jungen eines Paares pro Brutsaison beträgt ohne Helfer 1,62, mit Helfern 2,20.

  a Erläutern Sie, welche Erklärung das Konzept der Individualselektion für das Helferverhalten unverpaarter Buschblauhähermännchen bietet.

  b Ermitteln Sie rechnerisch
- die Gesamtfitness eines Helfers und
- die Gesamtfitness eines Nachkommen, der mit Erreichen der Fortpflanzungsfähigkeit eigene Junge aufzieht und beurteilen Sie das Ergebnis.

  c Entwickeln Sie eine Hypothese, warum das Helfen beim Buschblauhäher dennoch (im Hinblick auf Teilaufgabe b) von Vorteil ist.

144 Beschreiben Sie, was man unter Ritualisierung versteht.

145 Erläutern Sie die Bedeutung der Ritualisierung für die Tiere.

146 Nennen Sie zwei Ritualisierungen aus dem Bereich der Tierwelt und geben Sie die ursprüngliche Bedeutung dieser Ritualisierungen an.

147 Geben Sie vier Möglichkeiten für die Veränderung einer Verhaltensweise an, die bei ihrer Ritualisierung eintreten könnte. Nennen Sie jeweils ein typisches Beispiel dafür.

148 Der Nacktmull, eine in Ostafrika vorkommende Säugetierart, lebt in Gemeinschaften von 70–80 Tieren in unterirdischen Gangsystemen. In einer solchen Kolonie leben Männchen und Weibchen zusammen, doch in der Regel pflanzt sich nur ein Weibchen („Königin") mit bis zu drei Männchen fort. Alle anderen Tiere beteiligen sich an der Futtersuche, der Jungenaufzucht, dem Ausbau der Gänge, dem Abtransport des Aushubs und der Bewachung der Eingänge. Nacktmulle haben eine fast unbehaarte, faltige Haut, winzige Augen und Ohren ohne Ohrmuscheln. Ihre Nagezähne sind auffallend groß. Der durchschnittliche Verwandtschaftsgrad der Tiere einer Kolonie liegt bei ca. 0,8. Die Ursache dafür ist vermutlich Inzucht.

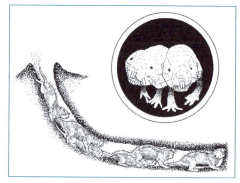

 a Deuten Sie die besonderen Körpermerkmale der Nacktmulle als Angepasstheiten an Lebensraum und Lebensweise.
 b Begründen Sie, warum Nacktmulle als eusozial bezeichnet werden.
 c Beschreiben Sie, worin sich Staaten der Honigbiene von Kolonien des Nacktmulls unterscheiden.

149 Geben Sie fachsprachlich korrekt an, gegen wen Aggression gerichtet sein kann. Stellen Sie dar, wodurch sich diese beiden Arten der Aggression unterscheiden. (Es sind keine konkreten Beispiele verlangt.)

150 Nennen Sie drei verschiedene Mechanismen, die innerhalb einer Tiergesellschaft die auftretende intraspezifische Aggression steuern bzw. unterdrücken helfen.

151 Begegnen sich zwei Mitglieder eines Wolfsrudels, so kann man beobachten, dass ein Tier mit eingezogenem Schwanz am anderen, das den Schwanz emporgerichtet trägt, vorbeiläuft. Begegnen sich zwei Wölfe fremder Rudel, kommt es in der Regel zu aggressiven Auseinandersetzungen.
Erklären Sie diese beiden unterschiedlichen Verhaltensweisen und stellen Sie kurz deren Bedeutung für die Tierart heraus.

152 Interpretieren Sie folgende Verhaltensbeispiele des Menschen unter Verwendung ethologischer Fachbegriffe:
  a Setzt sich eine Person zu einer anderen auf eine Parkbank, beobachtet man häufig ein Wegrutschen der Person, die zuerst da gewesen ist.
  b Ein Mensch verbeugt sich während eines Telefonats immer wieder tief.
  c Die unterlegene Truppe hisst die weiße Fahne.

153 Giraffen drehen sich beim Angriff eines Raubtiers um und schlagen mit den scharfen Hufen ihrer Hinterbeine zu. Im Rivalenkampf folgt einem rauen Husten und Grunzen ein Schiebekampf mit den hautbedeckten Knochenzapfen der Schädeldecke.
Erklären Sie den Unterschied im Kampfverhalten der Giraffen.

154 Während der Balz fährt der Stockerpel mit dem Schnabel hinter den leicht angehobenen Flügel, als wolle er sich putzen, kratzt dabei aber über die Kiele der Schwungfedern, wobei ein relativ lauter rr-Laut entsteht. Der Knäkerpel berührt nur die Außenseite des Flügels, bei dem durch das Anheben leuchtendblaue Federn sichtbar werden. Der Mandarinerpel steckt den Schnabel hinter den segelartig aufgestellten vorderen Flügelabschnitt, der orangerote Federn aufweist.

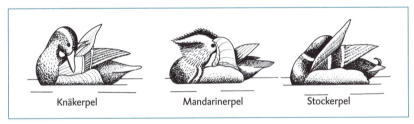

  a Erklären Sie kurz, wie derartige Signale im Rahmen des Sexualverhaltens bezeichnet werden und welche Rolle sie bei der Partnerfindung spielen.
  b Erläutern Sie die Bedeutung des Balzverhaltens.

155 Bei in der arktischen Tundra Alaskas lebenden Schneeeulen wurde beobachtet, dass die in Saisonehe lebenden Tiere eine engere Annäherung zu anderen Artgenossen vermeiden. Jagdreviere werden intensiv verteidigt, auch wenn sie nur kurze Zeit genutzt werden.
  a Erklären Sie allgemein die Bedeutung der Revierbildung für die Tiere und nennen Sie zwei für die Schneeeule denkbare Formen der Reviermarkierung.

b Stellen Sie eine begründete Hypothese darüber auf, warum die engere Annäherung an Artgenossen vermieden und das Revier intensiv verteidigt wird.

In Jahren mit besonders vielen Lemmingen, der Hauptnahrung der Schneeeulen, beobachteten Wissenschaftler, wie ältere, besonders aggressive Männchen sich zwei Nester mit je einem Weibchen einrichteten. Sie versorgten dann beide mit Beutetieren und verteidigten zwei Reviere.

c Benennen und beschreiben Sie das hier vorliegende Paarungssystem.

d Erarbeiten Sie aus soziobiologischer Sicht eine begründete Hypothese, die die oben beschriebene Beobachtung erklärt.

13 Angewandte Verhaltensbiologie

13.1 Angeborene Auslösemechanismen (AAM) beim Menschen

Neurosensorische Filter (siehe S. 159), die aus der Fülle der angebotenen Reize diejenigen herausfiltern, die ein bestimmtes Verhalten auslösen, gibt es auch beim Menschen. Das bekannteste Beispiel für einen angeborenen Auslöser beim Menschen ist das **Kindchenschema**, das von Konrad LORENZ 1943 zum ersten Mal beschrieben wurde. Menschen in jedem Alter finden Babys und kleine Kinder „süß" und „niedlich" und wenden sich ihnen spontan zu. Für die Reize, die von kleinen Kindern ausgehen, gibt es beim Menschen offensichtlich einen speziellen AAM, der dann Zuwendung und Brutpflegeverhalten auslöst: Das Kind wird geherzt, gehätschelt und beschützt.

> Das **Kindchenschema** stellt sicher, dass ein Kleinkind die für ihn lebensnotwendige Zuwendung (Betreuung, Pflege und Schutz) erhält.

Nähere Untersuchungen dieses AAM ergaben folgende Schlüsselreize, die im Kindchenschema zusammengefasst werden:
- ein im Vergleich zum Körper großer Kopf mit steil ansteigender Stirn
- ein im Vergleich zum Gesichtsschädel großer, runder Hirnschädel
- große und tief liegende Augen
- vorspringende, runde „Pausbacken"
- Stupsnase und kleiner Mund
- rundliche Körperformen
- kurze Gliedmaßen und tollpatschige Bewegungen

Abb. 105: Das Kindchenschema: Die Körperproportionen junger Lebewesen (oben) werden als niedlich empfunden und können beim Menschen eine positive Gefühlszuwendung auslösen. Die eher kantigen, in die Länge gezogenen Gesichter der Erwachsenen (unten) rufen diese Reaktion nicht hervor.

Auch Tierjunge senden die Schlüsselreize des Kindchenschemas aus, die den gleichen AAM ansprechen. Fast jeder Zoo besitzt ein Streichelgehege, in dem auffallend viele Jungtiere, z. B. Lämmer, junge Ponys und Kaninchen oder Zwergrassen von Ziegen und Kaninchen gehalten werden. Auch bei der Zucht mancher Hunderassen (Pekinesen, Yorkshire-Terrier, Mops), die als Schoßhunde gehalten werden, wurden Merkmale des Kindchenschemas (große Augen, runder Kopf, kurze Schnauze, kurze Beine) durch Auslese verstärkt.

Beispiele

Die Reaktion auf das Kindchenschema lässt sich auch durch Puppen, Stofftiere oder Comic-Figuren auslösen. Sie ist bei Frauen und Kindern stärker ausgeprägt als bei Männern. Bei der Entwicklung des Teddybärs der Firma Steiff zum Kuscheltier wurden im Vergleich zu den Anfangsjahren der Produktion (1905) die Gliedmaßen verkürzt, Kopf und Rumpf gerundet und auch die Gesichtsform mit stumpfer Schnauze und unterhalb der Gesichtsmitte liegenden Augen dem Kindchenschema angenähert.

Abb. 106: Kindchenschema beim Teddybär

Auch die heutige Form der Micky Maus weist im Vergleich zu der von 1930 eine klare Tendenz zum Kindchenschema auf. Im Verhältnis zum Kopf wurden die Augen stark vergrößert. Durch die nach hinten verlagerten Ohren erscheint die Stirn stärker gewölbt. Eine locker sitzende Kleidung verdeckt die dünnen Gliedmaßen und lässt die Figur rundlicher erscheinen.

Abb. 107: Die Entwicklung der Figur „Micky Maus" von den Anfängen bis heute
© Walt Disney Productions, World Rights Reserved

Welches Geschlecht eine Person hat, lässt sich prinzipiell an der Körperform erkennen. Der Mensch besitzt offensichtlich einen AAM, der diese Unterscheidung ermöglicht. Dieser AAM spricht auf folgende Schlüsselreize des **Frau-Mann-Schemas** an:

Frau-Schema	Mann-Schema
• Schmale Schultern; schmale Taille; breites Becken • Volle, rote Lippen • Weibliche Brust und Gesäß; Form der Schambehaarung • Insgesamt gerundete Körperformen	• Breite Schultern und schmales Becken • Körperbehaarung und kräftige Muskulatur • Insgesamt kantige Körperformen

Tab. 7: Merkmale des Frau-Mann-Schemas

Durch die aufgeführten Schlüsselreize zeigen Männer vorwiegend Verhaltensweisen wie Flirten, sexuelle Annäherung, Paarungsverhalten, Freundlichkeit, Hilfe und beschützendes Verhalten. Verbinden sich Frau-Schema und Kindchenschema (Kindweib), so werden die erwähnten Verhaltensweisen des Mannes noch verstärkt (vgl. Reizsummation, S. 158). Die Schlüsselreize beim Mann-Schema wirken zusammen und lösen bei der Frau positive Verhaltenstendenzen dem Mann gegenüber aus (Sympathie, sexuelle Annäherung, Paarbindung). Allerdings stehen die Schlüsselreize des Mann-Schemas auch im Dienste der Rivalenbekämpfung, z. B. die breiten Schultern, die bei militärischen Uniformen oft zusätzlich betont werden.

Beim Menschen lässt sich auch ein angeborenes Verstehen eines **mimischen Ausdrucks** nachweisen. Allein die Krümmung des „Mundes" bei einem Smiley nach unten oder oben wird als freundlich/fröhlich oder abweisend/traurig interpretiert. Selbst

Abb. 108: „Gesichtsausdrücke"

Gesichter von Tieren werden in dieser Weise missdeutet, z. B. der „verächtliche" Ausdruck eines Kamels durch die herabgezogenen Mundwinkel.

Ethologie in Werbung und Verkauf

Im Zeitalter der Massenproduktion von Waren bedienen sich auch die Werbung und die Verkaufspsychologie bzw. -strategie der Kenntnisse der Ethologie, um den Konsum von Waren zu steigern. Schon bei einem Gang durch einen Supermarkt kann man an den verschiedensten Stellen aufzeigen, wie Werbestrategen das Kaufverhalten der Konsumenten beeinflussen.

Beispiele

Für das Kaufverhalten und somit den Umsatz ist die **Platzierung der Ware** von entscheidender Bedeutung:

- Alle notwendigen Gebrauchsartikel befinden sich meist am hinteren Ende des Supermarktes, wie z. B. die Fleisch-, Wurst- und Brotabteilung. Aus diesem Grund muss der Kunde den ganzen Supermarkt durchqueren, um zu ihnen zu gelangen, und lernt somit auch das übrige Warensortiment des Geschäftes kennen.

- In der Nähe der Kasse befinden sich meist **Spielzeug und Süßigkeiten** für Kinder. Hier wird darauf abgezielt, dass genervte Väter und Mütter in der Warteschlange vor der Kasse ihre quengelnden Kinder eher mit dem Kauf von für sie bestimmten Artikeln beruhigen werden als mitten im Supermarkt.

- Nach **billigen Artikeln**, die weniger Gewinn abwerfen, muss man sich grundsätzlich bücken. Untersuchungen haben ergeben, dass die Artikel, die in Augenhöhe angeboten wurden, dreimal so häufig verkauft wurden wie dieselben im untersten Regal.

- **Großpackungen** sind zwar in der Regel billiger, aber erfahrungsgemäß konsumieren die Käufer von solchen Packungen auch mehr. (Versuche mit Hühnern zeigten ein ähnliches Ergebnis: Etwa gleich hungrigen Hühnern wurden zwei verschieden große Berge von Körnern zum Fressen angeboten. Es war für die Hühner unmöglich, selbst den kleineren Berg Körner ganz aufzufressen. Grundsätzlich fraßen die Hühner, denen ein großer Berg Körner angeboten wurde, mehr als ihre Artgenossen, die einen kleineren Berg Körner vor sich hatten.)

- Häufig werden Produkte nicht geordnet in Regalen aufgeschichtet, sondern als ungeordnete **Warenberge** angeboten. Der Kunde kauft erfahrungsgemäß ungeordnete Ware lieber, weil er denkt, bei diesem billigen Angebot lohne sich das Aufschichten der Ware nicht mehr.

- Oft werden Waren **kombiniert** angeboten (z. B. ein Hemd mit der passenden Krawatte, ein Hemd mit passendem Pullover). Dies stellt einen Anreiz für zusätzliche Einkäufe dar.

Verhaltensbiologie 223

- In vielen Fällen unterscheiden sich **Markenartikel** untereinander und von Nichtmarkenartikeln häufig nur durch ihren Namen und die Verpackung. Allein der durch die Werbung bekannt gemachte Name ist häufig für den Käufer der Anlass für den Kauf eines bestimmten Markenproduktes. Welche Bedeutung die Werbung für den Absatz eines Produktes hat, kann man an der Tatsache erkennen, dass Markenwaschmittel-Firmen ca. 15 % ihres Umsatzes für Werbung ausgeben.

- Wie sehr die **Verpackung** für einen Verkaufserfolg ausschlaggebend sein kann, zeigte folgender Test mit jeweils genau demselben Waschmittel. Die Testpersonen erhielten (angeblich) drei verschiedene Waschpulver, die sie ausprobieren und beurteilen sollten. Die drei Verpackungen waren unterschiedlich (eine rein gelb, eine rein blau, eine blau mit gelben Tupfen), das Waschmittel war in allen Packungen dasselbe. Für die meisten Testpersonen war das Waschmittel in der gelben Schachtel zu scharf, das in der rein blauen Packung wusch am schlechtesten, und das Pulver in der blau-gelben Packung beurteilten die meisten Tester als das Beste.

- Werbepsychologen fanden heraus, dass für viele Menschen ein Auto nicht nur ein Fortbewegungsmittel ist, sondern durch den Besitz eines entsprechenden Autos der Wunsch nach Beachtung befriedigt werden soll. Viele Leute wollen auf diese Weise ihren **sozialen Rang** demonstrieren.

- Dass **sexuelle Anreize** (Frau-Mann-Schema) in der Werbung eine sehr große Rolle spielen, zeigt sich beim Durchblättern jeder Illustrierten. Meist dienen derartige Reize als Blickfang für eine Werbeanzeige *(eye-catcher)*, um über die angeborene Reaktion auf diese Auslöser die Aufmerksamkeit auf das Produkt zu lenken.

13.2 Aggressives Verhalten beim Menschen

Hypothesen zur Entstehung menschlicher Aggression

Zur Entstehung der Aggression gibt es verschiedene Hypothesen, die alle von einem unterschiedlichen Hintergrund ausgehen.

- **Triebhypothese der Aggression:** Aggressives Verhalten ist angeboren. Nach dem Instinktmodell von K. LORENZ liegt eine Motivation (Antrieb) vor, die sich ständig selbst (endogen) verstärkt. Bei entsprechendem „Triebstau" müsste eine aggressive Handlung im Leerlauf ablaufen; darauf gibt es aber keine Hinweise.

- **Frustrations-Aggressions-Hypothese:** John DOLLARD ging davon aus, dass eine Aggression die Reaktion auf eine Frustration, also einen erzwungenen Verzicht auf eine Triebbefriedigung darstellt.
- **Lernhypothese der Aggression:** Nach Albert BANDURA sind Aggressionen keine angeborenen, sondern durch Erziehung erworbene Verhaltensweisen. Die Kinder lernen durch Erfolg und Misserfolg und durch Nachahmung der Erwachsenen aggressives Verhalten.

Jede dieser Hypothesen zur Entstehung der Aggression beim Menschen greift nur einen Aspekt der Entstehung von Aggression auf. Keine von ihnen liefert deshalb eine befriedigende Erklärung. Eine Kombination angeborener und erlernter Faktoren erscheint als Ursache der Aggression am wahrscheinlichsten. Bereits früh in der kindlichen Entwicklung treten aggressive Verhaltensweisen auf, die sich in ähnlicher Form bei Tieren beobachten lassen und auf eine biologische Grundlage hindeuten. Andererseits konnte nachgewiesen werden, dass Kinder, denen aggressives Verhalten vorgelebt wurde oder die es häufig im Fernsehen oder in Computerspielen zu sehen bekamen, eine stärkere Neigung zu aggressiven Handlungen zeigen. In der Erziehung kann aggressivem Verhalten entgegengewirkt werden, indem Frustrationen vermieden werden, aufgestaute Aggressionen durch intensive Gespräche oder auch sportliche Betätigung abgebaut werden oder aber Lernprozesse angestoßen werden, die zu einer besseren Kontrolle der eigenen Aggressivität führen.

Zusammenfassung

- Menschen besitzen einen **AAM** für die Schlüsselreize des **Kindchenschemas**. Dadurch wird ein fürsorgliches Verhalten ausgelöst.
- Der **AAM des Frau-Mann-Schemas** löst die Aufmerksamkeit von Männern bzw. Frauen aus.
- Kindchenschema und Frau-Mann-Schema wird in übersteigerter Form in der **Werbung** eingesetzt, um das Kaufverhalten zu beeinflussen.
- Die Triebhypothese, die Frustrations-Aggressions-Hypothese und die Lernhypothese versuchen die Entstehung aggressiven Verhaltens beim Menschen zu erklären.

Verhaltensbiologie ✒ 225

gaben **156** Beschreiben Sie in Stichworten drei unterschiedliche AAMs beim Menschen.

157 Als während des Vietnamkriegs Bilder um die Welt gingen, die zeigten, wie vietnamesische Babys getötet wurden, war die weltweite und durch alle Kulturen gehende Empörung groß. Ähnliche Bilder, die das Töten vietnamesischer Soldaten zeigten, lösten keinerlei derartige Emotionen und Proteste aus.
Erklären Sie die unterschiedliche Reaktion der Menschen aus ethologischer Sicht.

158 Erläutern Sie, zu welchen Forderungen an die Erziehung die Frustrations-Aggressions-Hypothese führen muss.
Legen Sie dar, welches Verhalten von Kindern, die nach dieser Hypothese erzogen wurden, zu erwarten ist, wenn sie in die Schule kommen.

Lösungen

1 Fossilien sind Überreste von Lebewesen aus früheren Erdepochen. Vergleicht man Fossilien verschiedener Zeiträume, so stellt man fest, dass ältere Fossilienfunde einfachere Baupläne aufweisen als jüngere. Die Funde von fossilen Brückentieren markieren Verzweigungen im Stammbaum der Organismen.

2

	Vogelmerkmale	Reptilienmerkmale
Armskelett	drei Finger	freie Fingerendglieder
	befiederte Schwingen	Krallen
Beinskelett	Mittelfußknochen bilden den Lauf	Schien- und Wadenbein nicht verwachsen
	1. Zehe nach hinten	

3 a *Eusthenopteron* konnte sich kurzzeitig an Land aufhalten, möglicherweise um ein anderes Gewässer aufzusuchen, da über die Lungenblase Luftsauerstoff aufgenommen werden konnte und die „Gehflossen" eine Fortbewegung ermöglichten. Der Bau des Schädels von *Ichthyostega* weist auf die stammesgeschichtliche Verbindung der Amphibien zu den Quastenflossern hin. *Eusthenopteron* und *Ichthyostega* sind also Brückentiere zwischen Fischen und Amphibien.

   b Zusätzliche Veränderungen:
   - Entwicklung einer leistungsfähigeren Lunge
   - Entwicklung von Gliedmaßen, die den Körper beim Laufen tragen können
   - Verstärkung des Skeletts
   - Ausbildung einer Körperoberfläche, die vor Austrocknung schützt

4 a Das Schnabeltier vermittelt zwischen den Reptilien und Säugern.

   b

Reptilienmerkmale	Säugermerkmale
Eier legen	Brutfürsorge (Eier wärmen)
keine konstante Körpertemperatur	Fell
	Milchdrüsen, Junge säugen

228 Lösungen

5 LAMARCK und DARWIN gehen beide von der Veränderung der Arten (Inkonstanz) aus. Der Einfluss der Umwelt (Umweltfaktoren) führt zu einer besseren Angepasstheit der Arten.

6 CUVIER geht in seiner Evolutionstheorie noch von der Schöpfungslehre und der Konstanz der Arten aus. Das Aussterben einzelner Arten im Laufe der Erdgeschichte erklärt er mit dem Auftreten von Katastrophen, die zum Verschwinden von Tier- und Pflanzenarten führten.

7 Obwohl König und Königin der Termiten z. B. nur kleine Kiefer besitzen, produzieren sie auch Nachkommen mit großen Kiefern (Soldaten). Nach LAMARCK werden die erworbenen Eigenschaften vererbt. Da die Soldaten steril sind und selbst keine Nachkommen zeugen können, dürften keine neuen Nachkommen mit großen Kiefern entstehen.

8 In Waldgebieten sind die Lichtverhältnisse schlechter als auf einer Wiese. Bunte Farben kommen im Wald kaum zur Geltung, weiße Blüten sind dort optisch auffälliger als bunt gefärbte. Der Duft wirkt auch bei schlechten Lichtverhältnissen als anlockendes Signal für Insekten.
Nach DARWIN traten bei den Vorfahren der Waldpflanzen erbliche Veränderungen auf, die zur Ausbildung von weißen Blüten und Duftsignalen führten. Im „Kampf ums Dasein" hatten diese Varianten im düsteren Wald einen Selektionsvorteil gegenüber den farbigen und nicht duftenden Formen. Sie konnten mehr Samen bilden, sich dadurch effektiver fortpflanzen und verdrängten so ihre Konkurrenten allmählich.

9 Das Zitat stammt von LAMARCK oder einem Anhänger seiner Evolutionslehre (Gebrauch und Nichtgebrauch von Organen). Erworbene Eigenschaften werden nach LAMARCK an die Nachkommen weitervererbt. Es gibt aber bis heute keinen wissenschaftlichen Beweis dafür, dass dies tatsächlich der Fall ist. Alle Experimente in diese Richtung zeigen das Gegenteil.
Experiment: Aus einer Population von Pantoffeltierchen werden nur die größten Individuen weitergezüchtet. Untersucht man die Körpergröße ihrer Nachkommen nach vielen Generationen, so stellt man fest, dass die Variationsbreite der Körpergröße derjenigen in natürlichen Populationen des Pantoffeltierchens entspricht.

10 Die Insekten besitzen „ein inneres Bedürfnis", den eingesetzten Giften zu widerstehen bzw. sie „üben" den Stoffwechsel, um Giftresistenz zu erzeugen. Die so erworbene Fähigkeit der Giftresistenz wird dann weitervererbt.

11 Erklärung nach LAMARCK: Durch das Leben in dunklen Höhlen wurden die Augen kaum gebraucht, sodass sie verkümmerten. Zum Aufspüren der Nahrung und zur Orientierung wurden andere Sinne häufiger gebraucht und dadurch verbessert. Diese aktive Anpassung an die Umweltbedingungen wurde an die Nachkommen weitervererbt.
Erklärung nach DARWIN: Unter den zahlreichen Nachkommen (Überproduktion) der Vorfahren der heutigen Höhlenfische gab es einige zufällige Mutanten mit leistungsfähigeren Geschmacks- und Tastsinnesorganen bzw. verkümmerten Augen (genetische Variabilität). Diese hatten durch bessere Sinnesorgane einen Selektionsvorteil, was sich in einer höheren Nachkommenzahl bemerkbar machte. Die Merkmale verbreiteten sich durch Vererbung in der Nachkommenschaft. Die Varianten mit verkümmerten Augen hatten nur einen geringen oder keinen Selektionsnachteil, sodass dieses Merkmal in der Nachkommenschaft nicht verschwand.

12 Nach heutigen Erkenntnissen sind die Aussagen a, b, d und f noch gültig.

13 Morphologischer Artbegriff: Aufgrund anatomischer (körperlicher) Ähnlichkeiten lassen sich Lebewesen systematisch zu einer Art zusammenfassen.
Biologischer Artbegriff: Dieser bezieht sich auf die Fortpflanzungsfähigkeit von Individuen. Zu einer Art zählen in diesem Fall alle Individuen, die miteinander kreuzbar sind und fertile Nachkommen haben. Voraussetzung dafür ist eine bestimmte Übereinstimmung in der DNA der Organismen.

14 Unter einer Art fasst man alle Lebewesen zusammen, die sich miteinander kreuzen können und deren Nachkommen fertil bzw. fruchtbar sind.
Beispiel: Pferde sind untereinander kreuzbar, Esel ebenso. Die Nachkommen sind fertil. Pferd und Esel sind zwar miteinander kreuzbar, ihre Nachkommen (Maulesel und Maultier) sind jedoch unfruchtbar. Es handelt sich um zwei verschiedene Arten.
Rassen sind Populationen einer Art, die sich in einem oder mehreren vererbbaren Merkmalen voneinander unterscheiden.
Beispiel: Ein charakteristisches Rassemerkmal der Hunderasse Chow-Chow ist z. B. die blaue Zunge.

230 ✦ Lösungen

15 • Kriterium der Lage: Laubblätter und Dornen gehen beide auf die gleiche Grundstruktur „Blatt" zurück.
• Kriterium der Kontinuität: An der Berberitze treten alle Übergangsformen zwischen Blatt und Dornen auf.

16 Das Kriterium der spezifischen Qualität spielt hier eine wesentliche Rolle. *Definition:* Aus vielen Einzelelementen aufgebaute Organe und Strukturen gelten auch ohne Lagegleichheit als homolog, wenn sie in vielen Einzelheiten übereinstimmen.
Erklärung: Wenn die genaue Zusammensetzung der Blutspuren bzw. Fingerabdrücke des Täters (Blutgruppen, Serumeiweiß bzw. Hautleistenmuster) bekannt sind, lassen sie sich unabhängig von der Lage homologisieren und so identifizieren.

17 • Kriterium der Lage: Wirbeltierextremitäten, Insektenbeine o. Ä.
• Kriterium der Kontinuität: Übergang der Schwimmblase zur Lunge; Gehörknöchelchen
• Kriterium der spezifischen Qualität: Haifischschuppe – Wirbeltierzahn

18 Die Kartoffelknolle ist eine Sprossknolle, die sich aus Teilen des Sprosses (Stängels) entwickelt, da nur oberirdische Pflanzenteile unter Einwirkung des Sonnenlichts Chlorophyll produzieren können.

19 a Homologe Organe weisen den gleichen Grundbauplan auf, z. B. stimmen die Beine der genannten Tiere in der Lagebeziehung ihrer Knochen zueinander überein. Die unterschiedliche äußere Form und Funktion der Gliedmaßen stellen eine Angepasstheit an die jeweils spezielle Lebensweise dar.
b Alle genannten Tiere stammen von einer gemeinsamen Ahnenform ab.

20 Die Schwanzwirbelsäule stellt einen Atavismus dar. Es handelt sich hierbei um einen Rückfall in eine frühere Entwicklungsstufe des Menschen. Die sehr frühen Vorfahren des Menschen besaßen offensichtlich eine verlängerte Wirbelsäule (Schwanz).

21 Kalkschulp und Gehäusereste sind funktionslose Überreste (rudimentäre Organe). Sie lassen den Schluss zu, dass Tintenfische und Nacktschnecken gemeinsame Vorfahren hatten, die schalen- oder gehäusetragend waren. Der Schulp und die Gehäusereste sind homologe Organe.

22 Die Schwingkölbchen sind um- und rückgebildete Flügel, sie sind also flügelhomolog. Ihr spontanes Auftreten weist auf stammesgeschichtlich ältere Formen hin, die noch zwei Flügelpaare hatten. Die genetische Information darüber ist in den heutigen Fliegen noch vorhanden, wird aber normalerweise unterdrückt. Bei dieser Erscheinung handelt es sich um einen Atavismus.

23 Die Verwandtschaft zwischen zwei Lebewesen ist letztendlich auf die Übereinstimmung ihrer DNA-Basensequenz zurückzuführen. Je mehr DNA-Abschnitte übereinstimmen, desto näher sind sie stammesgeschichtlich miteinander verwandt.

24 **a** Serum-Präzipitin-Test:
- Einspritzen von Blutserum eines Kondors (Neuweltgeier) in ein Versuchstier, z. B. Kaninchen
- Entstehung von Antikörpern gegen die Serumproteine (Antigene) des Kondors im Kaninchen
- Das Blutserum des Kaninchens, das Antikörper enthält (Anti-Kondor-Serum), wird jeweils mit dem Blutserum eines Kondors, eines Storches und eines Altweltgeiers vermischt.
- Die Antigen-Antikörper-Reaktion führt zur Präzipitation (Ausfällung). Der Ausfällungsgrad zwischen Anti-Kondor-Serum und Blutserum des Kondors wird gleich 100 % gesetzt. Der Ausfällungsgrad zwischen Anti-Kondor-Serum und Blutserum des Storches ist größer als der mit dem Blutserum eines Altweltgeiers. (Je stärker die Ausfällung, desto ähnlicher sind die Proteine der verglichenen Lebewesen, desto größer ist die Ähnlichkeit ihrer DNA (wegen der Universalität des genetischen Codes) und desto größer ist auch der Verwandtschaftsgrad.)

b Die große Übereinstimmung äußerer Ähnlichkeiten war der Grund, auf eine nähere Verwandtschaft zwischen Alt- und Neuweltgeiern zu schließen. Diese Ähnlichkeiten sind jedoch als Angepasstheiten an die gleiche Umwelt und die gleichen Lebensbedingungen entstanden. Es liegen also Analogien vor. Sie sind das Ergebnis von konvergenten Entwicklungen. Die Wissenschaftler interpretierten diese Ähnlichkeiten fälschlicherweise als Homologien.

232 Lösungen

25 Nach HAECKEL vollzieht sich in der Embryonalentwicklung eines Tieres eine kurze und schnelle Wiederholung der Stammesgeschichte. Es werden aber nicht alle Stadien der Phylogenese durchlaufen. Der Embryo legt auch Strukturen an, die nichts mit der Stammesentwicklung zu tun haben. Es bilden sich keine fertigen Organe, sondern nur die Anlagen dazu aus.

26
- Wal: Die Anlage von Zähnen und hinteren Extremitätenknospen bei Bartenwalen weist auf eine Abstammung dieser Tiere von bezahnten landlebenden Säugetieren hin.
- Mensch: Die Anlage einer verlängerten Schwanzwirbelsäule und ein embryonal angelegtes Haarkleid weisen auf die Abstammung des Menschen von Fell tragenden Vorfahren mit Schwanz hin.

27 a Die Homologie im Bauplan der Larven zeigt, dass zwischen den Meeresringelwürmern, Muscheln und Meeresschnecken eine stammesgeschichtliche Verwandtschaft besteht.

b Biogenetische Grundregel: Während der Keimesentwicklung werden häufig Merkmale der stammesgeschichtlichen Vorfahren ausgebildet, die dem Erwachsenenstadium fehlen.

28 Homologe Organe können auf die gleiche Ursprungsform zurückgeführt werden. Sie sind daher ein Hinweis auf die Abstammung bzw. Verwandtschaft der untersuchten Arten.
Analoge Organe geben keinen Hinweis auf Stammesverwandtschaft, da sie nur aufgrund derselben Umweltbedingungen entstanden sind.

29 homolog: b, d, e, f, g, i
analog: a, c, h

30
- Insektenflügel – Vogelflügel
- Insektenflügel – Fledermausflügel
- Grabbein der Maulwurfsgrille – Grabbein des Maulwurfs
- Elefantenbein – Bein des Marienkäfers

31 Konvergenz ist die Entwicklung von ähnlichen Strukturen als Angepasstheit an gleiche Umweltbedingungen aufgrund ähnlicher Funktion. Beide Tiere zeigen durch ihre Stromlinienform Angepasstheit an das Leben im Wasser. Die Vorderextremitäten bei Delfin und Pinguin lassen sich auf

Lösungen 233

denselben Bauplan zurückführen, sie sind also homolog. Die Abwandlung zur Flossenform hat sich jedoch konvergent entwickelt.

32 Mutation: b, Modifikation: d, keine von beiden: a, c, e

33 Die geschlechtliche Fortpflanzung führt zur Erhöhung der genetischen Variabilität durch:
- zufällige Verteilung (Neukombination) der väterlichen und mütterlichen Erbanlagen in der Meiose,
- Neukombination bei der Befruchtung sowie
- Trennung gekoppelter Gene durch Crossing-over.

34 Dominante Mutationen wirken sich bei allen Lebewesen sofort im Phänotyp aus und unterliegen der Selektion. Bei haploiden Lebewesen gilt dies auch für rezessive Mutationen. Rezessive Mutationen können bei Diplonten erst dann als Merkmal sichtbar werden, wenn sie homozygot vorliegen. Deshalb können rezessive Allele in Heterozygoten als „Genreserve" über Generationen im Genpool einer Population überdauern und im Falle einer Umweltveränderung zur Entstehung der nun erforderlichen Angepasstheit beitragen.

35 Menschen mit normaler Hämoglobinbildung (homozygot gesund) haben in Malariagebieten einen Selektionsnachteil, da gerade im Kindesalter viele Malariainfektionen tödlich verlaufen. Die intakten Gene werden weniger häufig in die Folgegeneration eingebracht. Heterozygote Träger des Sichelzellgens dagegen erkranken nicht so schwer an Malaria. Sie besitzen einen Selektionsvorteil. Da sie das mutierte Allel häufiger an die Folgegeneration weitergeben können, kommt es zu einer Anreicherung des Sichelzellgens in den Populationen der Malariagebiete.

36 Mutationen und anschließende Selektion können zum Artenwandel und sogar zur Artaufspaltung führen; die modifikatorische Variabilität hat keinen Einfluss auf die Evolution.

37 Durch Vergleich von eineiigen Zwillingen lassen sich Modifikationen, z. B. im Körpergewicht, nachweisen, da eineiige Zwillinge das gleiche Erbgut besitzen und Unterschiede zwischen ihnen umweltbedingt sein müssen.

38 Als die ursprüngliche Kontinentalplatte auseinanderdriftete, stand die Entwicklung der Säugetiere noch am Anfang. Vor allem auf den südlichen Kontinenten spalteten sich die Beutel(säuge)tiere in viele verschiedene Formen auf. Durch die Konkurrenz zu den sich später entwickelnden höheren Säugetieren starben die Beuteltiere in Südamerika bis auf wenige Arten aus. Auf dem isolierten australischen Kontinent dagegen fehlten die höheren Säugetiere. Durch adaptive Radiation entstanden viele Beuteltier-Arten mit ihren spezifischen ökologischen Nischen, die häufig eine Entsprechung in unserer Säugetierfauna finden (z. B. Beutelmull – Maulwurf).

39 Durch Polyploidisierung vervielfacht sich der gesamte Genbestand (Genom) eines Individuums. Polyploide Pflanzen sind gegenüber extremen Klimabedingungen widerstandsfähiger als ihre diploiden Vorfahren. In Wüsten mit ihren extremen Standortbedingungen findet man daher viele polyploide Pflanzen.

40 Der entscheidende Selektionsfaktor ist der Mensch. Er lässt die Varianten, die seinen Zuchtzielen entsprechen, zur Fortpflanzung zu. Da er die Haustiere weitgehend von natürlichen Umweltbedingungen abschirmt, haben auch Formen eine Überlebenschance, die in der Natur einen Selektionsnachteil hätten.

41 Solange die Umweltbedingungen konstant bleiben, hat ein stark spezialisiertes Lebewesen, das gut an seine ökologische Nische angepasst ist, die besseren Überlebenschancen. Ein weniger gut angepasstes Lebewesen ist einem großen zwischenartlichen Konkurrenzdruck ausgesetzt.
Im Falle einer stärkeren Veränderung der Umweltbedingungen liegt der Vorteil einer geringeren im Gegensatz zu einer stärker ausgeprägten Spezialisierung in der besseren Möglichkeit zur neuen Einnischung.

42 Wenn alle Schneckenarten der gleichen Gattung angehören, müssen sie von einem gemeinsamen Vorfahren abstammen. Wahrscheinlich wurde dieser nach der Entstehung der Insel angeschwemmt (Separation). Durch Mutation entstanden verschiedene Formen, die sich aus Mangel an Konkurrenz und Fressfeinden stark vermehren konnten. Die innerartliche Konkurrenz wurde durch diese Überbevölkerung immer größer und die Schnecken besetzten unterschiedliche ökologische Nischen und entwickelten sich zu eigenständigen Arten (adaptive Radiation).

43 Bei wiederholtem Gifteinsatz überleben immer nur die Individuen einer Population, die als Präadaption bereits eine Giftresistenz durch Mutation besaßen. Durch diese Art der Selektion kommen schließlich nur noch giftresistente Populationen vor.

44 Durch Selbstbefruchtung kommt es zur vermehrten Bildung genetisch geschädigter Pflanzen (homozygot rezessive Phänotypen negativer Gene) mit geringeren Überlebenschancen und weniger Möglichkeiten der Neukombination von Genen. Daher werden im Sinne DARWINs die Mutanten mit den entsprechenden Mechanismen zur Verhütung der Selbstbestäubung im Kampf ums Dasein selektioniert, da ihre Nachkommen einen Überlebensvorteil besitzen.

45 Schwarz gefärbte Birkenspanner konnten nicht überleben, solange die Birkenrinde weiß war, da sie meist schnell von Vögeln entdeckt und gefressen wurden.

46 Tiere: geschlechtliche Zuchtwahl, abweichendes Balzverhalten
Pflanzen: Sonneneinstrahlung, Bodenbeschaffenheit (Nährstoffe)

47 Die schwarz-gelbe Musterung dient als Warnfarbe, da die Haut des Feuersalamanders einen schlecht schmeckenden, leicht giftigen Schleim absondert. Feuersalamander erlangen durch ihre einprägsame Färbung also einen Selektionsvorteil, da ihre Fressfeinde einen Zusammenhang zwischen dem Farbmuster und der Giftigkeit der Tiere erlernen und ein Meideverhalten entwickeln.

48 a Durch die freie Kombination der väterlichen und mütterlichen Chromosomen werden in der Meiose Keimzellen gebildet, die bei der Befruchtung miteinander verschmelzen. Die entstehenden Zygoten können sowohl beide Mutationen als auch keine besitzen.

b Bei der geschlechtlichen Fortpflanzung können Nachkommen entstehen, bei denen die rezessive Mutation homozygot vorliegt und deshalb phänotypisch sichtbar wird.

c Durch ein Crossing-over bei der Keimzellenbildung kann der DNA-Abschnitt mit der vorteilhaften Mutation von dem mit der nachteiligen getrennt werden. Bei den Nachkommen können die Mutationen dann einzeln auftreten.

236 / Lösungen

49 a Mimikry oder Scheinwarntracht ist die Nachahmung wehrhafter oder ungenießbarer Vorbilder in Körperform und Farbe (Hornissen) durch wehrlose Tiere (Hornissenschwärmer).

b Unter den vielen Nachkommen von Vorfahren des Hornissenschwärmers waren zufällig auch solche, die z. B. in ihrer Färbung Hornissen ähnelten. Diese hatten einen Selektionsvorteil gegenüber ihren Fressfeinden, überlebten und konnten mehr Nachkommen zeugen, die diese Merkmale ebenfalls aufwiesen.

c Das Meiden ungenießbarer oder wehrhafter Tiere mit Warntracht durch die Fressfeinde beruht i. d. R. auf Lernvorgängen. Deshalb dürfen die Individuen mit Mimikry nicht so zahlreich vorkommen wie ihre Vorbilder, damit der Fressfeind die nötigen negativen Erfahrungen machen kann.

50 Starke Schwankungen der Populationsgröße können Veränderungen des Genpools beschleunigen.
Begründung: Wenn die Populationsgröße durch äußere Einflüsse stark abnimmt, bleibt nur eine zufällige Auswahl an Genen erhalten. Durch Gendrift können sich bestimmte Gene anreichern oder ganz verschwinden.

51 Richtig sind a, b und d.

52 Richtig sind a und b.

53 Bestimmte vom Menschen ausgewählte Merkmale werden der natürlichen Selektion unterliegen. Da kleine Haustierpopulationen häufig homozygot bezüglich solcher Merkmale sind, kann sich ein Selektionsnachteil ergeben, der zum Aussterben der verwilderten Population führt.
Typische Domestikationsmerkmale wie z. B. verringerte Hirngröße und Kurzhaarigkeit bleiben erhalten. Es kommt zu keinem Rückschlag in die Wildart, es sei denn, die Haustiere können sich mit der Stammart vermischen.

54 Mutationen sind der einzige Mechanismus, durch den neue Erbmerkmale entstehen können, sie erhöhen die genetische Variabilität. An den zufällig und ungerichtet auftretenden Mutationen setzt die Selektion an. Rezessive Allele können bei diploiden Organismen in „Wartestellung" erhalten bleiben.

Lösungen 237

55 Eine kleine Gründerpopulation wurde auf die Inseln verschlagen und es ergaben sich zufällig Mutationen, die die grüne Variante bedingten. Durch Gendrift konnte sich diese Farbmutante in der Population anreichern. Da Fressfeinde als Selektionsfaktor fehlten, setzten sich die grünen Eidechsen durch.

56 a Über diese Inseln fegen häufig Stürme, die Insekten mit normal ausgebildeten Flügeln leicht ins Meer wehen können. Die in den Insektenpopulationen immer wieder auftretenden Mutanten mit reduzierten Flügeln haben bei Stürmen einen Selektionsvorteil, können überleben und sich fortpflanzen, wodurch die Mutation erhalten bleibt.

b Im sehr kalten, arktischen Klima können große, abstehende Ohren leicht erfrieren oder bewirken zumindest einen unnötigen Wärmeverlust. Unter solchen Klimabedingungen haben Füchse mit kleinen Ohren einen Selektionsvorteil. In der Wüste ermöglichen die großen Ohren dem Fuchs eine Wärmeabgabe und tragen damit zur Regelung seiner Körpertemperatur bei. In diesem Lebensraum haben Tiere mit großen Ohren einen Selektionsvorteil.

c Für Paradiesvogelweibchen stellt das Prachtkleid einen optischen Auslöser im Sexualverhalten dar. Je höher die Reizwirkung dieses Auslösers ist, desto stärker reagiert das Weibchen. Durch die sexuelle Selektion der Weibchen wurden immer die Männchen mit dem prächtigsten Gefieder bevorzugt (geschlechtliche Zuchtwahl). Die Weibchen besitzen im Gegensatz dazu eine Tarnfarbe und sind so beim Brüten besser vor Fressfeinden geschützt. Durch unterschiedliche Selektionsfaktoren entstand bei den Paradiesvögeln der Sexualdimorphismus.

57 Dies hat keine Auswirkung auf die Evolution, da modifikatorische Unterschiede nicht vererbt werden.

58 Die Stummelfüße der Erzschleiche sind hinderlich. Erzschleichen ohne Stummelfüße haben also einen Selektionsvorteil.
Der Blinddarm und der Wurmfortsatz können sich entzünden. Ohne Behandlung kann dies zum Tod führen. Ein Mensch ohne Wurmfortsatz könnte einen, wenn auch geringen, Selektionsvorteil haben. Andererseits ist der Wurmfortsatz als lymphatisches Organ Teil der Immunabwehr. Der Verlust des Wurmfortsatzes würde möglicherweise zu einem Selektionsnachteil führen.

238 / Lösungen

59 a In den mitteleuropäischen Gewässern kommen nur wenige bzw. schwache Konkurrenten der Wasserpest vor. Durch die schnelle vegetative Vermehrung überzieht die Wasserpest Gewässer mit einer dicken Pflanzendecke, die anderen Wasserpflanzen das Licht nimmt. Die Verminderung des Bestandes geht auf Fressfeinde und das verstärkte Auftreten innerartlicher Konkurrenz zurück. Auch die Gewässerverschmutzung trägt zum Rückgang der Wasserpest bei.

b Alle Pflanzen in Mitteleuropa waren anfänglich erbgleich. Durch Mutationen neu entstandene Allele konnten nicht rekombiniert werden, die genetische Variabilität blieb begrenzt. Durch das Aussetzen von männlichen Pflanzen könnte es zu Rekombinationen kommen, der Genpool der Populationen würde sich stärker verändern. So könnten besser angepasste Formen entstehen und sich die Bestände der Wasserpest sich vergrößern.

60 a Da der Chromosomensatz der Schiege ungeradzahlig ist, kommt es in der Meiose zu Unregelmäßigkeiten bei der Chromosomenverteilung. Bei der Chromosomenpaarung in der Prophase I der Reduktionsteilung findet ein Chromosom keinen Partner und wird bei der Zellteilung in der Telophase I zufällig auf eine der beiden Tochterzellen verteilt. Möglicherweise sind auch die väterlichen und mütterlichen Chromosomen einander zu wenig ähnlich, sodass sich die homologen Chromosomenpaare nicht zusammenfinden können und eine korrekte Keimzellenbildung nicht möglich ist.

b Wie aus der binären Nomenklatur ersichtlich ist, gehören das Hausschaf und die Hausziege zu unterschiedlichen Gattungen. Die genetischen Unterschiede sind also größer als bei Esel und Pferd, bei denen es sich um zwei Arten der gleichen Gattung handelt. Die Wahrscheinlichkeit, dass bei der Realisation der genetischen Information im Schiegen-Embryo Störungen auftreten, ist größer als bei Bastard-Embryonen von Esel und Pferd. Schiegen-Embryonen sterben deshalb meistens vor Ende der Tragzeit ab.

61 Siehe S. 63 f.

62 Ein solches Gebilde müsste zumindest einen Stoffwechsel und die Fähigkeit zur Informationsweitergabe, Replikation und Mutation aufweisen.

63 Da die zufällige Bildung organischer Stoffe in der Ursuppe sehr lange dauerte, kam es zu einem Verbrauch dieser Substanzen durch die heterotrophen Urzellen. Im Konkurrenzkampf um Nahrung konnten sich solche Formen durchsetzen, denen es gelang, energiereiche organische Stoffe selbst herzustellen (Autotrophie). Chemoautotrophe Organismen konnten durch chemische Reaktionen Energie aus anorganischen Stoffen gewinnen, um damit energiereiche organische Verbindungen aufzubauen. Fotoautotrophe Organismen hatten den Selektionsvorteil, dass sie zum Stoffaufbau das (nahezu) unerschöpfliche Sonnenlicht nutzen konnten.

64 Durch die Entstehung der Fotosynthesepigmente wurde die Nutzung des Sonnenlichts zur Wasserspaltung möglich. Der an die Atmosphäre abgegebene Sauerstoff wirkte auf die meisten Organismen giftig. Es überlebten nur die Organismen, die durch den Sauerstoff nicht geschädigt wurden, indem sie ihn verbrauchten. Der entscheidende Selektionsvorteil war die Nutzung des Sauerstoffs als Wasserstoffakzeptor bei der Zellatmung, was mit einem hohen Energiegewinn verbunden war.

65 Vielzelligkeit erlaubt Arbeitsteilung der Zellen und damit eine Verbesserung bestimmter Funktionen (z. B. die Ausbildung hoch entwickelter Sinnesorgane, Herz und Lunge) und damit mehr Möglichkeiten zur besseren Angepasstheit an Umweltbedingungen.

66 Gründe für das Aussterben der Dinosaurier sind z. B.:
- Klimaänderung: Reptilien sind wechselwarm und bekamen Probleme mit den kühleren Temperaturen.
- Große Mengen Staub, Asche und Ruß in der Atmosphäre: Das Pflanzenwachstum wurde durch die ungünstigen Lichtverhältnisse limitiert und den Dinosauriern damit die Nahrungsgrundlage entzogen.

67 Koevolution ist die wechselseitige Anpassung von Arten aneinander. Sie beruht darauf, dass diese Arten über einen längeren Zeitraum in ihrer Stammesgeschichte einen starken Selektionsdruck aufeinander ausüben. Durch die Entwicklung der Ultraschallortung und das Einfangen mit der Schwanzhaut können die Fledermäuse bei Dunkelheit im Flug erfolgreich Nachtfalter erbeuten. Durch Gegenanpassungen wie spezielle Hörorgane und blitzschnelle Bewegungen erhöht sich für die Nachtfalter die Wahrscheinlichkeit, dem Feind zu entkommen. Die Körperbehaarung der Falter erschwert der Fledermaus zudem die Ortung ihres Beutetiers.

240 Lösungen

68 a In der Evolution der Grabwespen hatten die Männchen einen Selektionsvorteil, die die Merkmale der Weibchen schnell und sicher erkennen konnten. Bei den Weibchen hatten die Individuen einen Selektionsvorteil, die durch ihr Aussehen und ihren Duft Männchen am erfolgreichsten anlocken konnten. In der Koevolution von Fliegenorchis und Grabwespenmännchen entwickelten sich bei den Blüten optische und geruchliche Angepasstheiten an die Grabwespenweibchen, die eine erfolgreiche Täuschung der Grabwespenmännchen möglich machten. Auf diese Weise kann die Fliegenorchis ihre Bestäubung mit Pollen einer anderen Pflanze der gleichen Art sichern (Fremdbestäubung).

b In einer Symbiose ziehen sowohl Blütenpflanze als auch Bestäuber Vorteile aus der Beziehung. Für die Fliegenorchis erhöht sich durch die Fremdbestäubung zwar die Menge an Samen und damit der Fortpflanzungserfolg, die Grabwespenmännchen haben dagegen keinen Vorteil.

69 a Die nächsten Verwandten des Menschen sind Orang-Utan, Gorilla und Schimpansen (zwei Arten).

b Betrachtet man anatomische Merkmale, so scheint der Mensch näher mit Gorilla und Orang-Utan verwandt zu sein. Serologische Tests und Untersuchungen der DNA ergaben aber einen höheren Verwandtschaftsgrad zwischen Mensch und Schimpanse. Vermutlich sind die molekularbiologischen Methoden aussagekräftiger als die anatomischen Befunde, da hier die allen Abweichungen zugrunde liegende Veränderung der DNA durch Mutationen mehr oder weniger direkt miteinander verglichen werden kann.

70 • Der Vergleich von Proteinen, z. B. Hämoglobin, ergab eine ähnliche Aminosäuresequenz.
   • Die Art der Antigene der Zellen ist sehr ähnlich, z. B. kommen die gleichen Blutgruppen des AB0-Systems vor.
   • Die DNA-Hybridisierung ergab eine hohe Ähnlichkeit der genetischen Informationen.
   • Die unterschiedliche Chromosomenzahl (Menschenaffen: $2n = 48$, Mensch: $2n = 46$) lässt sich durch die Verschmelzung zweier kleiner Chromosomen zu einem großen erklären.

Lösungen / 241

71 a Auslöser war der Wechsel des Lebensraums: Ehemalige Bodenbewohner gingen zum Leben auf den Bäumen über. Die Bedingungen des neuen Lebensraumes stellten neue Selektionsfaktoren dar, aufgrund derer sich die neuen Merkmale durchsetzen konnten.

b
- Vergrößerung der Augen, Überschneidung der Sehfelder beider Augen: ermöglicht genaues räumliches Sehen und zuverlässiges Abschätzen von Entfernungen beim Klettern und Springen in Bäumen.
- Größeres und stärker gefurchtes Großhirn: erleichtert bei der Fortbewegung die schnelle Entscheidung über den günstigsten der vielen möglichen Wege im Geäst.
- Daumen und große Zehe opponierbar: Hände und Füße werden zu Greiforganen, die das Klettern im Geäst erleichtern.

c Merkmale des heutigen Menschen, die auf die genannten Anpassungen zurückzuführen sind:
- Augen sehr leistungsfähig
- sehr gutes räumliches Sehen, ermöglicht unter anderem das geschickte Benutzen der Hände unter der Kontrolle der Augen
- hohe Planungsfähigkeit
- große handwerkliche Geschicklichkeit (sehr weit gehende Opponierbarkeit des Daumens)
- Kontrolle der Körperhaltung beim zweibeinigen Gang

72 In direktem Zusammenhang miteinander stehen die Aussagen b, d und e.

73 a

Merkmal	Mensch	Menschenaffen
Unterkiefer	parabolischer Zahnbogen	U-Form mit parallelen Backenzahnreihen
Schnauze	Verkürzung und Kinnbildung	stark ausgebildet
Gehirnschädel	zunehmende Rundung	flach und gestreckt
Stirn	steil	flach
Überaugenwülste	flach	stark ausgebildet
Gebiss	geschlossene Zahnreihe	Lücke zwischen unterem Eckzahn und Schneidezähnen
	Eckzähne zurückgebildet	Eckzähne überragen übrige Zähne deutlich

b A: *Homo erectus*; B: *Homo sapiens sapiens*; C: Schimpanse

74 a A = *Homo erectus*; B = Gorilla; C = *Homo sapiens sapiens*

b Je weiter sich das Hinterhauptsloch der Schädelmitte nähert, desto besser lässt sich der Schädel auf dem Auflagepunkt balancieren und desto schwächer kann die Muskulatur sein, die ihn hält. Im Laufe der Stammesgeschichte rückte das Hinterhauptsloch immer weiter in Richtung Schädelmitte, gleichzeitig wurde die Nackenmuskulatur reduziert. Daher sind die Ansatzflächen dieser Muskulatur am Schädel umso kleiner, je näher die Verwandtschaft zum heutigen Menschen ist.

75 Zu erwarten sind folgende Merkmale (korrekte Antwort grau hinterlegt):

Das Hinterhauptsloch lag im Zentrum der Schädelunterseite	**oder**	Das Hinterhauptsloch lag weiter hinten am Schädel
Das Schädelvolumen betrug etwa 500 $m\ell$	**oder**	Das Schädelvolumen lag bei ca. 1 000 $m\ell$
Die Eckzähne waren groß und dolchartig	**oder**	Die Eckzähne waren kaum höher als die Schneidezähne
Die Stirn war flach und fliehend	**oder**	Die Stirn war steil und hoch

Wegen des angegebenen, ständig aufrechten Gangs kann das Fossil kein enger Verwandter der Menschenaffen sein. Der stark vorgewölbte Gesichtsschädel schließt Vertreter der *Homo erectus*-Gruppe und weitere, jüngere Formen des Menschen aus. Diese Ausschlüsse engen die mögliche systematische Zuordnung ein auf Vertreter der Gattung *Australopithecus* und auf die frühen *Homo*-Arten, wie *Homo rudolfensis* und *Homo habilis*. Falls es sich bei dem Fossil um einen sehr frühen Vertreter der Gattung *Homo* handelt *(H. habilis, H. rudolfensis)*, darf man auch mit einem deutlich über 500 cm^3 liegenden Hirnvolumen rechnen.

76 Die Aussage ist unsinnig, denn sie drückt aus, dass der Mensch eine evolutive Weiterentwicklung des heutigen Affen darstellt. Die heutigen (Menschen-)Affen und der heutige Mensch haben zwar nach Auffassung der Evolutionsbiologie gemeinsame Vorfahren, in dem Zeitraum, in dem es zur Entstehung des heutigen Menschen kam, haben sich jedoch auch die Vorfahren der heutigen Affen durch evolutive Prozesse weiterentwickelt. Affen und Menschen sind also das Ergebnis eines jeweils eigenen evolutionären Prozesses.

77 a Grundlagen für die kulturelle Evolution sind:
- das große und ungewöhnlich leistungsfähige Gehirn,
- die durch die ausgeprägte Opponierbarkeit des Daumens bedingten sehr feinen Bewegungsmöglichkeiten der Hand (Präzisionsgriff) und die leistungsfähigen Gehirnfelder, die die Hand steuern,
- die differenzierte, artikulierende Sprache, die es ermöglicht, erworbene Kenntnisse weiterzugeben.

b Mit der Erfindung der Schrift konnten
- kulturelle Kenntnisse außerhalb des Gehirns gespeichert werden,
- größere Mengen an Information gespeichert werden als im Gehirn,
- kulturelle Informationen über weite Strecken transportiert und über lange Zeit hinweg konserviert werden.

Mit der Erfindung des Buchdrucks und der Einführung der elektronischen Datenverarbeitung verstärkten sich diese Fortschritte noch weiter. Das Tempo der kulturellen Evolution nahm dadurch deutlich zu.

78 Nach Auffassung der meisten Fachwissenschaftler gehören alle heute auf der Erde lebenden Menschen zur gleichen Rasse, zu der des *Homo sapiens sapiens*. Eine Rasse ist biologisch definiert als Teilpopulation, die sich durch phänotypische und genotypische Merkmale von anderen Teilpopulationen unterscheidet. DNA-Vergleiche der verschiedenen Menschengruppen haben gezeigt, dass die genetischen Unterschiede zu gering sind, um eine Einteilung in Rassen zu rechtfertigen.

79 Dendriten: Aufnahme von Erregung von anderen Neuronen über Synapsen und Weiterleitung an den Zellkörper.
Zellkörper (Soma): Verarbeitung der Erregung, die über die Dendriten ankommt, und Ausbildung von Nervenimpulsen, die über das Axon geleitet werden können.
Axon (Neurit): Weiterleitung der Impulse bis in die Endknöpfchen, die Synapsen mit anderen Neuronen bilden.

80 Gliazellen stützen und schützen die Nervenzellen und versorgen sie mit Sauerstoff und Nährstoffen. Als Schwannsche Zellen umhüllen sie die Axone.

244 Lösungen

81 Myelin enthält vor allem Lipoide und Proteine. Lipoide (fettähnliche Substanzen) besitzen nur eine sehr geringe elektrische Leitfähigkeit. Myelin wirkt deshalb isolierend.

82 Die Schwannschen Zellen wickeln sich während ihres Wachstums um das Axon. Dabei befindet sich das Zytoplasma mit den Zellorganellen immer in der äußersten Windung. Die inneren Windungen bestehen aus aufeinander liegenden Zellmembranen (= Myelinscheide).

83 Unter dem Ruhepotenzial versteht man die elektrische Spannung in Höhe von −70 mV zwischen dem Membraninneren und dem Membranäußeren einer nicht erregten Nervenfaser.

84 siehe Abb. 65, S. 111: Außenelektrode, Messgerät, Innenelektrode und Axon

85 Richtige Aussagen: b, c, e

86 **a** Das Ruhepotenzial wird positiver.
Begründung: Positive Kaliumionen wandern ins Innere und neutralisieren negative organische Anionen. Negative Chloridionen strömen in sehr geringem Ausmaß ein und haben daher kaum Einfluss auf das Ruhepotenzial.

   b Das Ruhepotenzial wird etwas negativer.
Begründung: Na^+ und Cl^- wandern in geringem Maß ins Zellinnere (etwas mehr Na^+ als Cl^-). Die Natriumionen werden aber durch die Natrium-Kalium-Pumpe wieder nach außen befördert.

   c Das Ruhepotenzial wird geringfügig positiver.
Begründung: Weniger Chloridionen wandern ins Zellinnere und erhöhen die negative Ladung weniger stark.

87 Der Betrag des Ruhepotenzials ändert sich nicht, das Ruhepotenzial wird sich aber langsamer aufbauen.
Begründung: Bei niedriger Temperatur laufen chemisch-physikalische Vorgänge langsamer ab, auch die Wanderung der Ionen durch die Axonmembran.

88 Das Messgerät wird eine andere Spannung als −70 mV anzeigen.
Begründung: Cyanidionen CN⁻ der Blausäure hemmen die ATP-Bildung in der Atmungskette der Zellatmung (in den Mitochondrien). Steht keine Energie in Form von ATP zur Verfügung, kann die Na-K-Pumpe nicht arbeiten. In die Zelle einströmende Natriumionen werden daher nicht mehr ins Außenmedium transportiert. Das Ruhepotenzial sinkt laufend ab (wird positiver).

89 Alle Konzentrationen im Außenmedium werden verdünnt. Die Kaliumionenkonzentration im Außenmedium sinkt. Es wandern mehr Kaliumionen von innen nach außen. Folge: Das Ruhepotenzial wird negativer, da mehr organische Anionen im Vergleich zu positiven Kaliumionen übrigbleiben.

90 Bei Abwesenheit von Sauerstoff wird im Organismus keine Energie freigesetzt. Aus diesem Grund kann kein ATP aufgebaut werden. Fehlt das ATP, kann auch die Na-K-Pumpe nicht funktionieren. In diesem Fall werden die einströmenden Natrium- und Kaliumionen nicht mehr aus dem Zellinneren gepumpt, das Ruhepotenzial wird deshalb positiver.

91 a

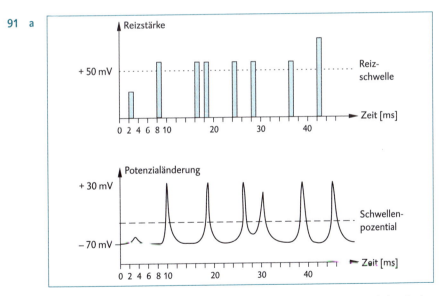

b Die intrazelluläre Reizelektrode muss mit dem positiven Pol der Reizquelle verbunden sein, um eine Depolarisation der an der Innenseite negativen Membran zu erzeugen.

Die Messelektrode muss in unmittelbarer Nähe zur Reizelektrode ein-
gestochen werden, damit ein lokales Potenzial, das mit der Ausbreitung
rasch schwächer wird, registriert werden kann.

92 a Das Ruhepotenzial wird positiver.
Begründung: Im Ruhezustand ist die Membran gut durchlässig für Kaliumionen. Da das Außenmedium jetzt mehr Kaliumionen enthält,
verringert sich das Konzentrationsgefälle zwischen außen und innen.
Es strömen mehr Kaliumionen ein, die die negativen Ladungen von organischen Anionen aufheben, und das Potenzialgefälle sinkt.

b Das Aktionspotenzial erreicht nicht mehr den Spitzenwert von
+30 mV.
Begründung: Durch die künstliche Reizung wird die Permeabilität der
Membran für Natriumionen kurzfristig erhöht. Da die Natriumionen-
Konzentration geringer ist, erfolgt ein geringerer Natriumionen-Ein-
strom. Die Depolarisation ist weniger stark.

93 • Sie isolieren besser, dadurch schnellere Erregungsleitung.
• Sie sind dünner, daher Materialeinsparung.
• Energieeinsparung, da Energie verbrauchende Vorgänge der Na-K-Pum-
pe seltener ablaufen.

94 Die Ranvierschen Schnürringe sind nicht weiter voneinander entfernt, da
sonst das Aktionspotenzial im Axon nicht weitergeleitet werden würde.
Wäre der Abstand zwischen zwei Schnürringen zu groß, würde beim
nächsten Ranvierschen Schnürring die Reizschwelle zur Auslösung eines
neuen Aktionspotenzials nicht überschritten.

95 Die saltatorische Erregungsleitung erfolgt durch plötzlichen Einstrom von
Natriumionen an den Ranvierschen Schnürringen aufgrund eines ankom-
menden Aktionspotenzials. Die dadurch ausgelöste Depolarisierung reicht
überschwellig bis zum nächsten Ranvierschen Schnürring und löst dort
erneut ein Aktionspotenzial aus. Das Aktionspotenzial springt von
Schnürring zu Schnürring. Saltatorische Erregungsleitung findet man bei
myelinisierten Nervenfasern. Ihr funktioneller Wert liegt in der Materialeinsparung und in der größeren Fortpflanzungsgeschwindigkeit des Aktionspotenzials.

96 a Es kommt zu einer Depolarisierung (lokales Potenzial).

b Es kommt zur Ausbildung eines Aktionspotenzials. Das Aktionspotenzial breitet sich sowohl zum Axonanfang als auch in Richtung Axonende aus.

c Es kommt zu einer Hyperpolarisierung.

97 An beiden gereizten Stellen entsteht ein Aktionspotenzial. Die beiden Aktionspotenziale wandern aufeinander zu. Beim Aufeinandertreffen löschen sie sich wegen der absoluten Refraktärzeit gegenseitig aus.

98 a Die Depolarisierung reicht so weit, dass auch noch der auf die blockierten Schnürringe folgende Schnürring überschwellig depolarisiert wird.

b Ob es zu einem AP kommt, hängt zwar davon ab, ob der Schwellenwert überschritten wird (Alles-Oder-Nichts-Reaktion), wie schnell das AP sich aber ausbildet hat mit der Stärke des überschwelligen Reizes zu tun. Je stärker überschwellig der Reiz ist, desto mehr Na^+-Ionenkanäle werden geöffnet und desto schneller nimmt die Na^+-Permeabilität der Membran zu. Die Leitungsgeschwindigkeit verringert sich dementsprechend, da bei der Ausbreitung des elektrischen Feldes über drei blockierte Schnürringe hinweg die Depolarisierung nur noch schwach überschwellig ist. Es dauert also länger, bis sich das Aktionspotenzial aufbaut (Na^+-Aufschaukelungsprozess).

99 Da das Na^+-Konzentrationsgefälle zwischen außen und innen geringer wird, strömen beim Auslösen eines Aktionspotenzials weniger Na^+-Ionen nach innen. Es entsteht wahrscheinlich kein volles Aktionspotenzial, sondern eventuell nur ein lokales Potenzial.

100 Ein Aktionspotenzial kann, aufgrund der absoluten Refraktärzeit, nur in eine Richtung weitergeleitet werden. Nach der Auslösung eines Aktionspotenzials kann der soeben erregte Axonabschnitt etwa 2 ms lang nicht mehr erregt werden. Aus diesem Grund können auch nicht gleichzeitig oder kurz hintereinander zwei Aktionspotenziale in entgegengesetzte Richtungen geleitet werden. Der Organismus benötigt daher zwei eigene Leitungsstränge für die Erregungsleitung vom und zum Gehirn, nämlich die efferenten und die afferenten Nervenfasern.

248 / Lösungen

101 Das Ruhepotenzial des linken Axons (1) ändert sich nicht, das des rechten Axons (3) ändert sich. *Begründung:* Durch die überschwellige Depolarisierung entsteht im mittleren Axon (2) ein Aktionspotenzial, das sich nach beiden Seiten ausbreitet. Am Axonende wird es durch die Synapse auf das rechte Neuron (3) übertragen und kann in diesem nachgewiesen werden. Das Aktionspotenzial, das in Richtung des Somas des mittleren Neurons wandert, wird am Soma gestoppt bzw. nicht auf das Axon (1) übertragen.

102 Bei der Erregungsleitung wird zunächst ein Abschnitt der Axonmembran überschwellig depolarisiert. Dies führt zu einer Konformationsänderung der Membranproteine. Dadurch strömen Natriumionen ein. Dies führt zu weiterer Depolarisierung, weiterer Konformationsänderung und somit zu erneutem Einstrom von Natriumionen usw.

103 Das lokale Potenzial ist schwächer ausgebildet als das Aktionspotenzial. Es kommt hierbei noch zu keiner Umpolung an der Axonmembran. In beiden Fällen handelt es sich um eine aktive Antwort (überproportionale Depolarisierung) des Neurons.

104 Durch Kaliumcyanid wird die ATP-Bildung in der Atmungskette der Zellatmung gehemmt. Da die Na-K-Pumpe ohne den Energieträger ATP nicht mehr arbeiten kann, wird das Konzentrationsgefälle von Na^+ und K^+ geringer. Die Amplitude des Aktionspotenzials wird immer kleiner.

105 Richtig sind die Aussagen b und c.

106 Die Leitungsgeschwindigkeit wird durch die Faktoren a, b und c erhöht.

107 Wenn die Acetylcholinesterase durch E 605 gehemmt wird, kann Acetylcholin im synaptischen Spalt nicht mehr gespalten werden und besetzt dauerhaft die Rezeptoren der subsynaptischen Membran. Die Na^+-Kanäle bleiben offen, der Na^+-Einstrom hält weiter an. Es kommt zu einer ständigen Depolarisation der subsynaptischen Membran und zur Auslösung von Muskelaktionspotenzialen an der postsynaptischen Membran (Dauererregung). Wenn sich der Na^+-Konzentrationsunterschied an der Membran ausgeglichen hat, wird die Membran unerregbar. Dies führt zum Tod durch Lähmung.

108 Atropin wirkt nur auf Synapsen mit Acetylcholin als Transmitter, im Beispiel also auf die Synapsen des Ringmuskels. Da die Kontraktion des Ringmuskels zur Pupillenverkleinerung führt, muss Atropin die Erregungsübertragung auf diesen Muskel blockieren. Nach dem Gegenspielerprinzip überwiegt dann die Wirkung des Speichenmuskels, der die Pupille erweitert.

Atropin könnte sich an die Acetylcholin-Rezeptoren der postsynaptischen Membran anlagern, aber ein Öffnen der Ionenkanäle verhindern. Die Erregungsübertragung unterbleibt (Anmerkung: entspricht der tatsächlichen Wirkung). Denkbar wäre auch, dass die Transmitterausschüttung aus dem Endknöpfchen verhindert wird.

109 Durch die fehlende Freisetzung von Transmittern an hemmenden Synapsen kommt es zur Übererregung, da der hemmende Einfluss dieser ausgeschalteten Synapsen fehlt. Dies äußert sich in sehr starken Krämpfen, die zum Tode führen können (sog. starre Lähmungen).

110 Durch Kokain wird die Freisetzung des Transmitters Dopamin in zentralen Synapsen gesteigert und zusätzlich der Rücktransport des Dopamins in die Endknöpfchen verhindert. Da Dopamin ein Transmitter in den Synapsen des Belohnungssystems des Gehirns ist, wird dieses aktiviert. Durch das Belohnungssystem entstehen unter natürlichen Bedingungen Gefühle des Wohlbefindens, wenn Verhaltensweisen ausgeführt werden, die der Selbst- oder Arterhaltung (z. B. Essen, Trinken, Sexualverhalten) dienen.

Kokain wirkt deshalb stark anregend und aufputschend, Hemmungen werden abgebaut, Selbstüberschätzung nimmt zu. Kennzeichnend sind auch ein hoher Rede- und Bewegungsdrang. Hunger, Durst und Müdigkeit werden unterdrückt. Langzeitfolgen sind ein körperlicher und geistiger Verfall.

111 Endorphine werden kurz nach dem Besetzen der Opiat-Rezeptoren in den Synapsen enzymatisch abgebaut. Im Gegensatz dazu besetzen die Opiate die Rezeptoren eine längere Zeit. Dieser Opiat-Rezeptor-Komplex blockiert das Enzym Adenylatcyclase, was zum Absinken des cAMP-Spiegels führt.

Außerdem lässt sich eine Endorphin-Ausschüttung im Körper nicht bewusst und jederzeit herbeiführen wie bei der Einnahme eines Opiats.

112 a Als Agonist hat Methadon die gleiche Wirkung wie Morphin oder Heroin, wirkt also euphorisierend und schmerzlindernd.

b Durch die kontrollierte Einnahme von Methadon liegt eine etwa gleichbleibende Konzentration der Ersatzdroge im Körper vor. Eine große Zahl an Opiat-Rezeptoren ist dadurch ständig besetzt. Da Methadon länger an die Rezeptoren gebunden bleibt, können Entzugserscheinungen vermieden werden. Wird Heroin aufgenommen, sind zu wenig freie Rezeptoren vorhanden, um einen Rausch auszulösen. Aus der Heroinsucht wird eine Methadonsucht, bei der die Drogenbeschaffungsproblematik wegfällt.

113 Richtig sind die Aussagen c, d und f.

114

115 Die Reflexe haben Schutzfunktion.
Beispiele: Hustenreflex schützt Lunge vor eingedrungenen Fremdkörpern; Patellarsehnenreflex schützt vor dem Hinfallen beim Stolpern.

116 Man unterscheidet Eigenreflexe, bei denen die Rezeptoren und die Effektoren im gleichen Organ liegen (z. B. Lidschlussreflex) und Fremdreflexe, bei denen die Rezeptoren und Effektoren in verschiedenen Organen liegen (z. B. Husten- oder Niesreflex).

117 Reflexhandlungen laufen viel schneller ab als Instinkthandlungen. Die Erregung wird bei einem Reflex nur bis zum Rückenmark und nicht bis ins Gehirn geleitet, die Umschaltung auf eine Efferenz erfolgt beim Reflex daher schon im Rückenmark. Der Reflex läuft im Gegensatz zur Instinkthandlung ohne Motivation (innere Bereitschaft) ab.

118 Nach der erfolgten Mahlzeit sinkt zunächst die innere Bereitschaft (Motivation) zum Essen. Der äußere Reiz des eigenen Essens genügt nicht mehr, um die Endhandlung auszuführen. Die gut aussehenden Speisen

am Nachbartisch stellen aber einen stärkeren äußeren Reiz dar, der den erhöhten Schwellenwert überwinden kann. Trotz geringerer Motivation kommt es so wieder zur Endhandlung (Prinzip der doppelten Quantifizierung).

119 **a** Bei noch blinden Nestlingen wird die Instinkthandlung des Sperrens durch einen mechanischen Reiz (Erschütterung des Nestes) ausgelöst. Die Taxis (den Kopf hochstrecken) ist entgegen der Schwerkraft nach oben ausgerichtet. Nach dem Öffnen der Augen wirkt ein optischer Reiz (Altvögel oder Elternattrappe) auslösend, wobei die Taxis immer noch nach oben gerichtet ist. Erst bei älteren Nestlingen löst der optische Reiz der Attrappe eine räumliche Ausrichtung der Taxis sowie die Endhandlung aus.

b Ältere Amseljunge können am Größenverhältnis von Kopf zu Rumpf erkennen, wo sich der Kopf des Altvogels befindet. Das Größenverhältnis Kopf zu Rumpf, auf das die Amseljungen am besten reagieren, beträgt ca. 1:4 (bezogen auf die Durchmesser der verwendeten Attrappen). Bei Attrappe II ist die rechte, nicht angesperrte Scheibe relativ zu groß.
Die Vogeljungen können also die räumliche Anordnung von Einzelmerkmalen der Attrappe erkennen und zu einer Gestalt zusammenfassen (Gestaltwahrnehmung).

120

Attrappenreiz	zugehörige Reaktion (Instinkthandlung)
Wasservibration	Heranschwimmen
Optischer Reiz (Korkstückchen)	Ergreifen
Bestimmter taktiler Reiz (Berührungsreiz, Wattebausch)	Festhalten
Olfaktorischer Reiz (Geruchsreiz)	Einstechen

121 Ein Schlüsselreiz ist ein spezifischer Reiz, der die Voraussetzung erfüllt, ein bestimmtes Instinktverhalten auszulösen. Ein Beispiel für einen Schlüsselreiz ist die rote Bauchfarbe beim Stichlingsmännchen als Auslöser für Angriffsverhalten. Schlüsselreize können durch Attrappenversuche ermittelt werden. Dabei werden dem Tier verschiedene Attrappen angeboten und es wird jeweils die Stärke des darauf folgenden Verhaltens bestimmt.

122 Auslöser sind Signalreize (Schlüsselreize), die im Tierreich der Verständigung dienen. Sie werden durch AAMs (angeborene Auslösemechanismen, siehe S. 159) erkannt und aus allen anderen wahrgenommenen Reizen herausgefiltert.

123 Bei Katzen, die mit Dosennahrung ernährt werden, ist nur die Handlungsbereitschaft für das Fressen verringert, nicht jedoch die Motivation für das Beutefangverhalten. Daher werden die Mäuse gejagt und gefangen, aber nicht gefressen.

124 Natürlicherweise sind Vogeljunge nie satt und sperren deshalb häufig den Schnabel auf. Durch künstliches Zufüttern lässt ihr Hunger jedoch dauerhaft nach und die innere Bereitschaft zum Schnabelsperren sinkt. Fehlt den Eltern dieser auslösende Schlüsselreiz, wird ihr AAM nicht mehr angesprochen. Ein über längere Zeit geschlossener Schnabel bedeutet für die Eltern wahrscheinlich, dass das Junge entweder krank oder tot ist und daher aus dem Nest entfernt werden muss.

125 Der Versorgungszustand des Körpers mit Nahrung war in beiden Fällen gleich, aber der Saugreflex der Babys wurde unterschiedlich stark befriedigt. Erst nach 20 Minuten war die innere Handlungsbereitschaft zum Saugen stark gesunken. Bei nur fünfminütigem Saugen war die Motivation noch sehr groß, da die Dauer der Endhandlung zu kurz war.

126 a Es handelt sich hierbei um einen „Kaspar-Hauser-Versuch".

b Das Kampfverhalten ist angeboren, da das junge, isoliert aufgezogene Stichlingsmännchen bereits den Bewegungsablauf des Kämpfens beherrscht. Für das gegnerische Feindbild muss es einen AAM geben, da der Stichling sein Spiegelbild angreift (er erkennt nicht, dass er sich selbst sieht).

127 Taubblind geborene Kinder wachsen in ständiger Dunkelheit und Stille heran, d. h., sie können mit den Sinnesorganen Auge und Ohr keine Erfahrungen machen. An taubblind geborenen Kindern kann man deshalb untersuchen, welche Verhaltensweisen beim Menschen angeboren sind und welche nicht. Untersucht wurden vor allem Mimik und Gestik, z. B. beim Lachen, Weinen, bei Zorn und Wut, bei Angst u. Ä.

128 Gegen eine Lernhypothese von Gestik und Mimik spricht z. B., dass auch taubblinde Kinder, die dieses Verhalten nicht durch Nachahmen erlernt haben können, lächeln, lachen und weinen. Außerdem wurde beobachtet, dass Menschen unterschiedlichster Kulturkreise dieselbe Mimik und Gestik aufweisen.

129 Kreuzungsexperimente zwischen verschiedenen Arten zeigen, dass bestimmte Verhaltensweisen der Nachkommen etwa in der Mitte der beiden verschiedenen Verhaltensweisen der Eltern liegen, z. B. die Kopfhaltung des Fasans bzw. des Haushuhns beim Krähen (siehe S. 160).

130 Das Fressverhalten (Kauen) ist dem Hund angeboren. Es muss eine innere Bereitschaft (Hunger) für das Ausführen des Verhaltens vorhanden sein. Der olfaktorische Reiz (Geruch) löst das Fressverhalten aus. Für den Fleischgeruch muss es einen AAM geben. Die Endhandlung Fressen senkt die innere Handlungsbereitschaft und das Fressen wird eingestellt.

131 Angeborenes Können kann nachgewiesen werden durch Untersuchung des Verhaltens von:
- Neugeborenen (z. B. Greifreflex)
- Taubblind Geborenen
  (z. B. gleiche Mimik wie Gesunde bei Zorn, Wut, Trauer)
- Menschen in verschiedenen Kulturkreisen
  (z. B. gleiches Flirtverhalten, Augenaufschlag)
- Eineiigen Zwillingen, die in unterschiedlicher Umgebung aufwachsen
  (z. B. gleich starke Aggressionsneigung, gleiche Handschrift)

Angeborenes Erkennen wird deutlich in Untersuchungen des Verhaltens von Säuglingen in Bezug auf Attrappen (z. B. Experimente mit zwei Kreisen, die ein Lächeln auslösen; AAM auf Augenpaar).

132 Ein unbedingter Reflex ist eine schnelle (spontane), immer gleich ablaufende Reaktion auf einen bestimmten, unbedingten Reiz (z. B. Lidschlussreflex). Bei einem unbedingten Reflex reagiert das Erfolgsorgan auf den natürlichen (unbedingten) Reiz. Bläst man z. B. Luft auf die Hornhaut des geöffneten Auges, so schließt sich das Augenlid „blitzschnell".
Beim bedingten Reflex wird ein ursprünglich neutraler Reiz (z. B. Glockenton, der kurz vor dem Blasen auf das Auge ertönt) nach einiger Zeit zum alleinigen Auslöser des Lidschlussreflexes. Der ursprünglich neutrale

Reiz „Glockenton" wird damit zum bedingten Reiz, der unbedingte Reflex zum bedingten (siehe auch klassische Konditionierung S. 175).

133 Unter Extinktion versteht man das Auslöschen einer erlernten Verhaltensweise. Eine Extinktion kann z. B. erfolgen, wenn die Belohnung auf eine Verhaltensweise lange Zeit nicht mehr gegeben wird. Sie kann aber auch durch eine unangenehme Erfahrung bedingt sein.
Beispiel: Eine Taube, die durch Belohnung mit Futter gelernt hat, auf eine rote Scheibe zu picken, gibt dieses Verhalten nach längerer Zeit ohne Futtergabe wieder auf.

134 Die Prägung ist ein obligatorischer (verpflichtender) Lernvorgang, der in einer sensiblen Phase erfolgt und irreversibel ist. Die Prägung dient dem Kennenlernen eines bestimmten Objektes (Eltern, Sexualpartner).
Bei Enten unterscheidet sich die sexuelle Prägung von der Nachfolgeprägung im Zeitpunkt der sensiblen Phase: Die Nachfolgeprägung erfolgt bereits kurz nach dem Schlüpfen, die sexuelle Prägung findet erst wesentlich später statt. Die Nachfolgeprägung richtet sich außerdem auf ein beliebiges Individuum, aber auch experimentell auf einen Gegenstand, der sich bewegt und Laute von sich gibt. Die sexuelle Prägung erfolgt generell auf den Geschlechtspartner. Bei der sexuellen Prägung liegt im Gegensatz zur Nachfolgeprägung eine wesentlich größere Zeitspanne zwischen Prägung und Anwendung. Die Nachfolgeprägung erlischt im Gegensatz zur sexuellen Prägung mit dem Erwachsenwerden des Lebewesens.

135 Wurde der Hund unregelmäßig belohnt, erfolgt die Extinktion langsamer, da der Hund nicht nach jedem Pfötchengeben eine Belohnung erwartet. Erfolgte die Belohnung regelmäßig, tritt der Effekt der Extinktion schneller ein, da der Hund eine regelmäßige Belohnung gewöhnt ist.

136

PAWLOW'scher Hund	Konditionierter Lidschlussreflex
Motivation notwendig	keine Motivation notwendig
Konditionierung erfolgt durch Belohnung	Reflexbereitschaft stets vorhanden
Es handelt sich um bedingte Appetenz.	Es handelt sich um einen bedingten Reflex.

137 a Das Männchenmachen des Hundes beruht auf einer instrumentellen Konditionierung, da eine neue Bewegung (Aufrichten) durch Belohnung erreicht wird (bedingte Aktion).

b Das Hochsteigen des Hengstes im Zirkus ist das Ergebnis klassischer Konditionierung, da die ursprüngliche Bewegung (Kampfverhalten) durch einen neuen Reiz (an die Stelle des Gegners tritt der Mensch) ausgelöst wird (bedingte Appetenz).

138 Das Abgewöhnen des Verhaltens ist auf verschiedenen Wegen möglich, z. B.:
- Der Bär bekommt über längere Zeit hinweg keine Belohnung mehr. Dies führt nach einer gewissen Zeit zur Extinktion (Auslöschen) des Verhaltens.
- Der Bär wird bei jedem Versuch, sich zu drehen, bestraft (Lernen durch Bestrafung).

139 Sowohl bei bedingter Appetenz als auch bei bedingter Aktion handelt es sich um Lernen aus guter Erfahrung. Es ist Kontiguität (kurze zeitliche Abfolge) nötig und es kommt dabei zu neuen Verschaltungen von Nervenbahnen. Im Gegensatz zur bedingten Appetenz wird bei der bedingten Aktion kein Reizmuster, sondern ein Verhalten erlernt.

140 Am besten geeignet ist die instrumentelle Konditionierung. Das zufällige leichte Anheben der Pfote (z. B. durch Übersprunghandlung) wird sofort belohnt. Dabei muss die Kontiguität zwischen Handlung und Belohnung beachtet werden, da sonst beim Hund keine Verknüpfung zwischen der Bewegung und der Belohnung hergestellt wird (bedingte Aktion).

141
- Besserer Schutz vor Feinden
- Mehr Leistung durch Arbeitsteilung
- Gesicherte Brutpflege
- Besseres Lernen durch Nachahmung möglich (Traditionsbildung)
- Keine aufwendige Partnersuche nötig

142 Hilfreiches Verhalten gegenüber Gruppenmitgliedern in individualisierten (Klein-)Verbänden nennt man altruistisches Verhalten. In Kleingruppen sind die Individuen meist eng miteinander verwandt, sodass Nachteile bei der Fortpflanzung des Individuums, die bei altruistischem Verhalten entstehen können, durch die erfolgreichere Weitergabe der Gene der Verwandten (zu einem gewissen Prozentsatz also auch der eigenen Gene) kompensiert werden.

Altruistisches Verhalten hat sich im Verlauf der Evolution in anonymen Verbänden nicht entwickelt, weil sich nach Ansicht der Soziobiologie kein Vorteil für das Individuum ergäbe. Hier sind nur wenige Gruppenmitglieder miteinander verwandt und tragen somit wenig ähnliche Gene, sodass hier kein individueller Vorteil aus Altruismus entsteht.

143 **a** Das Konzept der Individualselektion geht davon aus, dass die Selektion am Individuum ansetzt und dass Verhaltensweisen in einer Art nur erhalten bleiben, wenn sie einen positiven Selektionswert besitzen. Eine Verhaltensweise muss die Fitness eines Tieres erhöhen. Direkte Fitness ist die Fähigkeit eines Individuums, zu überleben und seine Gene an die nächste Generation weiterzugeben. Bei altruistischem Verhalten, z. B. von Bruthelfern, verzichtet das Tier auf die eigene Fortpflanzung, kann aber einen Teil seiner Gene durch Unterstützung naher Verwandter an die nächste Generation weitergeben (indirekte Fitness). Die Gesamtfitness eines Tieres ist die Summe der direkten Fitness über die eigenen Nachkommen und der indirekten Fitness aus dem Anteil der Gene, die von Verwandten weitervererbt werden.

b Gesamtfitness eines Helfers:

direkte Fitness	0	(keine eigenen Nachkommen)
indirekte Fitness	2,20	(Bruterfolg der Eltern)
→ Gesamtfitness	2,20	

Gesamtfitness eines sich sofort fortpflanzenden Tiers:

direkte Fitness	1,62	(eigener Bruterfolg)
indirekte Fitness	1,62	(Bruterfolg der Eltern: Durch seine neuen Geschwister erhält er eine indirekte Fitness; gleicher Verwandtschaftsgrad zu ihnen wie zu seinen Eltern!)
→ Gesamtfitness	3,24	

Das Helferverhalten führt nicht zu einer höheren Gesamtfitness im Vergleich zum nicht altruistischen Verhalten.

c Da keine höhere Gesamtfitness durch die Helferstrategie erzielt wird, müssen andere Faktoren zu einem positiven Selektionswert des Helfens beitragen. Eine wichtige Rolle könnte das Revierverhalten der Häher spielen. Da geeignete Lebensräume knapp sind und ganzjährig besetzt werden, sind die Vögel darauf angewiesen, ein Revier zu erobern und zu verteidigen. Mit mehreren Helfern gelingt die Revierverteidigung sicher besser. Außerdem steigt für langjährige Helfer auch die Wahrscheinlichkeit, das Revier zu übernehmen. Die Helfer können zudem Erfahrungen in Nahrungserwerb, Brutpflege und Revierverteidigung sammeln.

Wenn die einjährigen Nachkommen sofort mit Reviergründung und Jungenaufzucht beginnen würden, müsste eine starke Aufteilung der Reviere erfolgen. Ein höherer Aufwand für Verteidigung und eine Knappheit der Ressourcen im kleinen Revier führt wahrscheinlich zu einer Verminderung der Fitness.

144 Unter Ritualisierung versteht man eine Verhaltensweise (Instinkthandlung), die im Laufe der Evolution ihre ursprüngliche Bedeutung verloren hat und nun im Dienst der Kommunikation steht (Signalcharakter).

145 Die Ritualisierung dient in erster Linie dazu, bei der Balz und der Paarung die Individualdistanz der Geschlechtspartner zu überwinden und die Geschlechterpaarung vorzubereiten. Sie dient auch der Aggressionshemmung in der Gruppe.

146 Zum Beispiel stammt das Schnabelknabbern während der Balz der Albatrosse aus dem Funktionskreis des Brutpflegeverhaltens. Beim Drohgähnen des Pavianmännchens werden die Zähne entblößt, wodurch dieses Verhalten imponierend wirkt.

147 Veränderung einer Verhaltensweise bei der Ritualisierung:
- Die ritualisierte Bewegung ist vereinfacht, manche Einzelheiten fallen weg, dafür werden andere Teile übertrieben.
  Beispiel: Beim Schnabelknabbern während der Balz der Albatrosse wird kein Futter übergeben wie beim Futterbetteln der Jungtiere, aus dem die Verhaltensweise hervorgegangen ist.
- Verhaltensweise wird durch rhythmische Wiederholungen verstärkt.
  Beispiel: Balztänze vieler Vögel.
- Die Verhaltensweise wird durch auffällige Körpermerkmale unterstützt.
  Beispiel: „Augen" auf Pfauenfedern.
- Die ritualisierte Verhaltensweise ist nicht mehr an die ursprüngliche Motivation geknüpft.
  Beispiel: Schnabelfechten der Albatrosse bei der Balz ist keine aggressive Handlung mehr, sondern dient der Paarbildung.

258 / Lösungen

148 a
- Haut: fast unbehaart, faltig: Erleichtert die Fortbewegung im unterirdischen Gangsystem, unempfindlich gegen Verletzungen, Fell als Kälteschutz in Ostafrika vermutlich nicht erforderlich, intensiverer Hautkontakt möglich.
- Fehlen der Ohrmuscheln: Macht den Körper walzenförmiger
- Winzige Augen: Mutationen, die zur Reduktion der Augen führten, waren im dunklen Gangsystem kein Selektionsnachteil, evtl. geringer Selektionsvorteil durch geringeres Verletzungsrisiko.
- Große Nagezähne: Ideales „Grabwerkzeug".

b Das Zusammenleben in eusozialen Tiergemeinschaften ist durch viele altruistische Verhaltensweisen gekennzeichnet, z. B. Kooperation bei der Brutpflege und Nahrungsversorgung. Es leben fruchtbare und unfruchtbare Tiere mehrerer Generationen zusammen. Der Verwandtschaftsgrad ist hoch.

c In Bienenstaaten werden die gemeinschaftlichen Arbeiten ausschließlich von unfruchtbaren Arbeiterinnen erledigt, die aufgrund der Haplodiploidie untereinander näher verwandt sind als mit ihrer Mutter (Verwandtschaftsgrad 0,75).
Haplodiploidie: genetische Geschlechtsfestlegung, bei der Weibchen aus befruchteten Eiern hervorgehen und diploid sind und Männchen aus unbefruchteten Eiern entstehen und haploid sind.

149 Man unterscheidet intraspezifische (innerartliche) und interspezifische (zwischenartliche) Aggression. Die zwischenartliche Aggression ist nicht gehemmt, sie ist auf das Töten der Beute ausgerichtet bzw. dient zur Abwehr von Fressfeinden. Bei der innerartlichen Aggression wird das Töten und die Beschädigung des Artgenossen vermieden, z. B. durch aggressionshemmende Mechanismen oder Kommentkämpfe. Innerartliche Aggression dient häufig der Festlegung einer Rangordnung oder der Eroberung bzw. Verteidigung eines Reviers.

150 Festlegung einer Rangordnung; Komment- oder Scheinkämpfe; Demutsgebärden (Tötungshemmung)

151 Innerhalb eines Wolfsrudels ist die Rangordnung genau festgelegt und das rangniedrigere Tier zeigt seine Stellung durch Einziehen des Schwanzes als Unterwerfungsgeste gegenüber dem ranghöheren Wolf, der durch Imponieren seinen höheren Rang ausdrückt. Durch das Festlegen einer

Rangordnung werden häufige, Kräfte verschleißende Kämpfe im Rudel vermieden. Außerdem haben die Leittiere mit ihren positiven Eigenschaften bessere Fortpflanzungschancen.

Wölfe zweier verschiedener Rudel konkurrieren um Territorium und Nahrung, also um die Lebensgrundlagen. Der Kampf wird in diesem Fall als Beschädigungskampf geführt.

152 **a** Die erste Person, die auf der Parkbank sitzt, besetzt ein Territorium. Die zweite Person dringt in dieses ein. Durch Wegrücken wird die Individualdistanz wiederhergestellt.

b Das Verbeugen stellt eine Demutsgebärde gegenüber einer ranghöheren Person dar (Verkleinerung der Körpergröße).

c Die weiße Fahne zeigt an, dass die eigene Fahne nicht mehr verteidigt wird (Unterwerfungsgeste).

153 Angriff des Raubtiers: Zwischenartliche Aggression als Beschädigungskampf mit tödlich wirkenden Waffen zum eigenen Schutz bzw. dem der Gruppe.

Rivalenkampf: Innerartliche Aggression als Kommentkampf nach festen Regeln z. B. um ein Weibchen.

154 **a** Bei den beschriebenen Signalen handelt es sich um Ornamente.
Optische Ornamente: Blaue Federn beim Knäkerpel, orangerotes Flügelsegel beim Mandarinerpel
Akustisches Ornament: Kratzlaut beim Stockerpel
Die Ornamente dienen zur Erkennung und Anlockung des arteigenen Geschlechtspartners und informieren den Partner über die Qualitäten des Trägers.

b Durch das Balzverhalten wird die Identifizierung des Partners als Individuum der eigenen Art sichergestellt. Es dient zur Überwindung der innerartlichen Aggression bei Unterschreiten der Individualdistanz und ermöglicht die Feinsynchronisation der Partner, um die Paarung zu vollziehen.

155 a Bedeutung der Revierbildung:
- Sicherung eines ausreichenden Nahrungsangebots
- Vorhandensein geeigneter Nistplätze
- Besserer Schutz vor Feinden durch Zufluchtsorte und bekannte Fluchtwege
- Erleichterung der Partnerfindung: Revierbesitzer werden als Partner akzeptiert.
- Kontrolle der Bevölkerungsdichte, nur Revierinhaber pflanzen sich fort.

Denkbare Formen der Reviermarkierung bei der Schneeeule:
- Akustische Markierung durch Gesang/Rufe
- Optische Signale: Präsenz an markanten Punkten im Revier, Flüge über das Revier

b In der arktischen Tundra als Lebensraum sind Nahrungsangebot und Nistplätze begrenzt. Die Aufzucht der jungen Schneeeulen führt zu hohen Kosten. Eine extreme Revierverteidigung ist zwar ebenfalls mit Kosten verbunden, sichert aber das Überleben und den Fortpflanzungserfolg (Nutzen).

c Das beschriebene Paarungssystem ist eine Polygynie. Ein Männchen verpaart sich mit mehreren Weibchen, die Weibchen jeweils nur mit diesem einen Männchen.

d Bei der Polygynie können die Männchen ihren Fortpflanzungserfolg durch Paarung mit mehreren Weibchen maximieren. Sie erhöhen ihren direkten Fortpflanzungserfolg durch eine größere Anzahl an Nachkommen und ihren indirekten Fortpflanzungserfolg, indem sie schwächere Männchen aus dem zusätzlich besetzten Revier verdrängen, die dann ihre Gene nicht weitergeben können. Die Kosten für die Verteidigung der Weibchen und der Reviere sowie die zweifache Balz und Jungenaufzucht sind jedoch sehr hoch, sodass es nur ältere, aggressive Männchen bei sehr guter Ernährungslage schaffen, sich mit zwei Weibchen zu verpaaren.

Für die Weibchen wird der Fortpflanzungserfolg umso größer, je besser die Qualität des Reviers und des Revierinhabers ist. Es kann sich also für ein Weibchen lohnen, ein besonders aggressives Männchen mit sehr gutem Revier gegenüber einem weniger aggressiven Männchen mit etwas schlechterem Revier zu bevorzugen, auch wenn es dieses Männchen mit einem anderen Weibchen „teilen" muss.

156 AAMs beim Menschen und die Schlüsselreize, auf die sie ansprechen:
- Kindchenschema: Relativ großer Kopf mit Kulleraugen, Stupsnase und Pausbacken
- Frau-Mann-Schema: Bei der Frau breites Becken, rote Lippen, Brüste; Beim Mann: Breite Schultern, stärkere Behaarung und Muskulatur
- Mimik-Erkennen: Krümmung des Mundes (vgl. Smiley)

157 Bei den Erwachsenen wurde durch die sterbenden und toten Kinder Beschützer- und Brutpflegeverhalten ausgelöst. Ursache dafür ist das Kindchenschema, für das die Menschen einen AAM besitzen.

158 Im Extremfall dürften Kinder keinerlei Einschränkungen ausgesetzt werden. Sie dürften also z. B. nur essen, was sie wollen, wie sie wollen und wann sie wollen.
Frustrationsfrei erzogene Kinder werden sich später schwer einordnen und Regeln befolgen können. Sie haben keinerlei Erfahrung in der Bewältigung frustrierender Situationen erworben und werden wahrscheinlich eine gesteigerte Aggressivität zeigen.

Glossar

AAM
angeborener Auslösemechanismus; neurosensorischer Filter, der aus der Fülle der vorhandenen Reize denjenigen herausfiltert, der die Endhandlung auslöst

abiotische Faktoren
Standortfaktoren der nicht lebenden Umwelt (z. B. Temperatur, Luftfeuchtigkeit, Niederschläge u. Ä.)

Acetylcholin
einer der wichtigsten → Transmitter (Überträgerstoff) in zentralen (z. B. Gehirn, Rückenmark, vegetatives Nervensystem) und neuromuskulären → Synapsen mit erregender Wirkung

adaptive Radiation
Auffächerung einer Stammart in verschiedene Arten durch Angepasstheit an unterschiedliche Lebensbedingungen (→ ökologische Nische)

afferente Nerven
→ sensorische Nerven; Nervenbahnen, die die Erregung von den Rezeptoren bzw. Sinnesorganen zum Rückenmark oder zum Gehirn leiten

Afferenzen
Nervenbahnen, die Erregungen von Sinnesorganen oder inneren Organen zum

→ Zentralnervensystem leiten

Aggregation
lockere Ansammlung von Individuen einer oder verschiedener Arten
Beispiel: Schlaf- und Überwinterungsgesellschaften von Fledermäusen oder Insekten

Aktion, bedingte
Form der instrumentellen (verhaltensbedingten) Konditionierung; Lernvorgang aufgrund einer neuronalen Verknüpfung zwischen einer Bewegung (Handlung) und erfolgter Belohnung; häufig angewandtes Lernverfahren bei Tierdressuren
Beispiel: Eine Maus lernt, einen Hebel zu drücken, indem sie beim Drücken des Hebels jeweils belohnt wird.

Aktionspotenzial
kurzfristige Umpolung der Spannung an der erregten Nervenzelle von – 70 mV auf + 30 mV

Aktualitätsprinzip
Theorie von LYELL, die besagt, dass die heutigen Naturgesetze auch früher in derselben Form gegolten haben

Allele
zusammengehörige, einander entsprechende Gene ho

mologer Chromosomen, die durch Mutationen entstanden sind

Allelendrift
→ Gendrift

analoge Organe (Analogie, analog)
nicht homologe Organe mit gleicher Funktion, aber unterschiedlichem Bauplan
Beispiel: Grabbein des Maulwurfs und der Maulwurfsgrille

Anatomie
Lehre vom Aufbau bzw. dem Körperbau der Organismen

Annidation
→ Einnischung

anonymer Verband
sozialer Zusammenschluss von Tieren (Tiergesellschaft), bei dem sich die Mitglieder untereinander nicht kennen; beim offenen anonymen Verband können Tiere jederzeit abwandern oder neu dazukommen
Beispiel: Brutkolonien von Vögeln oder Fischschwärme; Beim geschlossenen anonymen Verband besitzen alle Mitglieder ein gemeinsames Merkmal, an dem sie als Gruppenmitglieder erkannt werden können, z. B. Nest- oder Sippengeruch
Beispiel: Insektenstaaten; Mäuse- oder Rattensippen

Appetenz, bedingte
ein ursprünglich neutraler Reiz wird zum bedingten Reiz für Appetenzverhalten
Beispiel: Vögel suchen Futter nur in einem bestimmten roten Napf, in dem ihnen das Futter immer angeboten wurde. Die rote Farbe ist zum bedingten Reiz geworden, das Verhalten zur bedingten Appetenz.

Appetenzverhalten
Grundstimmung; ungerichtetes Suchverhalten, das die Wahrscheinlichkeit zum Auffinden eines auslösenden Reizes für eine → Instinkthandlung erhöht

Archaeopteryx
Urvogel, Brückentier zwischen Reptilien und Vögeln

Artbegriff, biologischer
Unter einer Art fasst man alle Lebewesen zusammen, die sich miteinander kreuzen können und deren Nachkommen fertil (fruchtbar) sind.

Artbegriff, morphologischer
Alle Lebewesen, die untereinander und mit ihren Nachkommen in wesentlichen Merkmalen übereinstimmen, werden zu einer Art zusammengefasst.

Artbildung, allopatrisch
Entstehung neuer Arten, der eine → Separation (geografische Isolation) vorausgeht

Artbildung, sympatrisch
Entstehung neuer Arten, die ausschließlich durch genetische Isolation erfolgt

Atavismus
Rückfall in eine frühere Entwicklungsstufe; Wiederauftreten von Körpermerkmalen aus früheren Entwicklungsstufen der Evolution
Beispiel: überzählige Brustwarzen, verlängertes Steißbein und sehr starke Körperbehaarung beim Menschen

Atmosphäre
Gasschicht, die die Erde umgibt

ATP
Adenosintriphosphat; aufgebaut aus der stickstoffhaltigen organischen Base Adenin, dem Zucker Ribose und drei Phosphatresten; universeller Energieträger in der Zelle, der bei Energie liefernden, exergonischen Prozessen aus ADP und Phosphat aufgebaut und bei Energie verbrauchenden, endergonischen Vorgängen in ADP und Phosphat zerlegt wird

Attrappenversuche
Experimente, bei denen Attrappen zum Auslösen einer Instinkthandlung verwendet werden

Autotrophie
Selbsternährung; autotrophe Lebewesen sind nicht auf die Zufuhr von organischen Nährstoffen angewiesen, sie können diese selbst aus anorganischen Stoffen aufbauen

Aversion, bedingte
Form der klassischen (reizbedingten) Konditionierung; ein ursprünglich neutraler Reiz wird zu einem bedingten, das Meideverhalten auslösenden Reiz
Beispiel: Eine Ratte meidet eine bestimmte Ecke des Käfigs, da sie dort Stromschläge erhalten hat.

Axon
langer Fortsatz einer Nervenzelle, über den die Erregung zur nächsten Nervenzelle fortgeleitet wird

Bastard
Mischling; Produkt einer Kreuzung von Eltern mit verschiedenem Erbgut

biotische Faktoren
Standortfaktoren der lebenden Umwelt (z. B. Nahrungsangebot, Fressfeinde)

Biotop
Lebensraum

Biozönose
Lebensgemeinschaft der Organismen eines Ökosystems

Brückentiere
Übergangs-/Zwischenformen von Tieren, die sowohl Merkmale von → phylogenetisch älteren als auch jüngeren Tiergruppen besitzen
Beispiel: Archaeopteryx (Reptilien – Vögel)

Dendrit
verzweigter Fortsatz einer Nervenzelle, über den die Erregungen zum Zellkörper einer Nervenzelle geleitet werden

Depolarisation
Abschwächung der Polarisation der Membran (innen negativ; außen positiv) einer Nervenzelle; die Membraninnenseite wird positiver

Destruenten
Zersetzer; Organismen, die tote Lebewesen zersetzen und bestimmte Stoffe (C, H_2O, N_2, O_2, Mineralien) den jeweiligen Kreisläufen zuführen

Deszendenztheorie
Abstammungslehre

Diffusion
Wanderung von Teilchen in einem Konzentrationsgefälle aufgrund der Molekularbewegung; dadurch erfolgt ein selbstständiges Vermischen von Flüssigkeiten oder Gasen

Divergenz
verschiedene Abwandlungen einer Grundstruktur, die von einer gemeinsamen Stammform (Grundbauplan) ausgeht

doppelte Quantifizierung
Zusammenwirkung von Motivation (innerer Bereitschaft) und äußerem Reiz bei der Auslösung einer Verhaltensweise

EAAM
durch Erfahrung erweiterter angeborener Auslösemechanismus

EAM
erworbener (erlernter) Auslösemechanismus

efferente Nerven, Efferenzen
→ motorische Nerven; Nervenbahnen, die die Erregung vom → Zentralnervensystem zu den Erfolgsorganen (Muskeln, Drüsen) leiten

Eigenreflex
Reflex, bei dem sich Rezeptor und Erfolgsorgan in demselben Organ befinden
Beispiel: Kniesehnenreflex

Einnischung, Annidation
Vorgang der Bildung einer → ökologischen Nische

Endhandlung
erbkoordinierte Reaktion des Instinktverhaltens, die durch einen → Schlüsselreiz ausgelöst wird

Erfolgsorgan
Muskeln oder Drüsen, die die vom Rückenmark oder Gehirn kommenden Befehle (Kontraktion, Sekretion) ausführen

Erregungsleitung, kontinuierliche
Weiterleitung von Nervenimpulsen in marklosen Nervenfasern; → Aktionspotenzial am Anfang des → Axons löst im direkt benachbarten Axonabschnitt durch → Depolarisation ein neues Aktionspotenzial aus usw.

Erregungsleitung, saltatorische
Weiterleitung von Nervenimpulsen in markhaltigen Nervenfasern: → Aktionspotenzial am Anfang des → Axons löst am nächsten → Ranvierschen Schnürring durch → Depolarisation ein neues Aktionspotenzial aus

Escherichia coli
weltweit verbreitete Bakterienart, die in der Dickdarmflora der Wirbeltiere vorkommt

Ethogramm
Beschreibung des Verhaltens eines Tiers über einen längeren Zeitraum hinweg

Eukaryoten
Organismen, deren Zellen einen echten Zellkern besitzen

Evolution
stammesgeschichtliche Entwicklung der Lebewesen in Richtung einer besseren Angepasstheit (meist Entwicklung von einfacheren zu höher entwickelten Formen)

Fitness
Eignung eines Individuums für das Überleben

Flora
Pflanzenwelt (eines bestimmten Gebiets)

Fossilien
Reste von Lebewesen aus früheren Erdepochen

Fremdreflex
Reflex, bei dem Rezeptor und Erfolgsorgan voneinander getrennt sind
Beispiel: Niesreflex

Gendrift (Allelendrift, Sewall-Wright-Effekt)
zufällige Vergrößerung einzelner Genhäufigkeiten in sehr kleinen Populationen; werden Teilpopulationen geografisch abgetrennt, so entscheidet der Zufall, welche rezessiven Gene die kleine Population in ihrem Genpool trägt. Die Wahrscheinlichkeit einer homozygoten Kombination zweier rezessiver Gene in einer kleinen Population ist höher als in einer großen Popula-

tion. Daher treten rezessive Gene im Phänotyp schneller auf und sind somit schneller der Selektion unterworfen.

Genpool
Gesamtheit aller in einer Population vorhandenen Gene und ihrer → Allele

Gliazelle
neben den Nervenzellen im Nervengewebe vorkommender Zelltyp, der seine Teilungsfähigkeit behält; schützen, stützen und ernähren Nervenzellen und umhüllen und isolieren sie als → Schwannsche Zellen

Handlungskette
charakteristische, zeitliche Reihenfolge von Instinkthandlungen, bei der die Endhandlung einer Verhaltensweise als Auslöser für die nächste Instinkthandlung dient

haploid
einfacher Chromosomensatz

Hemmung, bedingte
Form der instrumentellen (verhaltensbedingten) Konditionierung; Lernvorgang aufgrund einer neuronalen Verknüpfung zwischen der Endhandlung und einer negativen Erfahrung, wobei die negative Erfahrung zur Blockierung einer bestimmten Verhaltensweise führt *Beispiel:* Durch Tragen eines Stachelhalsbandes lernt ein Hund, nicht mehr an der Leine zu zerren.

Herbizide
(meist chem.) Unkrautvernichtungsmittel

Heterotrophie
Fremdernährung; heterotrophe Lebewesen sind auf die Zufuhr von organischen Stoffen angewiesen; sie können diese im Gegensatz zu den → autotrophen Organismen nicht selbst herstellen

Heterozygotie
Mischerbigkeit; in einem Chromosomenpaar liegen die beiden entsprechenden Gene nicht in gleichen → Allelen vor

Hominiden
Menschen und ausgestorbene Vor- und Frühmenschen

homologe Organe (Homologie, homolog)
Organe, die trotz verschiedener Funktionen Übereinstimmungen im Aufbau zeigen und auf einen gemeinsamen Grundbauplan zurückgehen

homologe Verhaltensweisen
Verhaltensweisen bei verschiedenen Tieren, die in der Evolution auf denselben Ursprung zurückzuführen sind

Hospitalismus
psychische und physische Entwicklungsstörung bei Mensch und Tieren bei fehlender Mutter-Kind-Beziehung und damit einhergehendem Mangel an „Entwicklungsreizen"; Hospitalismuserscheinungen: starrer Gesichtsausdruck, Angst, Gewichtsverlust, Kontaktunfähigkeit, Schlaflosigkeit, geistige Retardierung

Hyperpolarisation
Verstärkung der Polarisation der Membran einer Nervenzelle; die Membraninnenseite wird negativer

individualisierter Verband
höchste Form des sozialen Zusammenschlusses, enge soziale Gemeinschaft bei Mensch und Tieren; innerhalb von individualisierten Verbänden kennen sich die Mitglieder persönlich

Industriemelanismus
Auftreten und Durchsetzen von dunkel gefärbten Mutanten in Insektenpopulationen in Industriegebieten, die sich auf dem durch Industriestaub und -ruß dunkler gefärbten Untergrund besser durchsetzen können (weniger stark der Selektion unterliegen) als hellere Varianten

innere Bereitschaft
→ Motivation; Triebstau bzgl. einer Verhaltensweise, der aufgrund endogener Erregung entsteht

Instinkthandlung
erbkoordinierte Verhaltensweise, die das Tier in die Lage versetzt, ohne Lernvorgänge lebensnotwendige Aufgaben zu bewältigen

Ionenpumpe
aktiver Transportmechanismus in der Zellmembran, um Ionen durch die Membran unter ATP-Verbrauch zu befördern; in Nervenzellen Na-K-Pumpe

Isolation
Unterbindung des Genaustausches zwischen Popula-

tionen einer Art bzw. Rasse;
man unterscheidet:
- geografische Isolation
  (Separation): räumliche
  Trennung durch geografische Hindernisse
- ökologische Isolation:
  Trennung von Populationen durch Ausbildung
  → ökologischer Nischen
- reproduktive Isolation:
  Unterbindung der Kreuzung oder Paarung von
  Individuen

Kaspar-Hauser-Versuche
Verhaltensexperimente, bei
denen Tiere unter Erfahrungsentzug, d. h. isoliert,
aufgezogen werden

Kindchenschema
→ AAM beim Menschen,
der Brutpflegeverhalten
auslöst und auf folgende
Schlüsselreize anspricht:
großer Kopf, großer runder
Hirnschädel, große tief liegende Augen, Pausbacken,
Stupsnase und tollpatschige
Bewegungen, wobei die Regel der → Reizsummation
gilt

Koazervat
nach außen durch Hydrathüllen abgegrenzte Aggregate (Gebilde) in wässriger
Lösung, die kleinmolekulare
Verbindungen aus der wässrigen Lösung einschließen

Kollaterale
Verzweigungen des →
Axons

Konditionierung
Lernvorgang, bei dem ursprünglich neutrale Reize
durch entsprechende Versuchsanordnungen zu →
bedingten Reizen und damit

zu neuen Auslösern von
Verhaltensweisen werden

Konsumenten
Organismen, die auf organische Nahrung angewiesen
sind, da sie diese nicht
selbst herstellen können

Konvergenz
Entwicklung von ähnlichen
Strukturen als Angepasstheit an gleiche Umweltbedingungen und aufgrund
ähnlicher Funktion
Beispiel: Stromlinienform
des Körpers bei im Wasser
lebenden Tieren

Lernen, fakultatives
„freiwilliges" Lernen, das
bestimmte Lebenssituationen erleichtert
Beispiel: Waschen, Säubern
und „Salzen" von Süßkartoffeln durch Eintauchen in
Meerwasser bei Makaken

Lernen, obligatorisches
„verpflichtendes", lebensnotwendiges Lernen, das die
Überlebens- und Fortpflanzungschance erhöht
Beispiel: Öffnen von Nüssen
durch Nagen bei Eichhörnchen

Markscheide
isolierende Hülle um das →
Axon einer markhaltigen
Nervenzelle; eine →
Schwannsche Zelle wickelt
sich während des Wachstums mehrmals um das
Axon

Membranpotenzial
Spannung, die durch Diffusion bestimmter Ionen
durch eine semipermeable
Membran entsteht

Mikrosphären
im Experiment in einer Lösung hergestellte Bläschen,
die nach außen durch eine
Art Membran abgegrenzt
sind; abgetrennter Reaktionsraum für stoffwechselähnliche Prozesse

Modifikation
Merkmalsabweichungen in
einer Art, die nicht auf genetische Ursachen, sondern
auf unterschiedliche Entwicklungs- und Umweltbedingungen zurückzuführen
sind

Morphologie
Lehre vom äußeren Bau und
der Gestalt der Organismen
sowie deren Entwicklung

Motivation
→ innere Bereitschaft

motorische Nerven
→ efferente Nerven

Mutagene
mutationsauslösende Faktoren, z. B. chemische Substanzen und Strahlen

Mutation
spontan auftretende oder
experimentell erzeugte vererbliche Änderung des Erbguts

Myelinscheide
→ Markscheide

Nachfolgeprägung
spezieller, irreversibler
Lernvorgang, häufig bei
Nestflüchtern, der kurz
nach dem Schlüpfen in
einer sensiblen Phase unter
natürlichen Bedingungen
das Mutterbild fest ins Gedächtnis verankert

Glossar

Nerv
mehrere Hundert von parallel liegenden → Nervenfasern

Nervenfaser, markhaltig
→ Axon einer Nervenzelle, das von → Schwannschen Zellen umgeben ist, die eine → Markscheide ausbilden

Nervenfaser, marklos
→ Axon einer Nervenzelle, das von → Schwannschen Zellen nur einfach umwickelt ist, sodass keine Markscheide entsteht

Nervensystem, peripheres
Gesamtheit der → Afferenzen und → Efferenzen

Neurit
→ Axon

Neuron
Nervenzelle

ökologische Nische
Summe aller abiotischen (unbelebten) und biotischen (belebten) Umweltfaktoren, die einer Tier- oder Pflanzenart das Überleben ermöglichen

Ökosystem
ökologische Einheit aus → Biozönose (Lebensgemeinschaft) und → Biotop (Lebensraum)

Ontogenie (Ontogenese)
Veränderung eines Lebewesens im Laufe seiner Individualentwicklung

Out-of-Africa-Hypothese
Hypothese zur Entstehung des modernen Menschen, nach der der *Homo sapiens sapiens* in Afrika entstand, nach Asien und Europa ein-

wanderte und dort *Homo erectus* verdrängte

Paläontologie
Wissenschaft von den ausgestorbenen Lebewesen (Fossilien) und ihrer Entwicklung im Verlauf der Erdgeschichte

Parasiten
Schmarotzer; Bakterien, Pflanzen, Tiere, die anderen Lebewesen Nährstoffe entziehen und diese dabei schädigen
Beispiel: Choleraerreger, Mehltaupilze, Bandwürmer; Kuckuck (Brutparasit)

Parasympathicus
Teil des vegetativen Nervensystems, der die Funktionen fördert, die zu Entspannung und Erholung des Körpers führen

Patellarsehnenreflex
Kniesehnenreflex

Permeabilität, selektive
Durchlässigkeit einer Membran für bestimmte Stoffe
Beispiel: Durch die Membran einer Nervenzelle können Kaliumionen fast ungehindert diffundieren, Natriumionen nur geringfügig.

Pestizide
Sammelbegriff für Schädlingsbekämpfungsmittel

Phylogenie (Phylogenese)
Stammesentwicklung; Lehre von der Abstammung der Arten

Polyploidie
Vervielfachung des gesamten Chromosomensatzes

Population
alle in einem Gebiet vorkommenden Individuen einer Tier- oder Pflanzenart, die sich uneingeschränkt untereinander fortpflanzen können und daher einen gemeinsamen Genpool besitzen

Präadap(ta)tion
zufällige Angepasstheit eines Lebewesens an veränderte Umweltbedingungen durch Mutation, bevor die Umweltveränderung eintrat

Prägung
irreversibler Lernvorgang, der nur in einem zeitlich eng begrenzten Bereich (sensible Phase) möglich ist

Präzipitintest
Ausfällungstest von Serumproteinen zur Bestimmung des biochemischen Verwandtschaftsgrades zweier Arten

Produzenten
alle autotrophen Pflanzen und Bakterien, die ihre Nahrung selbst herstellen können; fotoautotroph: Nahrung wird mithilfe des Sonnenlichts erzeugt; chemoautotroph: Nahrung durch chemische Reaktionen hergestellt

Prokaryoten
Bezeichnung für Lebewesen mit einfachem Zellaufbau; ihr genetisches Material liegt frei im Zellplasma und ist nicht von einer Kernmembran umgeben

Protobiont
Vorstufe auf dem Weg der Bildung von echten Zellen

Psychopharmaka
chemische Stoffe, die das
Gehirn beeinflussen

Ranviersche Schnürringe
Einschnürungen der →
markhaltigen Nervenfasern
im Abstand von 1– 3 mm;
Grenze zwischen zwei →
Schwannschen Zellen

Rasse
in der Systematik der Organismen verwendeter Begriff
für „Unterart"

Reflex
direkte Form der Reaktion
auf einen Reiz, häufig ohne
Mitwirkung des Gehirns;
einfache Nervenschaltung:
eine Afferenz und eine Efferenz sind über eine Synapse
im Rückenmark verbunden

Reflex, bedingter
ein Reflex wird nicht durch
den natürlichen, unbedingten Reiz, sondern durch
einen ursprünglich neutralen Reiz ausgelöst
Beispiel: Bläst man gleichzeitig einen Luftstrom ins Auge und lässt dabei einen
Glockenton erklingen, so
wird nach einiger Zeit der
Lidschlussreflex auch durch
den Glockenton allein ausgelöst.

Reflex, unbedingter
angeborene Verhaltenswei-
se, die auf den natürlichen,
adäquaten Reiz hin unter
gleichen Bedingungen im-
mer in derselben Form ab-
läuft

Refraktärphase, absolute
Zeitspanne (bis 2 ms) nach
der Auslösung eines → Ak-

tionspotenzials, in der die
Nervenzelle unerregbar ist

Refraktärphase, relative
Zeitspanne nach der Auslösung eines → Aktionspo-
tenzials, in der das neue Aktionspotenzial nur abge-
schwächt ausgebildet wird

Reiz
Veränderung der Umwelt,
die von Rezeptoren (Sinneszellen) wahrgenommen
wird und als Auslöser für eine bestimmte Verhaltens-
weise dient

Reiz, bedingter
ein zunächst neutraler Reiz,
der durch → Konditionie-
rung zum auslösenden Reiz
für eine bestimmte Verhaltensweise wird
Beispiel: Nach Ertönen einer
Glocke und gleichzeitigem
Darbieten von Futter löst
der ursprünglich neutrale
Reiz „Glockenton" auch
allein die Speichelsekretion
aus. Er ist somit zum be-
dingten Reiz geworden.

Reiz, unbedingter
ursprünglicher, natürlicher
Reiz, der eine Verhaltensweise auslöst
Beispiel: Der Reiz „Futter"
löst Speichelabsonderung
aus.

Reizschwelle
Mindestwert einer Reizstärke, die überschritten werden muss, um eine be-
stimmte Verhaltensweise
auszulösen

Reizsummation
gleichzeitige Wirkung mehrerer Reize (z. B. Farbe,
Form, Größe), die bei der

Auslösung einer bestimm-
ten Reaktion zusammen-
wirken

Rekombination
Neukombination von
Genen

Rezeptor
Sinnesorgan mit Sinneszellen, die → Reize aufnehmen
und in Erregung umwan-
deln können

Ritualisierung
Verhaltensweise im Dienst
der Verständigung, die im
Laufe der Evolution eine andere Funktion als die ur-
sprüngliche übernommen
hat; Verhaltenselemente
werden häufig vereinfacht,
stärker betont und/oder
häufig wiederholt
Beispiel: Überreichen von
Nistmaterial bei Möwen als
Beschwichtigungsgeste und
zum Abbau der Individual-
distanz bei der Paarung

Rudimente (rudimentär)
unvollständig ausgebildete
oder verkümmerte Organe,
die im Laufe der Evolution
ihre Funktion verloren haben und teilweise nur noch
als Reste vorhanden sind

Ruhepotenzial
Spannungsdifferenz einer
nicht erregten Nervenzelle
zwischen der Innenseite der
Zellmembran und der extrazellulären Flüssigkeit,
durchschnittlich –70 mV

Schlüsselreize
spezielle Reize, die die Voraussetzung erfüllen, ein bestimmtes Instinktverhalten
auszulösen

Beispiel: rote Bauchfarbe beim Stichling als Auslöser für Angriffsverhalten

Schwannsche Zelle
→ Gliazelle, die ein → Axon umhüllt; je nachdem, wie oft sie ein Axon umwickelt, entstehen → markhaltige oder marklose Nervenfasern

Selektion
Auslese, die zu einer gerichteten Verschiebung der Genhäufigkeiten führt; unter natürlichen Bedingungen spricht man von natürlicher Selektion

Selektionsdruck
selektive Wirkung von Umweltfaktoren auf eine Population, die die Überlebenschancen der am besten angepassten Individuen erhöht

Selektionsfaktoren
abiotische (Klima: Trockenheit, Wind, Temperatur, Bodenverhältnisse u. Ä.) und biotische (Fressfeinde, Beute, Konkurrenten u. Ä.) Umweltfaktoren, die für die Auslese in einer Population verantwortlich sind

sensorische Nerven
→ afferente Nerven

Separation
geografische Isolation von Populationen

Serologie
Wissenschaft, die sich mit den Eigenschaften der Antigene und ihren Reaktionen mit Antikörpern beschäftigt; serologische Untersuchungen helfen in der Evolutionsforschung, den biochemischen Verwandt-

schaftsgrad von zwei verschiedenen Arten zu ermitteln

Sewall-Wright-Effekt
→ Gendrift

Sexualdimorphismus
unterschiedliche Ausprägung der sekundären Geschlechtsmerkmale (Gefiederfärbung, Hörner, Mähnen, Geweihe u. Ä.) von Männchen und Weibchen

Soma
Zellkörper einer Nervenzelle

Soziobiologie
Wissenschaft, die sich mit den allgemeinen Gesetzmäßigkeiten der Evolution, vor allem mit der Entwicklung des Sozialverhaltens der Tiere im Laufe der Evolution beschäftigt

Sozialdarwinismus
Übertragung der DARWIN'schen Evolutionstheorie auf die menschliche Gesellschaft („Der Stärkere setzt sich durch.")

Sukkulenten
Pflanzen mit fleischig-saftiger Beschaffenheit einzelner Organe (Blatt, Spross), die Wasser speichern können, z. B. Kakteen

Sympathicus
Teil des vegetativen Nervensystems, der die Organe aktiviert, die zu einer Leistungssteigerung des Körpers beitragen, und die Verdauungs- und Geschlechtsorgane hemmt

Synapse
Verbindungsstelle zwischen zwei Nervenzellen (zentrale

Synapse) oder einer Nervenzelle und einer Muskelfaser (neuromuskuläre Synapse); besteht aus Endknöpfchen und subsynaptischer Membran der nachfolgenden Zelle, dazwischen befindet sich der synaptische Spalt

Taxis
gerichtete Bewegung bzw. gerichtetes Suchen; bei der Instinkthandlung meist optische Fixierung des auslösenden Reizes

Transmitter
chemischer Überträgerstoff in den Endknöpfchen, der, durch ein → Aktionspotenzial ausgelöst, in den synaptischen Spalt ausgeschüttet wird und an der subsynaptischen Membran zur Ausbildung eines neuen Aktionspotenzials führt

übernormaler (überoptimaler) Schlüsselreiz
Schlüsselreiz, der ein bestimmtes Verhalten stärker auslöst als der optimale Schlüsselreiz unter natürlichen Bedingungen

Uratmosphäre
Erdatmosphäre zur Zeit der Entstehung des Lebens, bestehend aus Methan, Ammoniak, Wasserstoff und Wasserdampf

Ursuppe
Bezeichnung für den Urozean zur Zeit der Entstehung des Lebens, in dem sich die zufällig gebildeten organischen Moleküle anreicherten

Urzeugungstheorie
spontane Entstehung von
Lebewesen aus toter Materie
anorganischer oder organischer Herkunft

Zentralnervensystem
Ansammlung von Nerven-
zellen, die zu Funktionsein-
heiten zusammengefasst
sind; beim Menschen Ge-
hirn und Rückenmark

ZNS
Zentralnervensystem bei
Wirbeltieren, bestehend aus
Gehirn und Rückenmark

Zwillingsart
nahe Verwandte, sehr ähn-
liche Arten, die im gleichen
Verbreitungsgebiet leben,
aber nicht mehr miteinan-
der kreuzbar sind (z. B. Fitis
und Zilpzalp)

Literatur- und Quellenverzeichnis

Ahlheim, K.-H. (Hrsg.): Duden Übungen zur Schulbiologie. Duden Verlag, Mannheim 1978

Barash, D.: Soziobiologie und Verhalten. Verlag Paul Parey, Berlin 1980

Bartl, S.: Abiturtraining Biologie 2 GK. Stark Verlag, Freising 1995

Bauer, E. (Hrsg.): Biologiekolleg. CVK Verlag, Berlin 1981

Burghagen, H. , Heenes H.: Beutefang bei Kröten. In: Unterricht Biologie, Heft Nr. 62, S. 30 ff., Friedrich Verlag, Seelze 1981

Christner, J.: Abiturwissen Evolution. Ernst Klett Verlag, Stuttgart 1986

Daumer, K. , Hainz, R.: Verhaltensbiologie. bsv Verlag, München 1983

Daumer, K. , Meyer, H.: Evolution. bsv Verlag, München 1993

Deutsches Institut für Fernstudien an der Universität Tübingen (Hrsg.): Evolution der Tier- und Pflanzenwelt. Heft 1, 2, 3 und 6 /2, Tübingen 1987

Diehl, M.: Abstammungslehre. Quelle und Meyer Verlag, Heidelberg 1976

Eibl-Eibesfeldt, I.: Grundriß der vergleichenden Verhaltensforschung. R. Piper Verlag, München 1974

Eibl-Eibesfeldt, I.: Krieg und Frieden. R. Piper Verlag, München 1975

Eibl-Eibesfeldt, I.: Liebe und Haß. R. Piper Verlag, München 1970

Eschenhagen, D.: Tiergesellschaften. In: Unterricht Biologie, Heft Nr. 98, S. 2 ff., Friedrich Verlag, Seelze 1984

Flor, F.: Einführung in die Abstammungslehre. Diesterweg Verlag, Frankfurt 1980

Hassenstein, B.: Verhaltensbiologie des Kindes. R. Piper Verlag, München 1973

Hofmann, W. , Hilken, K.: Geheime Macht der Verbraucher. Deutsche Verlagsanstalt, Stuttgart 1974

Johannsen, F.: Schöpfungsglaube und Evolutionstheorie. In: Unterricht Biologie, Heft Nr. 75, S. 11 ff., Friedrich Verlag, Seelze 1982

Knoll, J.: Evolution. Westermann Verlag, Braunschweig 1989

Kull, U.: Evolution. J. B. Metzler Verlag, Stuttgart 1977

Lathe, W.: Duden Abiturhilfen, Nervensystem und Sinnesorgane. Duden Verlag, Mannheim 1991

Lawick-Goodall, J. van: Wilde Schimpansen. Rowohlt Verlag, Hamburg 1971

Linder, H.: Biologie. J. B. Metzler Verlag, Stuttgart 1983

Linder, H.: Biologie. J. B. Metzler Verlag, Stuttgart 1998

Lorenz, K.: Über tierisches und menschliches Verhalten. R. Piper Verlag, München 1965

Löwe, B. (Hrsg.): Vita 2 – Anatomische und physiologische Grundlagen des Verhaltens, Verhalten, Evolution. C. C. Buchners Verlag, Bamberg 1994

Lütkens, R.: Verständigung bei Tieren. In: Unterricht Biologie, Heft Nr. 41, S. 2 ff., Friedrich Verlag, Seelze 1980

Marek, J.: Verhalten. Westermann Verlag, Braunschweig 1992

Miram, W., Scharf, K.-H. (Hrsg.): Biologie heute S II, Neubearbeitung. Schroedel Verlag, Hannover 1997

Moisl, F.: Biologie I und II. dtv Verlag, München 1979/1971

Moisl, F.: Sucht: Drogen. In: Unterricht biologie, Heft Nr. 47, S. 7 ff., Friedrich Verlag, Seelze 1980

Packard, V.: Die geheimen Verführer. Ullstein Verlag, Frankfurt 1974

Schmidt, R. F. (Hrsg.): Grundriß der Neurophysiologie. Springer Verlag, Berlin 1979

Schuler, F.: Evolution und Evolutionstheorie. Verlag Ludwig Auer, Donauwörth 1980

Schuler, F., Dunk, K. v. d.: Stoffwechselphysiologie, Ökologie. Verlag Ludwig Auer, Donauwörth 1982

Vogel, G., Angermann, H.: dtv-Atlas zur Biologie, Band 2. dtv Verlag, München 1974

274 ⸜ Literatur- und Quellenverzeichnis

Abb. 1a, S. 2: © Steve Byland - Fotolia.com

Abb. 1b, S. 2: Storch, V./Welsch, U.: Evolution, 6. Aufl., dtv: München 1989

Abb. 1c, S. 2: © Diamantis Seitanidis/iStockphoto

Abb. 1d, S. 2: Dr. Ole Müller, www.bioscienceart.de

Abb. 2a, S. 4: Museum für Naturkunde Berlin

Abb. 2b, S. 4: Darstellung nach Kuhn-Schnyder E. in: Pläontologie als stammesgeschichtliche Urkundenforschung. In: Heberer G.: Evolution der Organismen, Bd. 1, Fischer , Stuttgart, 1967

Abb. 3, S. 8: Darstellung nach: Moore, J. A.: Biological Science: An Inquiry into Life, Harcourt Brace Jovanovich, New York 1973 © Regents of the University of Colorado

Abb. 9, S. 17: Czihak G., Langer, H., Ziegler, H.: Biologie, Springer Verlag Heidelberg Berlin, 6. Auflage 1996 (Abb. 10.14 a nach Gilbert, b nach Arey aus Moody bzw. 6.53 nach Ville). Mit freundlicher Genehmigung von Springer Science und Business Media.

Abb. 10, S. 18: Günther Osche, Evolution, Grundlagen, Erkenntnisse, Entwicklungen der Abstammungslehre © Verlag Herder GmbH, Freiburg im Breisgau, 10. Aufl. 1990

Abb. 16, S. 25: Strasburger – Lehrbuch der Botanik; Bresinsky, A., Körner, C., Kadereit, J. W., Neuhaus, G., Sonnewald, U., 36. Aufl., 2008, ISBN: 978-3-8274-1455-7

Abb. 24, S. 42: McFarland, D.: Animal Behaviour © 1989. Reprinted by permission of Pearson Education, Inc.

Abb. 27, S. 46: Fig. 21.4, p. 422 from Biology, 4th ed. by Neil A. Campbell. Copyright © 1996 by The Benjamin/ Cummings Publishing Company, Inc. Reprinted by permission of Addison Wesley Longman Publishers, Inc.

Abb. 38, S. 68: Fig. 26.3, p. 521 from Biology, 4th ed. by Neil A. Campbell. Copyright © 1996 by The Benjamin/ Cummings Publishing Company, Inc. Reprinted by permission of Addison Wesley Longman Publishers, Inc.

Abb. 40, S. 72: A, B, D, E: Lüttge, U., Kluge, M., Bauer, G.: Botanik. Ein grundlegendes Lehrbuch, 1989. Copyright © Wiley-VCH Verlag GmbH & Co. KGaA. Reproduced with permission. Wiley-VCH Verlag 1989; C: Mit freundlicher Genehmigung des Kosmos Verlags, entnommen aus: Streble/Krauter, Das Leben im Wassertropfen, © 2006, Franckh-Kosmos Verlags-GmbH & Co.KG, Stuttgart

Abb. 43, S. 76: Löhrl, H.: Vögel in ihrer Welt. Franckh-Kosmos Verlags-GmbH, Stuttgart, 1984, S. 96

Abb. 44, S. 79: Schimpanse: © Sharon Morris/Dreamstime.com; Orang-Utan: © X – Fotolia.com; Gorilla: © Pascal Martin – Fotolia.com

Abb. 46, S. 81: Darstellung nach: Schwidetzky, I.: Variations- und Typenkunde des Menschen. In: Handbuch der Biologie, Band 9, Akademische Verlagsgesellschaft Athenaion, Konstanz-Stuttgart 1965.

Abb. 47, S. 81: Darstellung nach: Kummer, B.: Das mechanische Problem der Aufrichtung auf die Hinterextremitäten im Hinblick auf die Evolution der Bipedie des Menschen. In: Herberer, G. (Hrsg.): Menschliche Abstam-mungslehre, Gustav Fischer Verlag, 1965, S. 227–248

Abb. 48, S. 82: Evolution des Menschen, Bruno Streit (Hrsg.) Spektrum Akademischer Verlag, ISBN 3-86025-267-4

Ab. 52, S. 84: Darstellung nach: Howells, W., Kurth, Gottfried (Übersetzer): Die Ahnen der Menschheit, © 1963, mit freundlicher Genehmigung der Müller Rüschlikon Verlags AG, CH-6330 Cham

Abb.56 links (S. 88), Abb. 57 links (S. 89), Abb. 55 oben links (S. 90), Abb. 59 (S. 91) links: Reprinted by permission of the publisher from Evolution of African Mammals, edited by Vincent J. Maglio and H. B. S. Cooke, pp. 171, 190, 197, 212 Cambridge, Mass.: Harvard University Press, Copyright © 1978 by the President and Fellows of Harvard College

Abb. 56 rechts, S. 88: Focus, John Reader/Science Photo Library

Abb. 57 rechts, S. 89: Darstellung nach: Facchini, F.: Der Mensch, Ursprung und Entwicklung. Natur-Verlag, Augsburg 1991

Abb. 58 oben rechts, S. 90: Lee Boltin aus: Invitation to Biology, 3rd edition, Wort Publishers, New York, 1982

Abb. 83, S. 154: Darstellung nach Grafik von Monika Hänel in: Verhaltensbiologie. Georg Thieme Verlag, 2. Auflage 1985, S. 10

Abb. 86, S. 164: Eibl-Eibesfeldt, I.: Grundriß der vergleichenden Verhaltensforschung, Piper Verlag GmbH, München 1967, 1987

Abb. 87, S. 164: © Paul Ekman

Abb. 89, S. 174: Darstellung nach: Harlow, H. F.: The nature of Love. In: American Psychologist 13/1958, S. 673 – 685

Abb. 91, S. 185: Darstellung nach Grafik von Monika Hänel in: Verhaltensbiologie. Georg Thieme Verlag, Stuttgart, 1997

Abb. 92, S. 185: George D. Lepp

Abb. 96, S. 190: Felix, J., Knotek, J., Knotková, L.: Kosmos-Tierwelt, Tiere Afrikas, Artia Verlag, Prag, 1980, S. 200

Abb. 97, S. 191: © Weiß: Bienen und Bienenvölker. C. H. Beck, Wissen in der Beckschen Reihe, Nr. 2067, Verlag C. H. Beck, München 1997   ISBN: 978-3406-418679

Abb. 100, S. 197: © Dimitri Sherman, www.Dreamstime.com

Abb. 101, S. 197: © Gregg Cerenzio, www.Dreamstime.com

Abb. 103, S. 201: Darstellung nach: Zimen, E.: Der Hund: Abstammung – Verhalten – Mensch und Hund, C. Bertelsmann Verlag GmbH München, 2. Auflage 1989, S. 248

Abb. 104, S. 210: Darstellung nach Grafik von Monika Hänel in: Verhaltensbiologie, Georg Thieme Verlag, 2. Auflage 1985, S. 12

Abb. 105, S. 219: Darstellung nach: Tinbergen, N.: Time-Life Redaktion: Tiere und ihr Verhalten, Time Inc. 1966, S. 67

Abb. 106, S. 220: Eibl-Eibesfeldt, I.: Die Biologie des menschlichen Verhaltens, Seehammer Verlag, Weyern 1997, S.97

Abb. 107, S. 220: Cinetext/Disney

S. 78, Grabwespe: Barth, F.: Biologie einer Begegnung. 1982 Deutsche Verlags-Anstalt, München in der Verlagsgruppe Random House GmbH

S. 102, Unterkiefer und Schädel: Darstellung nach: Campbell, B.G.: Human Evolution, Aldine Publishing, Chicago 1966

S. 167, Amselnestversuche: Darstellung nach: Tinbergen, Nikolaas, Villwock, Wolfgang (Übersetzer), Wellmann, Hans-Hein-rich (Übersetzer): Time-Life Redaktion: Tiere und ihr Verhalten, Time Inc. 1966, S. 67

S. 216, Nacktmulle: © Drawing by Barrett, P. Priscilla Barrett, Jack of Clubs Barn, Fen Road, Lode Cambs CB5 9HE

Kapitelbild 1 (Darwin): © Jose Antonio Sánchez Reyes/Dreamstime.com

Kapitelbild 2 (Gehirn): © Sebastian Kaulitzki/Dreamstime.com

Kapitelbild 3 (Hirschkampf): © Wolfgang Kruck – Fotolia.com

Der Verlag hat sich bemüht, die Urheber der in diesem Werk abgedruckten Abbildungen ausfindig zu machen. Wo dies nicht gelungen ist, bitten wir diese, sich gegebenenfalls an den Verlag zu wenden.

Stichwortverzeichnis

AAM 159, 219
Abhängigkeit 134
abiotische Faktoren 40
Acetylcholin 128 ff., 133
Acetylcholinesterase 129, 133
adaptive Radiation 51 ff.
Adenosintriphosphat (ATP)
  114, 129, 137
aerober Abbau 70
Affen
- ~lücke 84
- ~platte 85
afferente Bahn 151
Aggregation 184
Aggression 200 ff.
- ~skontrolle 191 f.
Aktionspotenzial 115 ff., 118 f.
Aktualitätsprinzip 7
Allelendrift (siehe Gendrift)
Allelfrequenz, -häufigkeit 32
ALLEN'sche Regel 40
Alles-oder-Nichts-Signal 116
allopatrische Artbildung 48
Altruismus 187 ff.
Alzheimer-Krankheit 143
Aminosäure-Sequenzanalyse
  21 ff., 86
Amyloid-Plaques 143
anaerober Abbau 69
Analogie 24 f.
Anatomie Menschenaffe und
  Mensch 80 ff.
angeborener Auslösemechanis-
  mus (siehe AAM)
Angepasstheit 3, 7, 24 f., 34, 38,
  48, 52
Annidation (siehe Einnischung)
Antibiotika-Resistenz 34, 36
Appetenz 153
Archaeopteryx 3 f., 27
Artbegriff
- biologischer 10 f.
- morphologischer 10 f.
Art
- ~bildung 46 f., 55

- ~wandel 6 f., 36
Atavismen 16 f.
Attrappen 67, 156 ff.
aufrechter Gang 80 f.
Auslöser 156
Aussterben 72 f.
Australopithecus 88 f.
Autoimmunreaktion 142
Axon 106 ff.
Axonhügel 131

Balz 209 f.
Bastardunterlegenheit 55
bedingte
- ~Aktion 179 f.
- ~Appetenz 177
- ~Aversion 178
- ~Hemmung 181
bedingter
- ~Reflex 176
- ~Reiz 176 f.
BERGMANN'sche Regel 40
Beschädigungskampf 201
binäre Nomenklatur 9
biogenetische Grundregel 19
biologische Evolution 67
Biopolymere 64
biotische Faktoren 40 f.
Birkenspanner 43
blind oder taubblind geborene
  Kinder 163
Brückentiere 3, 27
Brutparasit 75 f.

cAMP 137, 139
Cannabis 135
chemische Evolution 62
Cro Magnon 92
Crossing-over 35
Curare 133
CUVIER, George 4

DARWIN, Charles 1, 6 ff.
Darwinfinken 52
Dendrit 106 f.

Depolarisation 116, 118 ff.
Divergenz 12
DNA-Hybridisierung 23 f.
Domestikation 44 f.
Dopamin 136 f., 142
doppelte Quantifizierung 154
Drogen 134

EAAM 159
EAM 159
Ecstasy 136
efferente Bahn 151
Eigenreflex 152
Einnischung 50
Einzeller 71
elektrische Spannung 113
Embryologie 16 ff.
Embryonalentwicklung der
  Wirbeltiere 18
Endhandlung 153
Endorphine 138
Endosymbionten-Hypothese
  68 f.
Endplattenpotenzial 129
Energiestoffwechsel 69 f.
Erbkoordination (siehe Instinkt-
  handlung)
Erdzeitalter, -geschichte 72
erregendes postsynaptisches Po-
  tenzial (EPSP) 130
Erregung 106 ff., 115 ff.
Erregungsleitung
- kontinuierlich 120 f.
- saltatorisch 121 f.
erweiterte Evolutionstheorie
  (siehe synthetische
  Evolutionstheorie)
erworbener Auslösemechanis-
  mus (siehe EAM)
ESS 190, 207
Ethogramm 149
Eukaryoten 68
Eusozialität 181
Evolution
- des Menschen 79 ff.

- ~sfaktoren 32 ff.
- ~geschwindigkeit 36
- ~sstabile Strategie (siehe ESS)
- ~stheorien 4 ff.
Extinktion 177 ff.

fakultatives Lernen 171
Fitness 37, 188 ff.
Flaschenhalseffekt 46
Formenvielfalt 2
Fossilien 3 f. , 38, 79, 86, 88, 90 f.
Fotosynthese 70
Frau-Schema 221
Fremdreflex 152
Frühmensch 90 f.

Galapagos 6, 42, 52
Gärung 69
Gebiss 84 f.
Gedächtnis 144
Gehirn 144
Gen
- ~drift 45 ff.
- ~fluss 46 f., 51
- ~mutationen 22
- ~pool 32 f., 37, 45 f.
Gesamtfitness 189
geschlechtliche Fortpflanzung 35 f.
Greifreflex 163
Grundbauplan 11 ff.
Gründereffekt 46
Gruppe 183 ff.

Haeckel, Ernst 18 f.
Hamilton-Formel 179
Haschisch 134
Heroin 137
Hominiden 86 ff.
Hominidenentwicklung 94 ff.
Homo
- erectus 90
- habilis 89
- rudolfensis 89
- sapiens 91 ff.
- sapiens neanderthalensis 91 ff.
- sapiens sapiens 92
homologes Verhalten 164 f.
Homologie 11 ff.
- ~kriterien 12 ff.
Hospitalismus 175
Hyperpolarisation 119, 130 f.

Industriemelanismus 43
Infantizid 213
Informationsweitergabe 107
inhibitorisches postsynaptisches Potenzial (IPSP) 130
Inkonstanz der Arten 4
Insektizide 133
Instinkt-Dressur-Verschränkung 175
Instinkthandlung 152 ff.
instrumentelle/operante Konditionierung 179
Insulin 22 f.
intraspezifische Aggression 200
Ionentheorie 111, 117
Isolation 46 ff., 53 ff.

Kampfgase 133
Kaspar-Hauser-Versuche 161
Katastrophentheorie 4
Kindchenschema 219
klassische Konditionierung 175
Kniesehnenreflex (Patellarsehnenreflex) 151
Koadaptionen 74
Koazervat 66 f.
Koevolution 73 f.
Kokain 136
Kommentkampf 200
Kommunikation 193 ff.
Kompartiment 66
Konditionierung 175, 179
Konkurrenz, innerartliche (intraspezifische) 41
Konstanz der Arten 4
Konvergenz 24
Konzentrationsausgleich 112 f.
Konzentrationsgefälle 112 ff.
Kooperation 185 ff.
Kosten-Nutzen-Analyse 186 ff.
Kreisströmchen 120 f.
kulturelle Evolution 98 ff.
künstliches System 10
Kurzzeitgedächtnis 144

Ladungsausgleich 113
Ladungstrennung 113
Lähmung 133
Lamarck, Jean Baptiste de 5, 8
Langzeitgedächtnis 144
Langzeitpotenzierung 145
Linné, Carl von 4, 9 f.
lokales Potenzial 116

Lorenz, Konrad 172, 219, 223
LSD 135
Lyell, Charles 7

Malthus, Thomas 7
Mann-Schema 221
Marihuana 134 f.
Markscheide 108 f.
Massenaussterben (siehe Aussterben)
Mikrosphären 66 f.
Miller, Stanley 63
Mimese 40 f.
Mimikry 41, 199
Mittelzeitgedächtnis 144
Modifikation 36 f.
monosynaptischer Reflex 151
Mosaikformen 3
Multiple Sklerose 142
Muskelfaser 9, 108, 128, 129
Muskelkontraktion 9, 49, 52, 133
Mutation 33 ff.
Mutter-Kind-Bindung 174

Nachfolgeprägung 172
Natrium-Kalium-Pumpe 114, 119
natürliches System 10
Neandertaler (siehe Homo sapiens neanderthalensis)
Nervenfasern 108 ff.
Neugeborene 163
neuromuskuläre Synapse 128 f.
Neuron 106
Nikotin 133

obligatorisches Lernen 170
ökologische Nische 50 ff.
Ontogenie 18
Opiate 137 ff.
Optimalitätsmodell 186
organische Moleküle, Entstehung 62 ff.
Ornament 209
Out of Africa-Hypothese 96

Paarungssysteme 211
Parasit-Wirt-Beziehung 75 f.
Parkinson-Syndrom 142
Pasteur, Louis 62
Pawlow, Iwan 175, 178
pebble tools 89

Stichwortverzeichnis

peripheres Nervensystem 108, 142
Phänotyp 34 ff., 37
Phylogenie 18
Polyploidisierung 55
polysynaptischer Reflex 152
Population 11, 32
positive Rückkopplung 118
postsynaptisches Potenzial (PSP) 115
Potenzialänderung 115
Potenzialumkehr 118
Präadapt(at)ion 34, 95
Prägung 171 ff.
prägungsähnliche Fixierung 174
Präzipitintest (siehe Serum-Präzipitintest)
Präzisionsgriff 83
Primaten 79 f.
Prokaryoten 68
proximate Wirkursachen (siehe Ursachen)

Rangordnung 202 ff.
Ranvierscher Schnürring 108
Rasse 11, 47, 49
• ~nbildung 46 f.
Reflex 150 ff.
• ~bogen 151
Refraktärzeit 122
Reiz 106
• ~barkeit 148
• ~schwelle 116
• ~summation 158
Rekombination 34
Repolarisation 118 f.
reproduktive Isolation 53 ff.
Rezeptor 9, 128 f., 133, 135, 137 ff.
Ritualisierung 196
Rudimente 14 f.
Ruhepotenzial 111 ff.

saurer Regen 126
Schädel 83 f., 88 ff.
Schlüsselreiz 155
Schwannsche Zelle 108
Selektion 37 ff.
• ~sdruck 38 ff.
• ~sfaktoren 40 ff.
• ~sformen 38 f.
• ~stheorie 6 f., 33
selektive Permeabilität 6, 112 f.

Sender-Empfänger-Modell 193
sensible Phase 171
sensorisches Gedächtnis 144
Separation 48 ff.
Serologie 19 ff.
Serotonin 130, 136 f.
Serum-Präzipitintest 20
Sexual
• ~dimorphismus 42
• ~verhalten 208 ff.
sexuelle
• Prägung 173
• Selektion 42
Signale 193 ff.
Signalfälschung 199
Sinneszellen 108
SKINNER, Burrhus F. 180
Skinner-Box 180
Soma 106
spannungsabhängige Ionenka-näle 118
Spieltheorie 206 ff.
Sprache 95 f.
Stammbaum 23, 80, 87
Stichling 209 f.
Suchtmittel 134
Summation
• räumlich 131
• zeitlich 131
Symbiose 74
sympatrische Artbildung 55
Synapse 106, 115, 128
• erregende 130
• hemmende 130
Synapsengifte 133
synaptische Bläschen 128
synaptischer Spalt 128
synthetische Evolutionstheorie 32 ff.
Systematik 9 f.

Taxis 153
Traditionsbildung 171
Transmitter 128
Transport
• aktiver 8, 114

übernormaler Reiz 158
ultimate Zweckursachen (siehe Ursachen)
Ultrakurzzeitgedächtnis 144
Uratmosphäre 69 f.
Ursachen 149

Ursuppe 64
Urzeugungstheorie 62

Variabilität
• genetische 32 f.
• modifikatorische 32 f.
Verband 184
Vergleich Affe – Mensch 80 ff.
Verhalten 147
verhaltensbedingte Konditio-nierung 179
Vervollkommnungstrieb 5
Vielzelligkeit 71 f.

Wachstum (siehe Populations-wachstum)
Werbung 222

Zellkörper 106

Erfolgreich durchs Abitur mit den STARK-Reihen

Abitur-Prüfungsaufgaben

Anhand von Original-Aufgaben die Prüfungssituation trainieren. Schülergerechte Lösungen helfen bei der Leistungskontrolle.

Abitur-Training

Prüfungsrelevantes Wissen schülergerecht präsentiert. Übungsaufgaben mit Lösungen sichern den Lernerfolg.

Klausuren

Durch gezieltes Klausurentraining die Grundlagen schaffen für eine gute Abinote.

Kompakt-Wissen

Kompakte Darstellung des prüfungsrelevanten Wissens zum schnellen Nachschlagen und Wiederholen.

Interpretationen

Perfekte Hilfe beim Verständnis literarischer Werke.

Und vieles mehr auf www.stark-verlag.de

(Bitte blättern Sie um)

Abi in der Tasche – und dann?

In den STARK-Ratgebern finden Abiturientinnen und Abiturienten alle Informationen für einen erfolgreichen Start in die berufliche Zukunft.

Alle Titel zu
Beruf & Karriere
www.berufundkarriere.de

Bestellungen bitte direkt an:
STARK Verlagsgesellschaft mbH & Co. KG · Postfach 1852 · 85318 Freising
Tel. 0180 3 179000* · Fax 0180 3 179001* · www.stark-verlag.de · info@stark-verlag.de
*9 Cent pro Min. aus dem deutschen Festnetz, Mobilfunk bis 42 Cent pro Min.
Aus dem Mobilfunknetz wählen Sie die Festnetznummer: 08167 9573-0

Lernen · Wissen · Zukunft
STARK